LIBRES ET AFFAMÉS

DE VIE, DE RIRE ET D'AMITIÉ

À mes frères, Jeremy et AJ, les premiers des KOA.

Et en mémoire de mes grands-pères,
deux véritables Super Chevaux de course.

Du même auteur
aux éditions Milan :
Mosquitoland

Couverture : Yeaaah ! Studio
Mise en page : Petits Papiers
Correction : Claire Debout
Relecture éditoriale : Chloé Mary

Titre original : *Kids of Appetite*
First published in the United States of America by Viking,
an imprint of Penguin Group (USA) LLC, 2016

Pour l'édition française :

1, rond-point du Général-Eisenhower, 31101 Toulouse Cedex 9, France
Loi 49-956 du 16 juillet 1949
sur les publications destinées à la jeunesse
ISBN : 978-2-7459-8461-6

David Arnold

Libres et affamés

de vie, de rire et d'amitié

Traduit de l'anglais (américain)
par Maud Ortalda

Milan

ILS VÉCURENT, ILS RIRENT ET ILS VIRENT QUE CELA ÉTAIT BON

(ou : Kids of Appetite)

LISTE DES PERSONNAGES

Les Kids of Appetite

- **BRUNO VICTOR BENUCCI III, seize ans (VIC) :** Chapitre en cours. Opéra, Matisse, Mad. Super Cheval de course.
- **MADELINE FALCO, dix-sept ans (MAD) :** petite chérie du nouvel an. Coupe de punk, Elliott Smith, diagrammes de Venn, réalité de l'existence.
- **MBEMBA BAHIZIRE KABONGO, vingt-sept ans (BAZ) :** collectionneur d'histoires et de tatouages. Anti-pain. Prie Dieu.
- **NZUZI KABONGO, vingt ans (ZUZ) :** petit frère de Baz. Danses, voyage et claquements de doigts. Parle autrement.
- **COCO BLYTHE, onze ans (COCO) :** parolière. Rouquine. Crème glacée, Queens et détournement de jurons. Mercredi.

La police d'Hackensack

- **SERGENT S. MENDES :** droguée au café. Petite amie réticente. Spirituelle et blasée. Plus qu'elle ne paraît.
- **INSPECTEUR H. BUNDLE :** nuage atomique. Paperasse et formulaires. Fier membre de l'ostentatoire bourgeoisie.
- **INSPECTEUR RONALD :** sosie de Weasley. Petit ami passionné. Sait rester en position assise. Caniche perdu.

La famille et Cie

• **DORIS JACOBY BENUCCI :** mère de Vic. Veuve. Pâtisserie, famille et aller de l'avant. Fait de son mieux.

• **BRUNO VICTOR BENUCCI JR :** père de Vic. Penseur de cœur. Fan des Mets. Porteur de pantalons de jogging. Décédé.

• **L'HOMME AUTOPORTRAIT (ONCLE LESTER) :** oncle de Mad. Whisky, hurlements et sanglots. Détenteur d'armes.

• **JAMMA :** grand-mère de Mad. Atteinte de démence sénile. Pantoufles, chemises de nuit et double décapsulage de Coca-Cola.

• **FRANK LE PETIT COPAIN :** avocat. Veuf. Mangeur de haricots verts en boîte et novice littéraire. Porteur de costumes.

• **KLINT & KORY :** fils de Frank. Tout ce qui est à la mode et Batman. L'Orchestre des Zâmes perdues. Kids *sans* Appetite.

• **PÈRE RAINES :** prêtre, sage, faiseur de bonnes actions. A marié les parents de Vic. Superfan d'Iron Maiden.

• **RACHEL GRIMES :** petite amie actuelle de Baz. Infirmière téméraire. Bruits de l'orage, course à pied et pancakes.

Les Chapitres précédents

• **CHRISTOPHER (TOPHER) :** tatoueur. *Battlestar Galactica*, sobriété et débrouillardise. Chauve.

• **MARGO BONAPARTE :** serveuse, contrebandière, flirt. Frites au fromage. Rhum. *Bonjour, mes petits gourmands*[1] *!*

• **NORM :** boucher russe. Incompris. Viande. Porcs sanglants. Pas du KGB. *Nyet.*

• **GUNTHER MAYWOOD :** ermite. Logeur. Propriétaire du verger Maywood.

Le poisson rouge

• **HARRY CONNICK JR JR :** survivant. Nageur. Fan du mauvais temps. Ne lâchera jamais l'affaire. Mais bon, hein.

1. En français dans le texte (toutes les notes sont de la traductrice).

« Que le coucher de soleil qu'elle voyait de son patio et moi de l'escalier de derrière soit le même, cela me faisait drôle. Peut-être que les deux mondes dans lesquels on vivait n'étaient pas si différents, après tout. Puisque nous regardions les mêmes couchers de soleil. »

Outsiders, de S. E. Hinton (traduction de Marie-Josée Lamorlette, Presses de la Cité, 1983)

- 1 -
LES MULTITUDES CAPITALES
(ou : En garde, petits ego futiles)

SALLE D'INTERROGATOIRE N° 3
BRUNO VICTOR BENUCCI III ET SERGENT S. MENDES
19 DÉCEMBRE // 15 H 12

Songez à ceci : des milliards de personnes dans le monde, possédant chacune des milliards de *je suis*. Je suis un observateur silencieux, un champion de la tapisserie. Je suis amateur d'art, de l'équipe des Mets, du souvenir de mon père. Je représente approximativement un sept-milliardième de la population. Toutes ces choses sont mes multitudes capitales, et ce n'est que le début.

– Ça commence par mes amis.

– Quoi donc ?

– Mon histoire, dis-je.

Même si ce n'est pas tout à fait vrai. Il faut remonter bien plus loin, avant notre amitié, quand c'était encore…

…

Bon, c'est parti.

– Je suis tombé amoureux au moins un millier de fois.

Mendes sourit légèrement et pousse l'enregistreur numérique vers moi.

– Excuse-moi, tu disais… Tu es tombé amoureux ?

– Un millier de fois, je répète en passant les mains dans mes cheveux.

Avant, je croyais que l'amour se dénombrait : premier baiser, deuxième danse, chagrin infini. Je croyais que les chiffres survivaient à l'amour, quelque part, dans les recoins sombres du cœur dévasté. Je croyais que l'amour était dur et pesant.

Je ne crois plus ces choses-là à présent.

– Je suis un Super Cheval de course.

– Tu es *quoi* ? demande Mendes, qui a le regard aussi sévère que las.

– Rien. Vous n'avez pas d'uniforme ?

Elle porte un tailleur jupe en tweed sur un chemisier fluide. J'observe en silence ses yeux marron, très profonds et assez jolis malgré ses cernes marqués et les pattes-d'oie qui encadrent son visage comme des parenthèses. J'observe en silence les discrètes rides précoces sur ses mains et son cou. J'observe en silence l'absence d'alliance à son annulaire. J'observe en silence ses cheveux noirs, aux épaules, vestiges d'une coupe tendance.

Parenthèse, discrétion, absence, vestiges : il semblerait que les multitudes capitales de Mendes résident dans les détails feutrés.

– Techniquement, je ne suis pas en service, dit-elle. Et puis je suis sergent, je ne suis pas obligée de porter tout le temps un uniforme.

– Donc c'est vous la responsable, c'est ça ?

– Je rends des comptes au lieutenant Bell, mais cette affaire est mon affaire, si c'est ce que tu veux savoir.

Je sors ma Visine de la poche avant de mon sac à dos rangé sous la chaise et en instille rapidement une goutte dans chaque œil.

– Victor, tu as disparu de chez toi depuis huit jours. Et tout à coup, aujourd'hui, toi et – elle farfouille dans ses papiers – Madeline Falco, vous débarquez ici pratiquement main dans la main avec Mbemba

Bahizire Kabongo, alias Baz, qui s'avère être le suspect numéro un dans notre enquête pour homicide.

– Je ne tenais pas la main de Baz. Et ce n'est pas un meurtrier.

– Tu en es sûr ?

– J'en suis certain.

Mendes m'adresse un sourire de pitié qui ressemble à une moue.

– Il vient de se rendre, Vic. Et on a relevé son ADN sur l'arme du crime. On a plus d'éléments qu'il n'en faut pour mettre Kabongo derrière les barreaux pendant très longtemps. Ce que j'aimerais comprendre, à présent, c'est pourquoi tu as quitté précipitamment ta maison il y a huit jours et pourquoi tu es revenu tranquillement *ici* aujourd'hui. Tu dis avoir une histoire à raconter. Alors vas-y, je t'écoute.

Les souvenirs de ce matin sont encore frais dans ma mémoire, la voix de Baz gravée dans mon cerveau. *Tactiques de diversion, Vic. Ils vont avoir besoin de temps. Et vous allez leur en donner.*

– Chaque fille qui porte de l'eyeliner, dis-je.

…

…

Le sergent Mendes plisse les yeux.

– Quoi ?

– Chaque fille qui joue d'un instrument de musique, sauf… sauf peut-être le basson.

– Pardon, je ne comprends…

– Chaque fille qui porte de vieilles Nike. Chaque fille qui les colorie. Chaque fille qui hausse les épaules, qui fait des gâteaux, ou qui lit.

Parle-leur de toutes les filles que tu as cru aimer, celles d'avant. Je souris de l'intérieur, le seul endroit où je puisse sourire.

– Chaque fille qui fait du vélo.

Je sors un mouchoir pour tamponner la salive qui s'accumule au coin de ma bouche. Papa appelait ça mes « fuites ». Avant, je détestais ça. Maintenant, ça me manque.

Parfois… oui, parfois il me semble que c'est ce que je détestais le plus qui me manque le plus.

Mendes recule sur sa chaise.

– Ta mère a signalé ta disparition après ton départ. J'ai vu ta chambre, Vic. Whitman, Salinger, Matisse… Tu es un garçon intelligent. Un peu intello même, si tu me permets l'expression.

– Et alors ?

– Alors, tu es loin d'être un gros dur. Pourquoi faire semblant ?

Sous la table métallique, je triture le tissu de mon bracelet KOA.

– « Je suis vaste, je contiens des multitudes[1] ».

Mendes continue à ma suite :

– « Je me dirige vers ceux-là qui sont proches, j'attends sur le pas de la porte. Qui a fini sa journée ? Qui aura le plus tôt fini de souper ? Qui désire se promener avec moi ? »

…

J'essaie de dissimuler ma stupeur, mais mes yeux m'ont peut-être trahi.

– Lire Whitman m'aidait à survivre aux cours de droit pénal, explique Mendes. Tu sais ce que dit le vers suivant, non ?

Non. Donc je me tais.

– « Parleras-tu avant que je m'en aille ? Te décideras-tu lorsqu'il sera trop tard ? »

…

– Avec tout mon respect, mademoiselle Mendes, vous ne me connaissez pas.

Elle retourne au dossier posé devant elle.

– Bruno Victor Benucci III, seize ans, fils de Doris Jacoby Benucci et de feu Bruno Benucci Jr, décédé depuis deux ans. Fils unique. Un mètre soixante-dix. Cheveux bruns. Souffre du très rare syndrome de Moebius. Obsession notoire pour l'art abstrait…

– Vous savez ce que c'est ?

1. Extrait de *Chanson de moi-même*, de Walt Whitman, traduction de Léon Bazalgette, Mercure de France, 1922.

– Oh, j'ai rencontré mon lot d'escrocs obsédés par Picasso, laisse-moi te dire que ce n'est pas de la tarte.

– Non, pas ça.

– Je sais, dit Mendes en refermant le dossier. Et oui, je me suis renseignée. Le syndrome de Moebius est une maladie congénitale très rare qui affecte les sixième et septième paires de nerfs crâniens et a pour conséquence principale une paralysie faciale. Je comprends que tu n'as pas dû avoir la vie facile.

Elle a l'air fière d'elle, comme si elle avait son laïus sous le coude et qu'elle n'attendait qu'une chose : que je lui demande si elle savait ce qui clochait dans mon visage. J'ai le syndrome de Moebius depuis que je suis né et voici ce que j'ai appris : les seules personnes assez arrogantes pour dire « Je comprends » sont précisément celles qui en sont incapables. Celles qui comprennent réellement ne disent jamais grand-chose.

– Vous vous êtes renseignée, en effet, dis-je dans un murmure à peine audible.

– Un peu.

– Donc vous savez ce que ça fait d'avoir du sable enfoncé sous les paupières.

…

– Pardon ?

– Voilà ce que c'est de ne pas pouvoir cligner des yeux. Dire qu'on a les yeux secs, ce n'est même pas le début d'une description. Mes yeux, ils sont désertiques.

– Vic…

– Vos recherches vous ont donné un aperçu des terreurs nocturnes qu'on se paye à dormir avec les yeux mi-clos ? Vous savez que boire dans un verre est à peu près aussi impossible que d'attraper la lune au lasso ? Ou que le mieux que je puisse espérer au lycée, c'est que les autres me laissent tranquille ? Ou que certains profs me parlent plus lentement parce qu'ils croient que je suis débile ?

Mendes se tortille sur sa chaise, mal à l'aise.

– Ne vous méprenez pas, je poursuis. Je ne suis pas en train de me plaindre. Il y a des tas de gens atteints de Moebius qui sont bien plus à plaindre que moi. Avant, je rêvais d'être quelqu'un d'autre, mais un jour…

Un jour Papa m'avait parlé d'Henri Matisse, un artiste qui considérait que chaque visage possédait son propre rythme. Dans ses portraits, Matisse recherchait ce qu'il appelait « l'asymétrie particulière ». J'aimais bien cette idée. Je me demandais quel rythme pouvait avoir mon visage, et quelle était son asymétrie particulière. Je l'avais dit à Papa, une fois. Il avait répondu qu'il y avait de la beauté dans mon asymétrie. Je m'étais senti mieux. Toujours seul, mais un peu moins.

En tout cas, accompagné par l'art.

– Un jour… ? insiste Mendes.

J'avais presque oublié que j'avais commencé une phrase.

– Rien.

– Vic, je sais que ça a été dur pour toi.

De mes deux index, je désigne mon visage stoïque.

– Vous parlez de mon… « affliction » ?

– Je n'ai jamais utilisé ce mot.

– Ah oui, c'est vrai. « Souffre de. » Vous êtes très charitable.

Sous mon bracelet KOA, je sens tous mes minuscules sentiers qui ne mènent nulle part. Mes doigts ont toujours eu une sacrée force, toujours à gratter, griffer, pincer la peau. Ce bracelet est un rappel très efficace, mais ce n'est rien comparé à mes doigts et leurs petits cerveaux de doigts, déterminés à tester mon seuil de tolérance à la douleur.

– Vous savez quand on dit qu'on doit passer l'épreuve du feu afin de devenir qui on est vraiment ? je demande.

Mendes boit une gorgée de café.

– Oui.

– Moi, j'ai toujours voulu devenir fort, mademoiselle Mendes. J'aurais seulement préféré qu'il y ait moins de feu.

…

– Victor…

Un murmure, à peine audible. Mendes se penche vers moi. Sa présence passe de la défense à l'attaque.

– Vic, regarde-moi.

Je ne peux pas.

– Regarde-moi, insiste-t-elle.

Je m'exécute.

– C'est Baz Kabongo qui t'a dit de faire ça ? demande-t-elle en secouant lentement la tête. Tout va bien. C'est lui, n'est-ce pas ?

Toujours rien.

– Je vais te dire ce que je crois, reprend-elle. En voyant son visage placardé partout dans la ville, Kabongo a commencé à devenir nerveux. Il a compris qu'il ne pouvait plus se cacher. Alors il vous a convaincus, ta copine et toi, de nous mentir, de nous dire que vous étiez dans des endroits où vous n'étiez pas, à des heures où vous n'y étiez pas, avec des gens avec qui vous n'étiez pas. Il sait que la seule chance qu'il a de s'en tirer, c'est un alibi, ou un témoin oculaire qui dit que quelqu'un d'autre a fait le coup. Et quels meilleurs témoins que deux gosses innocents ? Je chauffe ?

Je ne dis rien. Je suis le roi du mutisme et chaque minute qui passe est une victoire, un triomphe, si petit soit-il.

– Je suis assez douée dans mon boulot, poursuit-elle, et même si je ne sais pas où tu étais la nuit du 17 décembre, ce que je sais, en revanche, c'est où tu *n'étais pas*. Tu n'étais pas dans cette maison. Tu n'as pas vu cette mare de sang. Tu n'as pas vu les yeux de ce type sortir de leurs orbites, Victor. Et tu sais comment je le sais ? Je le sais parce que si tu avais vu tout ça, tu ne serais pas assis sur cette chaise à l'heure qu'il est, à te foutre de moi. Tu serais en train de te pisser dessus, voilà ce que tu ferais. Tu serais mort de trouille.

…

…

Mes doigts et leurs petits cerveaux de doigts sont des animaux impitoyables qui creusent et dévorent mes multitudes.

– Kabongo veut que tu mentes pour le couvrir, Vic. Mais tu sais ce qu'il a oublié ? Il a oublié Matisse. Whitman. L'art. Et tu sais ce que les œuvres d'art ont toutes en commun ? L'honnêteté. C'est cette partie de toi qui sait ce qui se trame. Et c'est cette partie de toi qui va me dire la vérité.

Je compte jusqu'à dix dans ma tête, là où la voix de Baz se répète, encore et encore, comme un disque rayé. *Laissez-les croire ce qu'ils veulent. Mais ne leur mentez pas.*

– On te protégera, dit Mendes. Tu n'as rien à craindre. Dis-moi seulement ce qui s'est passé.

Tactiques de diversion, Vic. Ils vont avoir besoin de temps. Et vous allez leur en donner.

…

…

Je me penche vers l'enregistreur en me raclant la gorge.

– Chaque fille qui boit du thé.

Mendes me regarde calmement.

– D'accord, on a fini.

– Chaque fille qui mange des scones à la framboise.

Elle écarte sa chaise de la table, se lève avec un air catégorique et parle d'une voix forte et claire :

– Audition de Bruno Victor Benucci III menée par le sergent Sarah Mendes terminée à 15 heures et 28 minutes.

Puis elle arrête l'appareil, saisit son café, son dossier sur la table et se dirige vers la porte.

– Ta mère sera là d'une minute à l'autre. En attendant, tu peux aller te chercher un café au bout du couloir.

Elle secoue la tête, ouvre la porte et marmonne :

– Des scones à la framboise, n'importe quoi.

La salle d'interrogatoire n° 3 du commissariat d'Hackensack s'évanouit pour laisser place à la Serre n° 11 du verger Maywood. J'imagine : Baz Kabongo, ses instincts paternels qui frisent l'exagération, ses bras tatoués; Coco la téméraire, loyale jusqu'au bout;

Zuz Kabongo, qui claque des doigts, qui danse sur place ; et j'imagine Mad. Je me rappelle ce moment – *mon* moment de clairvoyance déchirante, quand les nuages se sont écartés, et que j'ai vu comme si je n'avais rien vu auparavant. La vérité, c'est que je ne savais pas ce qu'était l'amour jusqu'à ce que je le voie assis au milieu d'une serre, se déployant comme une carte du monde devant mes yeux, révélant ses territoires inexplorés.

Tandis que le sergent Mendes s'apprête à sortir, je lève mon bracelet à hauteur de mes yeux. J'admire les trois grosses lettres sur le tissu noir : KOA.

Walt Whitman avait raison. Je contiens bien des multitudes. La plupart sont dures, pesantes, et vous collent de sacrées migraines. Mais certaines multitudes sont merveilleuses.

Comme celle-ci…

Je suis un Kid of Appetite.

– J'étais dans cette maison, mademoiselle Mendes.

Je me concentre sur les lettres K, O et A d'un blanc immaculé alors que l'image floue de Mendes s'immobilise dans l'encadrement de la porte. Elle ne se retourne pas.

– J'y étais, je répète. J'ai vu ses yeux sortir de leurs orbites.

(Huit jours plus tôt)

VIC

Le *Duo des fleurs* s'acheva.

Le *Duo des fleurs* recommença.

La magie de la répétition.

Papa me manquait. *Ergo* je me tenais au bout du ponton car c'était la seule chose à faire quand Papa me manquait à ce point.

Je passais beaucoup de temps au bout du ponton.

Mains dans les poches, col de veste relevé pour me protéger du froid glacial du New Jersey (qui mordait comme un dragon furieux aux longs crocs de glace), je laissais mes cheveux voler au vent. Je me fichais qu'ils s'emmêlent. Totalement.

Les cheveux, c'était pas capital.

Deux choses étaient capitales :

1. Ce morceau, le *Duo des fleurs*. C'était le morceau préféré de Papa. À présent c'était le mien.
2. Ce sous-marin dormant, le USS *Ling*. Autrefois vaillant navire de guerre, mis au repos sur la rivière Hackensack bien avant ma naissance. Le *Ling* m'évoquait une image : celle d'un cheval de course à la retraite, envoyé dans l'une de ces fermes de saillies pour procréer avec d'autres chevaux de course afin qu'ainsi les meilleurs gènes produisent un Super Cheval de course. (Un jour, Papa m'avait emmené visiter l'un de ces endroits, mais quand le guide s'était mis à parler des « fantômes » pour récupérer la semence et des différentes méthodes d'insémination artificielle, j'avais décidé qu'il valait mieux que j'attende dans la voiture.)

Il n'y avait malheureusement pas d'autres sous-marins dans la rivière, avec lesquels le *Ling* pouvait s'accoupler.

Ergo il n'y aurait pas de sexe sous-marin.

Ergo pas de Super Sous-marin.

Cette partie de la rive avait été transformée en musée de la marine, avec des visites guidées et tout. Comme ce n'était ouvert que le week-end, ça me laissait le champ libre toute la semaine. Je m'y arrêtais presque tous les jours en rentrant du lycée, si bien que j'en venais à me demander à quoi pouvait bien ressembler l'USS *Ling* la nuit. Je n'aurais pas su dire exactement ce qui m'attirait en lui. Peut-être le fait que la vraie vie de ce sous-marin était terminée, et pourtant, il était toujours là. J'avais l'impression qu'on avait des points communs, lui et moi.

Mon téléphone vibra dans ma poche. Un SMS de Maman.

> Slt. Tu px passer HT du prosciutto chez babushka?
> Stp? :) :)

L'écriture texto me débectait. Maman avait encore un vieux téléphone à clapet où il fallait taper douze fois sur chaque touche pour obtenir la bonne lettre. À plus d'une occasion, j'avais tenté de lui démontrer les bienfaits miraculeux du clavier, mais c'était peine perdue.

Je répondis ainsi :

> Ce serait évidemment pour moi un immense honneur ainsi qu'un grand privilège, bien chère mère, d'accéder à votre requête de livraison de viande salée et séchée à l'air, ce soir sans faute. Je me mets en quête sans plus tarder et serai de retour promptement. Votre fils aimant, Victor.
> ☺☺☺

Une seconde plus tard, la réponse arriva :

> MRci, biz

...

MRci, biz.

Je rangeai mon téléphone, les yeux sur le *Ling*. Il n'y avait pas si longtemps, Maman aurait joué le jeu et m'aurait charrié sur ma réponse de petit malin.

C'était différent, maintenant.

...

Alors que le vent continuait de faire voler mes cheveux, le *Duo des fleurs* atteignit un accord déchirant dans mes oreilles. Je n'aimais pas particulièrement l'opéra, mais j'aimais cet opéra en particulier. J'imaginais ces deux femmes et leurs envolées de soprano et mezzo-soprano, en train d'assurer grave. Elles ne chantaient pas, elles *volaient*. D'après Papa, si certaines personnes n'aimaient pas l'opéra, c'était parce qu'elles écoutaient avec leur cerveau plutôt qu'avec leur cœur.

Il disait que chez la plupart des gens, le cerveau était assez bête, alors que le cœur, lui, visait juste, comme un champion absolu. *Pense avec ton cœur, Vic*, avait-il l'habitude de dire. *C'est là que vit la musique*. Il disait toujours ce genre de trucs parce que c'était un type spontané qui pensait sincèrement avec son cœur.

Nous ne sommes plus très nombreux à être comme ça.

Je donnai un coup de pied dans un caillou en visant le canon de pont, tout au bout du sous-marin, que je ratai largement. Je parlai à Papa, sachant pertinemment qu'il ne m'entendait pas. Je ne m'entendais pas plus, avec les deux sopranos volantes dans mes écouteurs, mais c'était agréable de dire des choses sans les entendre. Agréable de savoir que mes mots flottaient là, quelque part, dans les airs.

Je tapai dans un autre caillou. En plein dans le mille. Il ricocha sur le canon et plongea dans les eaux noires de la rivière. Je souris intérieurement en imaginant le caillou couler jusqu'au fond du lit de la rivière, où il existerait pour toujours, sans que personne le sache jamais.

Dormant. Comme le *Ling*. Comme ma voix dans les airs.

Comme moi.

Je quittai le ponton, traversai River Street, pas à pas, savourant la solitude de cette balade, jusqu'au boucher-traiteur *Babushka's Deli*. Il faisait froid, le genre de froid dans lequel votre souffle s'épanouit comme un lotus devant votre visage. Le genre de froid dans lequel on ne sait pas s'il y a des nuages ou si le ciel a la couleur des nuages. Le froid s'exprimait avec des mots, voici ce qu'il disait : *La neige arrive, les gars. En garde, petits ego futiles.*

Le *Duo des fleurs* s'acheva.

Le *Duo des fleurs* recommença.

La magie de la répétition.

Bon sang, Papa me manquait tellement.

✕

Penché sur la vitrine, j'essayai de me rappeler la différence entre pancetta et prosciutto. Ça n'avait pas d'importance. Pour les lasagnes Benucci, c'était du prosciutto qu'il fallait de toute façon. Les lasagnes n'en toléreraient pas moins.

– Toi tu es petit garçon, oui ?

Je regardai autour de moi en me demandant si le boucher s'adressait à moi. Il n'y avait qu'un autre client dans la boutique, un ado costaud, ornementé de la tête aux pieds de produits dérivés de l'équipe des Jets de New York : bonnet, écharpe, gants, blouson. Assis à une petite table dans un coin avec un coca et un sandwich, il me dévisageait avec une expression de confusion la plus totale, mêlée de curiosité et de dégoût.

Je ne connaissais que trop bien ce regard.

– Toi, insista le boucher derrière le comptoir, en agitant son gros doigt vers moi. Tu es petit garçon. Oui ?

– Disons que… hum… je suis un peu petit pour mon âge.

– Quoi ? Plus fort !

Derrière moi, le fan des Jets ricana. Je coinçai mes cheveux derrière mes oreilles et optai pour la réponse courte, cette fois.

– Oui. Je suis petit garçon.

Je suis petit garçon.

Le boucher, qui se prénommait Norm d'après son badge, retourna au bloc de viande qu'il débitait.

– Dacodac. Les petits garçons doivent manger la viande. Renforcer les os. Devenir grands et forts, dit-il en contractant un biceps, tout sourire. Comme moi ! Ha !

Je n'avais jamais su quoi dire à ce type. Mi-homme mi-lion, Norm était aussi presque assurément russe et avait des poils qui lui poussaient dans des endroits tout à fait inhabituels, en quantité tout aussi inhabituelle. Il était gros, certes, mais pas seulement. C'était le genre de gros – solide, costaud, consistant – trahissant un homme qui avait un peu trop souvent pioché dans sa propre réserve. La légende qui circulait, c'était que Norm était un ex-agent du KGB qui se planquait dans le nord du New Jersey jusqu'à l'avènement d'un nouveau régime soviétique.

...

La petite cloche de la porte tinta, et alors ils entrèrent.

Tous les quatre. Toujours ensemble.

Je les avais déjà vus au moins une demi-douzaine de fois en ville. Hackensack n'était pas exactement ce qu'on pouvait appeler une métropole en plein essor – on finissait toujours par recroiser les mêmes personnes. En général, c'était sans incidence, plus une impression de déjà-vu qu'un signe du destin.

– Salut, Norm, dit le plus vieux.

J'avais entendu les autres l'appeler Baz. Dans les vingt-cinq ans, Baz était assez musclé et mesurait probablement plus d'un mètre quatre-vingts. Les manches de ses tee-shirts, coupées à l'épaule, révélaient des tas de tatouages le long de son bras gauche. Plus qu'un défi à la société, c'était un défi à la météo. Il parlait avec un léger accent et portait en permanence une casquette de baseball des Trenton Thunder.

– Bonjour, monsieur Baz, dit Norm dont les yeux s'éclairèrent tandis qu'il essuyait ses mains ensanglantées sur son tablier. Je pensais voir vous peut-être aujourd'hui. Attendre une minute. Je revenir.

Norm disparut dans l'arrière-boutique, tandis que je m'écartais en coinçant encore une fois mes cheveux derrière mes oreilles, avec la sensation d'être complètement un petit garçon.

Pour des raisons pas tout à fait claires pour moi, la présence de ces jeunes transforma Norm en véritable Super Cheval de course. Même le fan des Jets qui, une minute auparavant, ne pouvait s'empêcher de me dévisager, mastiquait toujours la même bouchée de sandwich. Il flottait autour d'eux un sentiment de témérité et d'enthousiasme, comme s'ils pouvaient tout lâcher d'un moment à l'autre et partir en courant. Pour rigoler, pour rien, pour tout.

– Qu'est-ce que tu regardes, toi, gamin ?

La plus petite de la bande, une fillette qui ne devait pas avoir plus de dix ou onze ans, avec des cheveux roux et bouclés et des taches de rousseur, portait un manteau trop grand pour elle, et des mitaines dépareillées. On la trouvait habituellement pendue à la main de Baz.

– Coco, dit Baz. Sois polie.

Il m'adressa un sourire bref avant de se retourner et de murmurer quelque chose à un troisième jeune qui secoua la tête à la hâte et claqua deux fois des doigts. Celui-ci devait avoir tout juste la vingtaine et ses bras dépassaient des manches de son sweat Journey, d'au moins dix centimètres.

La dernière du groupe était une fille aux yeux gris, qui portait un manteau turquoise ajusté, avec des rayures arc-en-ciel sur le devant, et un bonnet de laine jaune. Elle avait les cheveux longs et si blonds qu'on ne savait où finissait le bonnet et où commençaient les cheveux. Jaune, arc-en-ciel, gris – cette fille était une explosion de couleurs, un Matisse déchaîné. Postée derrière les autres, elle avait la tête dans un livre, comme si les livres avaient été créés dans le seul but d'être lus par elle dans une boucherie. La parfaite incarnation de la Beauté froide.

Mon chemin croisait celui de cette blonde pour la je-ne-sais-combientième fois, pourtant je n'étais toujours pas immunisé contre son charme. Pancetta, prosciutto, *pain de jambon à la con*, qu'importe. La proximité de ces jeunes instillait en moi une sensation rare : un mélange d'émerveillement et de crainte.

– OK, tu sais quoi ? dit la petite rouquine en lâchant la main de Baz pour croiser les bras. T'as un sérieux problème de fixation, gamin. On te l'a jamais dit ? Alors que c'est *nous* qui devrions *te* fixer.

– Coco ! s'exclama Baz.

Je laissai mes cheveux tomber sur mon visage et me retournai vers la vitrine de porc fumé. J'avais l'habitude de ce genre de commentaires, surtout de la part des plus jeunes. Mais avoir l'habitude, ça ne voulait pas dire que ça ne me touchait pas.

Norm revint armé d'un énorme sac en papier marron. Il le hissa par-dessus le comptoir pour le déposer dans les bras de Baz qui sourit, remercia et guida les trois autres vers la sortie comme un seul homme.

– Dacodac, dit Norm en se retournant vers moi. Ce sera quoi, petit garçon ?

Par la vitre du magasin, j'observai les jeunes qui traversaient la route. Témoin de leur cohésion, j'en vins à me demander si le monde n'était pas, en fait, totalement différent de ce que je croyais.

– Pancetta, marmonnai-je, trop occupé à les scruter pour prêter attention à ce que je disais.

– Dacodac. Combien ?

Je les vis quitter Main Street, tourner sur Banta et disparaître à l'angle.

…

…

– Eh, petit garçon. Ça va ?

Je ne répondis pas.

Au lieu de ça, je décampai de chez Babushka, sans pancetta ni prosciutto, dégommant quasiment la cloche de la porte en sortant, traversai la rue dans une confusion frénétique, quittai Main Street, et tournai sur Banta. Mon cerveau de petit garçon n'avait pas encore tout analysé, mais mon cœur, lui, avait visé juste, comme un champion absolu.

MAD

Je tournai une page d'*Outsiders*. Une fois de plus, j'aurais aimé m'immerger dans le livre. S'immerger dans la fiction : le plus grand « si seulement » de tous les « si seulement ».

– La glace au café Häagen-Dazs est bonne, disait Coco. Le parfum cookies & cream aussi, chocolat-marshmallow-amandes aussi, tira... tira... Mad, c'est quoi ce mot ?

Coco avait le nez collé à la vitre du congélateur, ses cheveux en bataille faisant comme un soleil rouge autour duquel gravitaient des milliers de litres de crème glacée.

– Tiramisu. C'est comme un gâteau moelleux. Sauf qu'il n'y a pas vraiment de gâteau dedans, je crois bien. Mais il y a du café et du rhum.

– Sans déconner, répondit Coco. Du rhum ? Le truc que boivent les pirates ? Mais dans quelle grotte je vivais pour ne jamais avoir entendu parler du tiramisu ? Ooh, regardez ! Il y a même cookie dough ! Zuz, c'est ta préférée, non ?

Zuz fixa l'étalage de glaces comme s'il voyait à travers et claqua des doigts avec un *pop !* qui résonna dans toute l'allée.

Le supermarché Foodville, sur Banta Street, c'était notre drogue, l'ennui tenace dans toute sa splendeur. Les employés organisaient, réorganisaient et ré-réorganisaient éternellement des boîtes de céréales premier prix, des bocaux de cornichons, et des paquets de nouilles chinoises. Ils passaient la serpillière, réétiquetaient des produits déjà étiquetés et tapaient du pied au discret son des musiques d'ascenseur. Ils assemblaient des pyramides de boites de soupe ou traînaient vers le rayon fromage râpé, dans les coins où les néons clignotaient. Nous, nous étions au centre de Foodville, dans la onzième allée, occupés à observer les desserts surgelés comme si nous attendions que la crème glacée nous choisisse.

Baz arriva avec le caddie à moitié rempli, affalé dessus comme une mère de quatre gosses épuisée.

Chaque famille possède sa norme, mais il est certain qu'il y a des normes plus normales que d'autres.

– Il était temps, dit Coco, l'œil sur les glaces. Mad dit que le tiramisu c'est un gâteau moelleux avec du vrai rhum dedans, comme en boivent les pirates. C'est vrai, ça ? Pas d'entourloupe.

– Je n'en sais rien.

Baz ôta sa casquette des Thunder pour se passer une main dans les cheveux. Je l'avais déjà vu faire ce geste auparavant, j'en connaissais la signification. Je me préparai au mécontentement de Coco et à l'avalanche de conneries qui s'ensuivrait.

– OK, bon, de toute façon, il faut manifestement qu'on essaie ce truc, dit-elle en ouvrant le congélateur. Mais il nous faut un deuxième parfum, au cas où la glace au gâteau moelleux soit de la mer… credi.

– Désolé, Noix-de-Coco, dit Baz. Pas aujourd'hui.

Elle poussa un soupir.

– Bon, alors si on ne prend que ça…

– Non. Je veux dire : pas de glace. Pas aujourd'hui.

Ses cheveux filasse volèrent quand elle fit volte-face.

– Répète un peu ça ?

– Je ne suis payé que demain, expliqua-t-il. Donc c'est tout pour aujourd'hui. On doit revenir demain matin chercher les trucs pour Gunther, alors peut-être à ce moment-là. Et puis en plus… il gèle dehors.

– Il ne gèle pas dans mon *estomac*, rétorqua Coco en se retournant vers le congélateur.

Elle posa la main sur la poignée, la voix légèrement plus aiguë et faussement angélique.

– Je pourrais la mettre sous mon manteau, Baz. Personne ne s'apercevrait de son absence.

Je ne pus m'empêcher de me demander avec admiration comment quelqu'un d'aussi petit pouvait balancer des conneries aussi grosses. Mais Coco n'était pas faite que de chair et d'os; elle était faite de survie, de combat et d'une loyauté féroce qu'on ne trouvait plus nulle part de nos jours. Quand Coco parlait, derrière sa petite voix, si suraiguë soit-elle, on entendait le grondement sourd qui tapissait la face cachée de ses mots.

– *Nous* on le saurait, Coco, dit Baz. Tu connais ma règle.

Une tour s'effondra derrière nous.

Tout au bout de l'allée, il y avait un garçon qui se tenait au milieu de centaines de boîtes de soupe, naguère disposées en pyramide parfaite, à présent éparpillées à ses pieds, comme dans un chantier de démolition.

– C'est lui, chuchota Coco. Le gosse de chez Babushka. Celui avec le problème de fixation.

Coco avait raison. J'avais déjà vu ce type une ou deux fois en ville auparavant. Il avait les cheveux longs et gras, des yeux bleus perçants, mais ce n'était pas ce qui le caractérisait le mieux. Il portait un sac à dos, un jean bleu et des boots à lacets, mais ça non plus, ce n'était pas ce qui le caractérisait le mieux. Ce qui le caractérisait le mieux, c'était son visage. Déjà, il ne bougeait pas. Pas un sourire, pas un froncement de sourcils, pas une seule réaction ni émotion visible. Sauf ses yeux. Ses yeux étaient vifs et animés, mais je ne suis pas sûre que je les aurais remarqués s'ils n'avaient pas été, à cet instant précis, braqués sur moi.

Une jeune femme avec un filet à cheveux sur la tête s'approcha du lieu du drame.

– Hé, mec ! Je venais juste de finir de mettre ces...

Elle le regarda, ravala la fin de sa phrase et laissa échapper un faible :

– Oh.

L'espace d'une seconde, personne ne dit rien. L'employée au filet se pencha pour ramasser les boîtes de conserve.

– C'est pas grave, dit-elle. Ce sont des choses qui arrivent.

Agrippé à son sac à dos, le garçon me lança un dernier regard et détala à toute vitesse.

– Je vous l'avais dit, lança Coco en reportant son attention sur les glaces. C'est un sacré tordu de mercredi, celui-ci.

Zuz claqua des doigts une fois.

Baz alla aider la fille à ramasser les boîtes tandis que je retournais à mon livre en faisant semblant de lire, comme si le bleu de ces yeux n'était pas si perçant, comme si je ne me demandais pas ce que l'employée de Foodville s'apprêtait à dire à ce garçon, ce qu'elle lui aurait sûrement dit si son visage n'avait pas été ce qu'il était.

VIC

Je secouai la neige de mes boots et les laissai sécher près de la porte. Deux étuis à guitare noirs couverts d'autocollants de Batman et des Cure trônaient dans le couloir avec énormément d'aplomb.

Klint et Kory. Les fils de Frank le Petit Copain.

Étant donné que je venais de renverser une pyramide de boîtes de soupe devant la plus belle fille que j'avais vue de ma vie (ou en tout cas certainement la plus bouleversante et la plus apte à me déclencher une crise de sudation), la présence de Frank le Petit Copain – et de ses gosses tout droit sortis d'un film d'animation de Tim Burton – était vraiment la dernière chose dont j'avais besoin.

Ça me plombait. Énormément.

Si Klint et Kory n'étaient pas jumeaux, on n'en avait pas moins de mal à les différencier. Ils portaient les mêmes fringues gothiques et leur dentition était bien trop développée pour leur tête. J'aimais imaginer les racines de leurs dents se déployer profondément dans leurs crânes, fermement ancrées à l'endroit généralement réservé aux cerveaux de taille moyenne. Comme moi, Klint et Kory avaient perdu l'un de leurs parents à cause du cancer. Contrairement à moi, cette perte leur servait d'excuse pour porter du maquillage noir et avoir un groupe appelé l'Orchestre des Zâmes perdues. (Moi je me servais de cette perte pour accomplir des choses bien plus sensées, comme par exemple déterminer jusqu'où on pouvait enfoncer le bord d'une carte de crédit dans sa peau sans que ça saigne.) Maman leur avait proposé le sous-sol pour leurs répétitions, et soudain, ils étaient devenus des habitués de la résidence Benucci.

Comme je le disais : énormément plombant.

J'entendis Maman dans la cuisine avec Frank le Petit Copain et Klint et Kory. La famille heureuse. Avec leurs voix de famille heureuse qui tintaient comme des cloches de famille heureuse dans notre cuisine de famille heureuse.

Ding-dong-comment-s'est-passée-ta-journée-ding-dong ?

Je posai mon sac à côté des étuis à guitare, pendis mon manteau et observai le bout du couloir. Déterminée à ne pas gâcher un autre Noël, Maman s'était mise à cuisiner et décorer la maison dès le lendemain de Thanksgiving. Tourtes, tartes, pains, gâteaux, puddings – « au nom de Noël », avait-elle répété à peu près une centaine de fois. J'aurais bien aimé que Noël change de nom cette année.

Mais bon, hein.

On pouvait difficilement lui en vouloir.

L'an dernier, Noël avait été sinistre. Le premier anniversaire (si on voulait) de la mort de Papa. Pas de lumières. Pas de tourtes. Pas de sapin. Donc si, cette année, Maman voulait enguirlander chaque coin et recoin de notre maison, décorer tous nos murs comme un elfe fou, moi ça ne me dérangeait pas. Un meuble, cela dit, demeurait vierge de l'enthousiasme immodéré de ma mère : la desserte du couloir.

La desserte du couloir n'avait rien de spécial.

Mais ce qui siégeait sur la desserte du couloir était de proportions tellement capitales que j'arrivais à peine à passer devant sans que mes genoux flanchent.

Mes pieds avancèrent doucement, de leur propre chef, jusqu'à me conduire suffisamment près pour que ma hanche touche la table – suffisamment près pour tendre le bras et effleurer l'urne de mon père.

Mon téléphone vibra. Un nouveau message de Maman.

T ou?

Les voix de la famille heureuse tintaient toujours dans la cuisine. *Ding-dong-comment-s'est-passée-ta-journée-ding-dong* ? Je posai mon portable au bout de la desserte et tendis le bras vers l'urne de Papa. Mes doigts s'arrêtèrent à quelques centimètres.

Mon incapacité à fermer les yeux compliquait pas mal de choses : dormir et cligner des yeux, déjà. Mais il y en avait une à laquelle personne ne songeait, c'était la capacité de voir en pensées. Les gens ne se rendaient pas compte avec quelle régularité ils fermaient les yeux – pas longtemps, comme un clignement prolongé – pour se représenter dans leur tête un lieu ou un objet.

Ça me posait un vrai problème. Jusqu'à ce que Papa m'apprenne à aller dans mon pays de Rien. Selon lui, si on fermait les yeux quand on essayait de se représenter quelque chose, c'était parce qu'on avait besoin de partir d'un espace vide. Il m'avait expliqué à quoi ça ressemblait quand il fermait les yeux, que ce n'était pas exactement l'obscurité, ni même la noirceur, mais simplement rien. *Et il n'y a qu'à partir du rien qu'on peut trouver le tout, Vic.*

Maintenant, il était le Rien personnifié.

Maintenant, il était dans un pot.

J'allai dans mon pays de Rien pour retrouver la façon qu'il avait de passer la tête dans ma chambre avant que je me couche.

Coucou, Vic. Tu n'as besoin de rien ?

Non, Papa.

Ça va ?

Oui, Papa.

D'accord. Bonne nuit.

Bonne nuit, Papa.

Rien de plus, comme s'il me cassait les pieds.

En chaussettes dans l'oubli de ce couloir sombre, un bras tendu, je restai bloqué entre le tout et le rien, à me demander comment cette urne quelconque pouvait me brûler plus fort que le soleil en plein désert.

Ça faisait deux ans que Papa était mort. Et je n'arrivais toujours pas à toucher ce truc.

✕

– Doris, ce dîner c'est de la dynamite, dit Frank avec un coup d'œil vers ses fils. Les garçons ? Il décoiffe, ce dîner, non ?

Klint toussota.

– C'est clair, Papa.

Kory mastiqua, ricana et acquiesça.

– Comment tu fais pour que les petits – Frank tritura ses pommes de terre, visiblement incapable de trouver les mots – morceaux croustillants là… les herbes sucrées… comment tu fais pour que ce soit si…

– Croustillant et sucré ? demanda Maman.

Frank éclata de rire et se pencha pour l'embrasser sur la joue. Un bras se tendit sous la table dans la direction de Maman. Je m'étranglai mais, par miracle, je ne mourus pas sur le coup.

– Je n'ai rien fait du tout à ces pommes de terre, dit-elle. Mais je ferai passer avec joie tes compliments au chef de l'usine de patates surgelées. J'avais *prévu* de vous faire mes fameuses lasagnes mondialement célèbres, mais quelqu'un a oublié d'acheter le prosciutto.

Là, elle posa un œil sur moi.

– C'est vrai, dis-je en me raclant la gorge. Désolé.

Je m'imaginai le visage de la Beauté froide. Je n'étais pas désolé, pas le moins du monde.

– J'aurais pu prendre le prosciutto en rentrant du tribunal, ma puce, renchérit Frank en se resservant des haricots verts.

Frank adorait parler du tribunal. Au tribunal ceci, au tribunal cela. Parler du tribunal permettait à Frank le Petit Copain de se sentir plus Frank le Cheval de course.

En réalité, Frank était un caniche frisé plus qu'autre chose.

– En fait, poursuivit-il, je t'ai appelée pour savoir si tu avais besoin de quelque chose, mais tu n'as pas répondu. J'aurais bien laissé un message mais…

– Je sais, je sais.

– *Quelqu'un*, pour des raisons qui dépassent ma compréhension, refuse de vider sa boîte vocale.

– Je *sais*, insista Maman, tout sourire. Je le ferai ce soir. D'accord ?

Frank se pencha et murmura :

– Hmm, on va *le faire* ce soir, et on va bien le faire.

– Dégueu, Papa, dit Klint.

Kory mastiqua, eut un haut-le-cœur et secoua la tête.

Je bus une gorgée de mon soda en me demandant ce qui se passerait si je collais une claque à Frank le Petit Copain.

Frank était tout ce que mon père n'était pas : compliqué, carrière professionnelle réussie, tête pleine de cheveux. La subtilité était une notion qui lui échappait totalement. C'était un avocat qui parlait fort, mastiqueur de haricots verts, et qui portait un costume en permanence. Je n'avais jamais vu ce type autrement qu'en costume. Je crois qu'il adorait simplement les costumes. Et peut-être que ce n'était pas capital, mais en tout cas, ça en avait l'air, parce que Papa était le genre de gars qui faisait ses courses en jogging.

Et moi aussi.

– Alors, les garçons, dit Maman, ça marche, le groupe ?

– Oh, répondit Klint en lançant un coup d'œil vers son père. Hum. Très bien, m'dame Benucci. Très… hum… bien. Hein, Kory ?

Il donna un coup de coude à son frère. Kory arrêta momentanément de mastiquer, se concentra plutôt sur son gloussement, et secoua la tête.

Frank se servit des haricots verts pour la troisième fois.

Sans blague. Ce type adorait vraiment les haricots verts.

– Eh bien, c'est chouette, dit Maman. On pourra peut-être vous entendre bientôt ? Un petit concert. Ce serait bien, hein Vic ?

Je soulevai mon verre à bord fin préféré comme pour porter un toast sarcastique, bus avec précaution la fin de mon soda, et me levai.

– Où vas-tu ? demanda Maman.

– Remplir mon verre.

Klint lâcha sa fourchette, se leva à son tour et m'arracha le verre vide des mains.

– J'y vais.

Il disparut dans la cuisine, nous laissant tous stupéfaits. Klint ne faisait jamais rien de sympa, et encore moins pour moi.

Maman eut l'air ravie.

– C'est adorable.

– C'est un gamin adorable, dit Frank, la bouche pleine de haricots.

Je dressai une liste mentale des poisons indétectables que Klint pouvait trouver à la cuisine et mélanger à ma boisson. Il revint une minute plus tard, déposa un verre plein devant moi et se rassit sans un mot. Maman dit quelque chose comme quoi elle était contente qu'on s'entende tous bien, mais je ne l'écoutais plus. Klint avait remplacé mon verre par le verre à bière préféré de Papa, celui avec le logo des Mets. À cause du bord épais, il m'était impossible de boire sans que tout me dégouline sur le menton.

– Klint et Kory ont un lien spécial, disait Frank. Ils ont quasiment le même âge. Ils partagent même leurs vêtements.

J'agrippai la base du verre sans le soulever.

– Ça va ? demanda Klint avec un petit sourire au coin des lèvres.

Kory mastiqua, gloussa, secoua la tête.

Klint et Kory privilégiaient la sournoiserie à la franche méchanceté. Ils ne se moquaient pas de mon visage comme le faisaient les gens méchants normaux. Ils avaient compris que pour faire durer la souffrance, il fallait la prendre à la racine.

– Génétiquement, continuait Frank comme un moteur bourdonnant, les frères ont un ADN extrêmement proche.

Il engloutit une bouchée de haricots verts pour ponctuer sa phrase.

– Frank, tu es un puits de connaissances, dit Maman qui n'avait pas remarqué le verre de Papa ou avait choisi de ne pas le remarquer.

Depuis que sa relation avec Frank était devenue sérieuse, la nôtre était une relation de peu : peu de mots, peu de contacts, peu de sentiments. Sa beauté s'était en grande partie usée durant les Jours sombres, mais il lui en restait un vaste stock. Ses cheveux tout comme son sourire étaient encore brillants et jeunes, les pattes-d'oie autour de ses yeux s'étaient sévèrement accentuées, mais à quoi s'attendait-on ? Depuis l'annonce du diagnostic jusqu'aux funérailles, elle s'était entièrement consacrée à Papa. Durant les Jours sombres, elle n'avait quitté la maison que pour trois raisons :

1. Les courses.
2. Les médicaments.
3. Les opérations.

Après le diagnostic, Papa avait vécu encore dix-huit mois. Ce qui était rare, d'après les médecins. Selon eux, c'était un battant. Selon eux, il avait de la chance.

Selon moi, s'ils considéraient Papa chanceux, c'est qu'ils avaient un problème mental. Mais au moins, Maman était là pour prendre soin de lui. Elle avait sacrifié sa vie pendant un an et demi pour lui rendre la fin moins pénible. Alors ne devais-je pas être content pour elle maintenant ? Ne l'avait-elle pas mérité ? Ne devais-je pas accueillir Frank le Petit Copain à bras ouverts ? La réponse était : si. À tout ça. Mais une partie de moi ne pouvait s'empêcher de comparer tous ses sacrifices à ce qu'elle recevait en échange.

– On retrouve ça en littérature aussi, dit Frank, pile à ce moment-là.

Quand il engloutit une nouvelle bouchée de haricots verts, je me retins de lui demander s'il ne voulait pas une deuxième fourchette pour son autre main.

– Regarde ce roman russe, là, avec les quatre frangins, poursuivit-il. Comment c'est déjà ? Mince, je ne me rappelle jamais le titre.

Je me tournai vers Maman en la défiant de croiser mon regard. *Regarde-moi. Au moins une fois, une seule fois ce soir, regarde-moi pour de vrai. Pour une fois, laissons tomber le langage SMS et parlons-nous comme avant.*

– Oh, ça m'agace, dit Frank qui, l'espace d'un instant, avait arrêté d'enfourner des haricots verts dans sa bouche. *Les Frères* quelque chose. C'est un des livres les plus connus de Tolstoï.

– *Karamazov*, dis-je tout bas, sans quitter Maman des yeux.

Son sourire se dissipa. Très lentement, elle me regarda, enfin. Durant quelques secondes, la table se dissipa elle aussi. Frank, Klint, Kory… disparus. Il n'y avait plus que nous deux, dans la plus triste maison des souvenirs heureux. Nous nous regardâmes jusqu'à ce qu'elle détourne les yeux. C'est alors que je compris que je l'avais perdue.

Je repoussai mon assiette et coinçai mes cheveux derrière mes oreilles.

– Frank, tu n'es qu'un débile profond.

– Victor ! cria Maman.

Momentanément ébahi, Frank se tourna pour aider Klint qui venait de s'étouffer avec un morceau croustillant de pomme de terre. Kory mastiqua, gloussa, secoua la tête.

Maman se leva avec un air autoritaire.

– Dans la cuisine. Tout de suite.

Je pris mon temps pour reculer ma chaise avec plus de force et de précision que nécessaire et la suivis par la porte battante de la cuisine. Une guirlande de Noël gisait au pied du frigo, la gravité ayant eu raison du scotch vieux de trois semaines. Farine, sucre et œufs jonchaient le plan de travail, vestiges de la romance récente de ma mère avec la pâtisserie.

– Allez, crache le morceau, dit-elle, les bras croisés.

– Quel morceau ?

– C'était d'une impolitesse !

– Ce n'est pas ma faute si ton copain sait tout sur la ressemblance chromosomique des frères, alors qu'il croit que c'est Tolstoï qui a écrit *Les Frères Karamazov*. Et je suis quasiment sûr qu'il a fait semblant de ne pas se rappeler le titre pour ne pas avoir à l'écorcher devant tout le monde.

– Mon chéri… dit-elle.

– Peut-être que s'il se calmait sur les biographies de Churchill, il aurait plus de temps pour…

– Victor.

– Quoi ?

– De quoi on parle là, exactement ?

…

…

– On parle de la prouesse littéraire de Fiodor Dostoïevski.

Elle ne rit pas. Pas même un petit gloussement.

– Nous n'aimons pas les mêmes livres, Vic, et alors ? On ne fonde pas une relation sur des préférences littéraires.

Je sentis que j'essayais de sourire. Ça arrivait parfois. C'était une sensation incroyable – même si je ne l'avais jamais fait, pas une fois de toute ma vie, j'en avais l'envie irrépressible. Maman disait qu'elle savait quand je souriais, à mes yeux. Selon elle, ils changeaient, ils devenaient si joyeux qu'ils illuminaient mon visage.

– Qu'est-ce qu'il y a de drôle ? demanda-t-elle.

Traîtres d'yeux.

– Rien, rétorquai-je en croisant les bras. Qu'est-ce qui pourrait encore être drôle ?

Le silence retomba. Maman posa une main sur mon épaule.

– Je sais que c'est difficile. Ça n'a pas été… *Rien* n'a été facile. Mais tu te souviens de ce qu'on a dit ? Qu'il faut avancer ?

Je ravalai la boule en travers de ma gorge quand elle m'attira contre elle. Je me souvenais, évidemment. Comment aurais-je pu oublier ? Ces derniers temps, elle ne faisait que parler de l'importance de la cicatrisation, de la nécessité de nous autoriser à prendre le temps de patauger dans le chagrin, et de savoir reconnaître quand le moment serait venu d'en sortir et de nous sécher.

Maman était sèche depuis quelque temps déjà, j'imagine.

Moi je coulais à pic, comme un caillou.

– Frank me rend heureuse, mon chéri, dit-elle. Ou du moins, je ne suis pas triste. J'aimerais ressentir ça plus souvent, tu comprends ? Et j'aimerais que ce soit ton cas à toi aussi. Peut-être pas avec Frank, mais avec quelque chose, quelqu'un.

Je m'imaginai à nouveau le petit coup à la porte de ma chambre. *Entrez,* je dirais. Frank le Petit Copain ouvrirait la porte et passerait sa tête pleine de cheveux dans ma chambre. *Coucou, Vic. Tu n'as besoin de rien ?* Je ferais signe que si. *Va te jeter d'un pont, Frank.*

Maman me prit dans ses bras.

Ça avait l'air de l'ultime repas d'un condamné. Ça avait l'air de *MRci, biz.*

J'essayai de la serrer contre moi aussi, mais j'avais les bras comme des lianes, gauches et trop longs pour mon corps.

– Il m'a donné le verre à bière de Papa, dis-je doucement.

– Quoi ?

– Klint. Quand il est allé me chercher mon coca.

Soudain, cette étreinte se teinta d'une certaine retenue, et d'une hésitation nouvelle.

– Il a remplacé mon verre par celui de Papa. Ils sont horribles, Maman. Ils me détestent.

…

…

– Ils ne te détestent pas. C'est juste qu'ils ne te connaissent pas encore.

Encore.

Un si petit mot qui vous changeait une phrase.

– Je vais en parler à Frank, dit-elle. D'ailleurs toi, tu lui dois des excuses.

J'acquiesçai et Maman me laissa pour retourner vers la salle à manger, vers sa nouvelle famille, loin de moi.

– Ce n'est pas vrai, tu sais, dis-je, les yeux sur la guirlande de Noël effondrée.

– Quoi donc ?

Les mots sortirent au moment où je décidai de ne pas les prononcer.

– Toi et Papa, vous aimiez les mêmes livres.

Bizarrement, les larmes qui lui vinrent aux yeux me soulagèrent. Il comptait toujours pour elle. Notre famille d'avant comptait toujours pour elle. Maman pouvait flirter, sourire et confectionner un milliard de tourtes, au bout du compte, ses yeux la trahissaient, elle aussi. Ils me disaient tout ce que j'avais besoin de savoir. Quoi qu'elle puisse vivre avec Frank, même *elle,* elle savait que ce n'était rien, comparé à ce qu'elle avait vécu avec Papa.

Elle cilla, les larmes disparurent, puis elle s'efforça de sourire et ouvrit la porte.

– Après toi, mon chéri.

Je me pétrifiai sur place.

Je regardai la salle à manger.

Me voilà énormément plombé.

– Vic ? dit-elle en suivant mon regard. Qu'est-ce que… ?

Dans la salle à manger, Klint et Kory se tenaient debout sur leurs chaises, guitares sanglées à l'épaule.

– *Deux ! Trois ! Quatre !* hurla Klint d'une voix plus rauque que d'habitude.

L'Orchestre des Zâmes perdues se lança dans la chanson avec l'enthousiasme très spécial de ceux qui ignorent qu'ils chantent comme des casseroles. Ce fut gênant, suintant et très inconfortable pour tout le monde. Assis sur sa chaise, Frank observa Maman tout le long, le visage étrangement crispé jusqu'à la fin du morceau.

– Je me rends compte que ce n'est pas… eh bien, pas un timing idéal, dit-il en se tournant vers moi. Vic, j'espère que tu considéreras ça comme une preuve de mon amour et de mon engagement. Envers vous deux, toi et ta mère.

Sans me laisser le temps de demander à quoi ça rimait, Frank se racla la gorge et recula sa chaise. Mais il ne se leva jamais, non.

Frank le Petit Copain s'agenouilla.

Frank le Petit Copain porta la main à sa poche.

Frank le Petit Copain sortit une bague.

Frank le Petit Copain voulait devenir Frank le Mari.

Frank le Nouveau Papa.

Alors que j'assistais impuissant à la scène, Maman porta les deux mains à sa bouche.

– Doris Jacoby, dit Frank.

J'observai en silence l'absence notoire de *Benucci.*

– ... veux-tu faire de moi l'homme le plus heureux de la Terre ?

J'observai en silence ma mère qui, bizarrement, ne s'était toujours pas précipitée vers la sortie pour dévaler la rue, en s'arrachant des poignées de cheveux, déchirant ses vêtements et poussant des hurlements de deuil et de dévastation... ou *au moins*, rigoler et attraper l'urne de Papa de son piédestal lugubre pour la mettre sous le nez de Frank en clamant : *Je suis déjà prise, mec !*

Elle ne fit rien de tout cela.

Bizarrement.

– Épouse-moi, dit Frank.

Quelqu'un hurla.

Tout le monde me regarda.

Le hurlement – qui, selon mon estimation, était la chose la plus sensée qui s'était produite en l'espace de ces deux ou trois dernières minutes – provenait de ma propre gorge. Ou de mes entrailles. Ou de ma bouche. Enfin de tout ça en même temps, en fait.

Je hurlai de nouveau. Ça semblait la seule chose à faire.

Et encore une fois.

Oui, hurler le plus fort possible, c'était la réaction la plus sensée.

Pas de mots. Seulement des hurlements d'animal tandis que je sortais de mon propre corps.

Depuis mon nouvel emplacement, près du plafond, j'aperçus Vic se précipiter hors de la cuisine. Dans le couloir, il surmonta son incapacité à toucher l'urne de son père en la saisissant tout simplement. Il sentit le poids de l'urne entre ses mains, étonnamment lourde. *Je ne sais pas pourquoi ça me surprend*, pensa-t-il. *C'est tout mon père que je tiens, le penseur de cœur chauve qui m'a appris à trouver la beauté dans l'asymétrie, qui m'a guidé vers mon pays de Rien, qui m'a offert les sopranos volantes. Ses cendres devraient même peser plus lourd!* Vic fourra l'urne dans son sac à dos, enfila ses boots, son manteau et franchit la porte d'entrée en courant. Il fallait sortir son père de cet endroit, l'éloigner de tous ces *ding-dong-comment-s'est-passée-ta-journée-ding-dong* perturbants, et de toutes les autres voix de la famille heureuse. Il fallait trouver un endroit où son père, le plus grand et le dernier des Super Chevaux de course, puisse reposer en paix.

Et Vic savait exactement où.

MAD

Naître un 31 décembre, c'est être condamnée à voir le monde entier célébrer autre chose que vous le jour de votre anniversaire. Cela dit, ma mère n'avait jamais vu ça comme ça. J'étais sa petite chérie du nouvel an, comme elle disait. Elle prétendait que j'étais spéciale, destinée à accomplir de grandes choses. J'étais un peu plus jeune que les autres élèves de ma classe, Maman disait que ça me donnait un avantage. J'allais terminer mes études avant les autres, découvrir le monde en premier, peut-être trouver les grandes choses auxquelles j'étais apparemment destinée.

J'allumai ma cigarette. Si seulement elle pouvait être là maintenant.

Tire.
Souffle.
Relâche.

La neige tombait toujours, le vent ne cessait de souffler sur la rivière et je regardais le sous-marin en cogitant sur la complexité de mon passé, mais surtout, en me demandant ce que serait mon avenir. Dans trois semaines, la bonne et heureuse année marquerait mon bon et heureux anniversaire et alors la liberté de mes dix-huit ans s'emparerait de moi, m'accordant ainsi tous ses honneurs et tous ses avantages. L'un d'eux étant la possibilité légale de nous soustraire, Jamma et moi, à la poigne de fer d'oncle Les. Bien sûr, il m'arrivait fréquemment de sortir en douce et ne pas me montrer pendant des jours entiers sans qu'il le remarque ni s'en soucie. Mais il fallait toujours y retourner. Même si Jamma ne me reconnaissait plus que très rarement, j'y retournais toujours. Je pensais beaucoup à l'amour, ces derniers temps, et au fait qu'il ne tenait pas à la personne qui le recevait, mais plutôt à celle qui le donnait. Que ma grand-mère me reconnaisse ou non n'avait pas d'importance. Je l'aimais trop pour l'abandonner à oncle Les.

C'est là qu'entrait en scène la liberté des dix huit ans, et tous ses fichus honneurs et avantages.

Dix-huit ans ou non, le problème c'était que je ne savais pas où aller, ni comment. Je devais choisir un endroit pas trop loin d'ici : l'idée d'être séparée de Baz, Zuz et Coco était presque aussi insupportable que celle de perdre Jamma.

Tire.
Souffle.
Relâche.

Il m'arrivait souvent d'envisager les situations sous forme d'un diagramme de Venn. Dans ce cas précis, c'était un diagramme de Venn suprêmement merdique avec le cercle A = {Une personne qui sait ce qu'il faut faire} et le cercle B = {Une personne qui n'a pas la moindre idée de *comment faire* ce qu'il faut faire}, et à l'intersection des deux cercles, l'union = {Mad}.

J'écrasai mon mégot, enfonçai mon bonnet sur mes oreilles et soufflai de l'air chaud dans mes mains. M'asseoir près du *Ling* la nuit m'aidait à réfléchir. Le cœur et l'âme du sous-marin me tenaient compagnie. Les eaux noires de l'hiver ondulaient au contact des milliers de flocons qui se dissolvaient dans la rivière Hackensack, et je me demandais si c'était aussi beau en plein jour.

Je m'apprêtais à rentrer quand j'entendis des bruits de pas derrière moi.

Le musée de la marine était fermé et même si je n'avais jamais eu de problèmes auparavant, je n'étais pas tout à fait certaine d'avoir le droit d'être là en dehors des heures d'ouverture.

À vingt mètres de moi, quelqu'un longeait la rivière. J'observai sans bouger la silhouette s'approcher de la rambarde qui séparait la terre de l'eau et passer une main dans le grillage. Quand il tourna la tête, une seconde plus tard, je reconnus sous le clair de lune neigeux un visage familier, inoubliable : le garçon de chez Babushka et Foodville.

Bon. Je ne croyais pas le moins du monde à un ordre supérieur du cosmos. Pour moi, aucun élément ne suggérait une quelconque intervention du destin dans nos vies comme un genre de demi-dieu tragique qui déplaçait les humains comme des pions sur un échiquier. Alors ce fut peut-être la magie du *Ling* qui me donna envie de parler à ce garçon, ou simplement le fait que je ne l'avais croisé qu'environ trois fois jusqu'à aujourd'hui, et soudain trois fois dans la *même* journée, ou alors, d'accord, peut-être y avait-il en effet un demi-dieu tragique qui me déplaçait comme un pion; quoi qu'il en soit, je m'approchai de lui.

Le Madifeste disait : *Quand l'ordre du cosmos pose l'échiquier, place-toi sur la case de la reine.*

J'étais assez près pour distinguer des écouteurs blancs enfoncés dans ses oreilles. Il s'agenouilla, sortit quelque chose de son sac à dos, un pot ou un bocal, sur lequel il se pencha.

– J'espère que tu avais raison, murmura-t-il. J'espère qu'il y a de la beauté dans mon asymétrie.

D'accoooooord.

– Tu ne me cassais pas les pieds, continua-t-il, de plus en plus fort dans le silence froid et neigeux. Tu étais Northern Dancer, l'étalon du siècle, le plus super de tous les chevaux de course.

J'assistais sans le moindre doute au monologue le plus bizarre qu'il m'avait été donné d'entendre, et c'était quelque chose, sachant que je vivais avec Coco.

Il décolla un morceau de scotch qui scellait le couvercle du bocal et l'ouvrit. Son corps se dégonfla comme si tout ce qui l'avait conduit jusqu'ici était rempli d'air, d'énergie, d'espérances – et que tout s'était envolé.

Je fis demi-tour rapidement, discrètement, avec la soudaine impression que je n'aurais pas dû me trouver là. Et puis...

– Salut.

Stoppée en plein élan.

Je me retournai.

– Salut.

Le garçon se releva maladroitement dans la neige.

– Qu'est-ce que tu fais là ?

Une question étrange au premier abord. *Qu'est-ce que tu fais là ?* Ça laissait présupposer que la personne qui demandait connaissait le *tu*. Par opposition à *Qui es-tu ?*

– J'aime bien venir ici la nuit, répondis-je comme si ce n'était pas bizarre du tout.

Il laissa échapper un « Oh », comme si, en effet, ce n'était pas bizarre du tout, puis se pencha pour reboucher son bocal et le ranger dans son sac.

– Et toi, qu'est-ce que tu fais là ? demandai-je en frissonnant.

Il sortit un mouchoir et s'essuya la bouche avec.

– Je ne peux pas rentrer chez moi tout de suite.

Moi non plus. J'acquiesçai et écartai les cheveux de mon visage en songeant à ses mots quand il ignorait que je l'écoutais. *J'espère qu'il y a de la beauté dans mon asymétrie.* C'était peut-être ça : une légère asymétrie, combinée à une pétrification totale de ses traits. Ce n'était pas laid, ni même déplaisant. Loin de là, en fait. Son visage était purement et simplement unique. Sans le vouloir, j'étais un peu curieuse.

Je lui offris une cigarette, qu'il refusa. Je m'en allumai une.

Tire.

Souffle.

Réchauffe.

– Enfin… Je ne sais pas où aller, corrigea-t-il. Mais je ne peux pas rentrer chez moi.

– D'accord.

– C'est une longue histoire.

– J'en ai une aussi.

Tire.

Souffle.

Réchauffe.

J'observai mes volutes de fumée dans l'air glacial.

– Cela dit, je connais peut-être un endroit.

✕

Je devrais être morte à l'heure qu'il est.

J'avais cette phrase en permanence sur le bout de la langue. Surtout en présence d'inconnus, ce qui était logique, puisqu'on n'était jamais aussi impliqué avec un inconnu qu'avec, disons, quelqu'un de sa famille ou un ami proche. C'était peut-être pour ça que les gens finissaient par quitter leur conjoint pour un parfait inconnu rencontré en ligne. Ça ne coûtait presque rien de raconter presque tout à un inconnu.

– Alors, que penses-tu de ça ? dis-je en tournant sur Mercer Street. Je ne vais pas te demander comment tu t'appelles, ni pourquoi tu ne peux pas rentrer chez toi ce soir. Je ne vais même pas te demander ce qu'il y a dans ce bocal.

– D'accord.

– En revanche, je vais te demander des précisions sur Northern Dancer, les suprêmes chevaux de course et tout ça.

– Super.

– Tant mieux.

– Attends, quoi ?

– Quoi, quoi ?

– Non, ce n'est pas ce que je voulais…

Il secoua la tête et ressortit son mouchoir pour s'essuyer la bouche une fois de plus.

– Je voulais dire : ce n'est pas « suprême » cheval de course. C'est « Super » Cheval de course.

– Ah, d'accord.

– Mon père se qualifiait d'amateur de sports équestres. En gros, il était obsédé par les courses de chevaux. Il ne pariait même pas, il adorait juste les regarder. Au bout d'un moment, il s'est mis à s'intéresser à fond aux chevaux eux-mêmes, à leur lignée et tout. Par exemple, il pouvait te citer tous les chevaux les plus rapides et leurs reproducteurs.

– Leurs reproducteurs ?

– Oui, les pères et les mères, disons. Un jour, il m'a emmené visiter un élevage, à une heure de route d'ici. En fait, ils prennent les chevaux blessés ou trop vieux pour courir, et ils les mettent dans cette ferme dans l'espoir qu'ils puissent, tu sais, *produire* un cheval de course encore plus performant. Il y a des endroits où ils récoltent le… la semence des étalons et puis ils la… hum, ils l'injectent dans la… jument.

– Dégueu.

Il acquiesça et ajusta son sac à dos tandis que nous marchions.

– Quand il réparait une fuite sous l'évier, qu'il gagnait à un jeu de société ou qu'il répondait juste à une question dans un jeu télévisé, mon père disait qu'il était un « Super Cheval de course ». Enfin bref, pour répondre à ta question, Northern Dancer, c'est l'étalon qui a produit les meilleurs chevaux de course de tous les temps.

Nous prenions à droite sur State Street, le commissariat sur notre gauche, quand je remarquai qu'il parlait de son père à l'imparfait. Mais je ne dis rien. Je n'avais pas tellement envie de parler de mes imparfaits à moi.

– Alors, que penses-tu de ça ? reprit-il. Je ne vais pas te demander comment tu t'appelles, ni ce que tu fais toute seule au bord de la rivière en pleine nuit. Je ne vais même pas te demander qui sont les gens avec qui tu traînes tout le temps quand je te vois. En revanche, je vais te demander des précisions sur tes reproducteurs.

– Je n'en ai pas.

– Je voulais dire tes parents.

– Je sais ce que tu voulais dire.

Qu'est-ce que je disais à propos de ne pas parler de mes imparfaits ?

– Et donc, les gens avec qui tu traînes tout le temps…

– Tu veux dire ceux sur qui tu ne devais pas poser de questions ? demandai-je avec un sourire en coin. T'inquiète pas. En gros, c'est ma famille. On est des indésirables, alors on se désire entre nous.

Nous n'étions qu'à deux ou trois minutes de notre destination, il aurait été facile de clore la conversation maintenant. Mais je continuai. Soufflant dans mes mains pour les réchauffer, j'ajoutai :

– Bon, tu as raconté une histoire sur ton père, alors je vais t'en raconter une sur ma mère. Elle avait encadré un poster plein de messages lapidaires très profonds, commandé sur un site également lapidaire et qu'elle avait accroché dans notre couloir. Elle en avait fait son, comment dire, son manifeste personnel. *Fais ce que tu aimes. Toutes les émotions sont belles. Quand tu manges, apprécie chaque bouchée.* Ce genre de conneries. Quand je rentrais de l'école, je la trouvais souvent plantée devant, toute seule, à les lire à voix haute.

Nous étions en train de traverser Banta. Plus qu'une rue jusqu'à Salem.

– Alors je me suis mise à les dire, moi aussi. Au point de les mémoriser et de pouvoir les réciter en regardant le plafond, tu vois ? Je me disais que si Maman croyait à son manifeste, alors c'est qu'il devait avoir quelque chose de spécial. Et puis un jour, on était tous dans la voiture pour aller au centre commercial, quand un conducteur ivre qui arrivait en face nous est rentré dedans et a tué mes deux parents. Je devrais être morte à l'heure qu'il est.

Voilà… la phrase, dans toute sa gloire, officiellement emballée et expédiée.

– Mais je n'ai eu que ça.

Je soulevai mon bonnet au-dessus de mon oreille pour montrer la cicatrice sur mon crâne. Je faisais exprès de me raser à cet endroit pour de telles occasions, pour montrer que je ne le cachais pas, que je n'en avais pas honte, et que je n'avais pas peur de qui j'étais, ni d'où je venais. Ma cicatrice était une blessure de guerre, et toute ma vie la preuve de ma victoire.

– Enfin bon, le manifeste de ma mère, c'était de la pure connerie.

Je m'arrêtai là, bien que ce ne soit pas du tout la fin de l'histoire. Je ne lui parlai pas de mon Madifeste, l'antithèse du poster lapidaire de Maman, une bannière sous laquelle je marchais fièrement, qui appelait à l'indépendance, l'autonomie et à la poursuite incessante de la survie.

Inconnu ou non, tout ça, ça m'appartenait.

Entre Banta et Salem, je m'engouffrai dans une petite allée connue dans toute la ville sous le nom du Vide-Ordures. Célèbre pour ses descentes des Stups et ses agressions, le Vide-Ordures était une ruelle étroite qui reliait Main et State Street, appelée ainsi à cause de son absence totale de fenêtres. C'était comme si les architectes avaient tout simplement oublié de les dessiner sur les plans. Il y avait quelques portes – des issues pour que les magasins puissent sortir leurs poubelles ou je ne sais quoi – mais elles étaient toutes fermées de l'intérieur. Sans aucune fenêtre et quasiment pas de visibilité depuis la rue, c'était devenu la cour de récré de toutes sortes de délinquants.

Je m'approchai d'une des portes verrouillées.

– On y est.

– Hein ? *Ici* ?

La Beauté froide sortit une clé de sa poche arrière.

– Je t'en prie, dit-elle. Je ne souhaiterais même pas à mon pire ennemi de passer une nuit dans le Vide-Ordures. Non, ça se passe à l'intérieur.

Il faisait sombre dehors, seul un réverbère lointain se reflétait dans la neige. Je portai la main à ma poche pour utiliser la lampe torche de mon téléphone, avant de me rappeler que je l'avais laissé à la maison. Puis je fis semblant de la regarder se débattre avec la serrure.

Ce que je regardais en réalité :

1. Ses cheveux jaunes qui dégoulinaient de son bonnet comme une fuite de soleil.
2. Ses joues pâles, rougies par le froid.
3. Le dessin de ses épaules sous son manteau.
4. Le dessin de ses hanches sous son manteau.
5. Le dessin de ses fesses sous son manteau.
6. Ses jambes.
7. Ses Nike avec des dessins dessus.

J'étais dans tous mes états.

– Ce n'est pas le *Hilton*, dit-elle en ouvrant la porte et allumant la lumière. Mais il fait plus chaud qu'au bord de la rivière, si ça peut faire passer la pilule…

Une puanteur affreuse me saisit dès notre entrée. Cette odeur épaisse, palpable et pourrie ne resta pas un mystère bien longtemps : six carcasses de porcs étaient pendues au plafond comme des piñatas usagées. De petites flaques de sang fluide se rassemblaient à terre en minuscules rigoles écarlates. Tout cela était plutôt dégueulasse. Je tirai le col de mon tee-shirt sur mon nez.

– C'est forcément contraire à toutes les règles d'hygiène alimentaire de base.

– Oh, certainement, répondit la Beauté froide en rangeant la clé dans sa poche. C'est nettoyé avant les inspections, et puis ça redevient… eh bien, ce que tu vois. Mais comme je disais, *pas* d'hypothermie. C'est toujours ça de pris.

En plus des cochons morts pendus au plafond, la pièce contenait un four industriel, un lave-vaisselle, ainsi qu'un grand bureau couvert de papiers et de factures.

– Bon voilà, dit-elle en se dirigeant vers la porte. On reviendra te chercher demain matin.

– On ?

– Ne t'inquiète pas. Norm ne débarque jamais avant midi.

Soudain, je recollai quelques pièces du puzzle.

– C'est l'arrière-boutique de Babushka.

La Beauté froide acquiesça.

– Dors bien.

– Attends deux secondes.

J'avais de sérieuses questions. Des questions qui me transperçaient le cerveau. Je commençai par celle qui me semblait la plus importante.

– Comment tu t'appelles ?

…

– C'est contraire au règlement.

– Quel règlement ?

– Le règlement des questions. Celui qu'on a établi lors de notre précédente conversation.

Impossible de savoir si elle plaisantait ou non. Si oui, alors c'était sûrement le truc le plus mignon que j'avais entendu de ma vie. Et si non… merde, c'était mignon quoi qu'il en soit.

– Je m'appelle Madeline. On m'appelle Mad.

De sa poche arrière, elle sortit une cigarette qu'elle alluma.

– Moi, c'est Vic.

C'est bien. Continue comme ça.

– On m'appelle Vic, je veux dire.

D'accord, arrête, ça suffit.

– Enfin, c'est-à-dire que mon nom, c'est Victor.

C'est bon, arrête.

– Mais, euh. Personne ne m'appelle Victor en fait.

Mayday ! Mayday !

– Bref, Vic tout court, c'est très bien.

J'étais en train de devenir le champion absolu de l'auto sabordage à vitesse lumière. Mais c'est alors qu'un miracle se produisit : Mad sourit un peu.

Et je mourus un peu.

Et elle s'en alla.

✕

Les cochons massacrés de l'agent présumé du KGB libéraient une armée d'odeurs nauséabondes.

Je gardai mon manteau et mes boots, et glissai mon sac sous le bureau métallique. Dans le monde des arrière-boutiques de boucheries, le coin le plus éloigné des carcasses de porcs sanguinolentes était un emplacement immobilier de premier choix. Moins à l'aise qu'à l'étroit, je sortis quatre choses de mon sac à dos :

1. Ma Visine, que j'instillai, puis rangeai.
2. Mes écouteurs, que j'insérai.
3. Mon iPod, que j'allumai, à fond, réglé sur le *Duo des fleurs*.
4. Mon père. Dans une urne.

Je me détestais d'avoir laissé mon téléphone à la maison, même si je ne voyais pas qui j'aurais bien pu appeler, ni pour quelle raison. Dans un sens, il y avait quelque chose d'assez réconfortant à savoir que les gens n'avaient qu'à décrocher leur téléphone pour vous joindre. Ça aurait été d'autant plus rassurant, vu le lieu où je me trouvais en ce moment. Mais j'étais parti avec précipitation – d'après l'heure sur mon iPod, moins d'une heure auparavant, incroyable mais vrai – avec une seule idée en tête : éloigner Papa de cette maison. Idée qui s'était transformée en situation très shakespearienne quand j'avais voulu jeter ses cendres dans la rivière Hackensack, où il reposerait en paix près du *Ling* pour l'éternité, lui épargnant ainsi les évènements catastrophiques prévus pour ces prochains mois (et années ?) au cœur tragique des derniers vestiges de la résidence Benucci. C'était alors qu'au bord de la rivière, les sopranos volantes dans ma tête, j'avais ouvert l'urne. Et découvert quelque chose d'inattendu.

Songez à ceci : parmi les milliards de personnes sur Terre, il en existe une à laquelle vous tenez, avec qui vous vivez, que vous aimez. Cette personne meurt et est incinérée en milliards de particules microscopiques. Ces milliards de particules sont rangées dans un unique réceptacle. Des milliards pour un, un pour des milliards, des milliards pour un. Parfois, j'ai vraiment l'impression que l'amour est lié aux chiffres.

Dans l'ombre des carcasses, je décollai le scotch, ouvris le couvercle de l'urne, et me rendis à mon pays de Rien…

Coucou Papa. Tu n'as besoin de rien ?

Non, Vic, répondraient les cendres de mon père.

Ça va ?

Oui, Vic.

D'accord. Bonne nuit.

Bonne nuit, Vic.

D'après mes sources, une urne normale ne contenait que des cendres et rien de plus. Par conséquent, cette urne-là n'était pas une urne normale. Car en plus des cendres, l'urne de mon père contenait un sachet de congélation, et dans ce sachet, il y avait une photo. Un vieux Polaroïd de mes parents, jeunes, passionnés, pleins d'ardeur. Ils se trouvaient quelque part en hauteur, sur la terrasse d'un gratte-ciel, avec la ligne d'horizon de New York qui se dessinait derrière eux. La jeune Doris souriait à l'appareil photo. Le jeune Bruno souriait à la jeune Doris.

Jeunes Parents en jeunes amoureux.

C'était un bonheur dont j'avais du mal à me souvenir, lointain et exotique, comme Singapour. Je savais que des gens allaient à Singapour et qu'ils étaient nombreux à y habiter. J'avais vu Singapour sur des cartes, des globes terrestres, et à la télé. Ce qui signifiait que Singapour existait bel et bien, même si je n'y étais jamais allé et que je n'avais pas la moindre idée de comment m'y rendre.

Eh bien, ce bonheur était comme Singapour.

En plus de cette photo, un autre élément différenciait cette urne de toutes les autres : une enveloppe vierge, ouverte. Pas d'adresse, aucune trace de quoi que ce soit. J'en tirai une unique page de carnet, la dépliai, et lus…

Ma Doris,

Il ne me semble pas très juste que seuls ceux qui partent volontairement puissent laisser une lettre. Je n'ai pas choisi de mourir : la mort m'a été imposée. Par conséquent, considère ce mot comme ma lettre d'adieu.

Je crois que la plupart des gens n'ont la capacité d'accomplir qu'une seule Grande Chose au cours de leur vie. Depuis le jour où toi et moi nous avons sauté dans cette piscine tout habillés (chez Emily Edwards, en première, tu avais un peu trop bu – je sais que tu t'en souviens même si tu as toujours prétendu le contraire) jusqu'à pas plus tard qu'il y a cinq minutes, quand tu m'as embrassé sur le front en me promettant d'amener Vic samedi, avant de trébucher en sortant à la Doris (et en croyant que je ne t'avais pas vue alors que si, totalement) – en passant par chaque moment imparfait et vrai entre nous –, c'est ma vie avec toi qui a été ma Grande Chose.

Tant de souvenirs.

Y en aura-t-il d'autres, quand tu liras cette lettre ? Est-ce que tu souris en pensant à des histoires hilarantes, gênantes ou tristes qui se sont produites entre le moment où tu as trébuché à la porte de ma chambre d'hôpital et le moment où je suis mort ? Je l'espère. Vraiment. Mais je le sens, Doris. Je sens que ça arrive. Je n'ai pas peur. J'aurais souhaité avoir plus de temps, plus de souvenirs, mais je n'ai pas de regrets. Toi et Victor, vous êtes mon nord, mon sud, mon est et mon ouest. Vous êtes toutes mes directions.

Comment pourrais-je me perdre ?

Tu connais tous les endroits de la liste. Tu veux bien m'y emmener ?

Aux vieux-nouveaux.

-- B

1. Accroche-moi au Petit Salon.
2. Jette-moi du haut des Palisades.
3. Enfouis-moi dans les briques fumantes de notre premier baiser.

4. Noie-moi dans notre puits aux souhaits.
5. Lâche-moi depuis le sommet de notre roc.

Les sopranos volantes envahirent ma tête et je sus ce qu'il fallait faire.

Je ne rentrerais pas à la maison avant d'avoir terminé.

- 2 -
CHOSES IMPROBABLES

(ou : Les propriétés sédatives des gratins de haricots verts et autres câlins latéraux)

SALLE D'INTERROGATOIRE N° 2
MADELINE FALCO ET INSPECTEUR H. BUNDLE
19 DÉCEMBRE // 15 H 53

L'inspecteur Bundle est la personnification d'un nuage atomique. Il a de petits pieds, des chevilles fines, des jambes maigres, une taille ceinturée et puis – *BOUM* – explosion de ventre, comme un nuage champignon qui se déverse par-dessus la ceinture et masque sa boucle. Son torse de barrique avec son cou épais et son visage rouge en sueur accentuent la comparaison.

– Tu l'as laissé où ? demande-t-il.

– Chez Babushka. Enfin, à l'arrière de chez Babushka.

– En passant par, comme ça s'appelle… ? demande-t-il en farfouillant dans son dossier. Le Vide-Ordures.

Je remue doucement sur mon siège. Les bleus sur mon dos, ma hanche, mon bras gauche et ma figure se rappellent à moi avec force, comme si je m'étais fait tatouer les os.

– Vous êtes sûr que Jamma va bien ? je demande.

– Madeline, on en a déjà parlé.

– Je sais, mais elle n'a plus toute sa tête.

– En ce moment même, ta grand-mère reçoit les meilleurs soins possibles à l'hôpital régional de Bergen, d'accord ?

– Et vous me promettez que ce n'est pas un trou à rats merdique ?

Bundle lève une main comme pour prêter serment.

– C'est là que j'ai emmené ma mère quand elle a fait son zona. D'accord ? Bon. Parle-moi du Vide-Ordures.

– Franchement, comment ça se fait que vous n'ayez jamais entendu parler du Vide-Ordures ?

L'inspecteur jette un œil sur l'enregistreur.

– Et toi, comment ça se fait que tu le connaisses ?

– Non mais je vous le dis, tout le monde connaît le Vide-Ordures. Attendez... vous venez juste d'être muté ici, c'est ça ?

– Madeline.

– Quoi ?

– Pourquoi avoir pris la peine de venir nous voir si c'est pour te foutre de nous ?

En ce moment même, Baz est très certainement en train de prier dans une cellule toute proche. Son unique espoir de s'en sortir dépend de notre capacité à raconter notre histoire le plus honnêtement possible, tandis que celui de Zuz, Coco et Jamma dépend de notre capacité à la raconter le plus lentement possible. Alors voilà : dans un diagramme de Venn où A = {Dire la vérité}, et B = {Gagner du temps}, l'intersection est atrocement étriquée. Mais si tout se passe comme prévu, c'est dans cette intersection que Vic et moi allons passer la plus grande partie de la journée.

– Vous avez raison, dis-je avec un soupir théâtral, régurgitant les gros clichés de séries policières sous la lumière crue des néons. Dieu que c'est difficile. D'accord. La raison de ma présence ici, c'est que...

L'inspecteur Bundle croise les mains sur la table, s'avance au bord de son siège qui craque sous cette masse phénoménale.

Je me penche plus près du micro.

– Je voulais savoir si vous aviez un chewing-gum.

Bundle lâche un grondement exaspéré, le visage rouge cramoisi.

– Madeline, cet après-midi, toi et Victor vous êtes entrés ici en compagnie de Baz Kabongo. Vous dégagiez tous les trois une odeur pas possible, comme si vous aviez été pris dans une tornade de merde…

– Je vous l'ai dit, il y a une bonne raison.

– … en criant à l'innocence de Kabongo, un homme qui avait les moyens, le mobile et un passif de violence, un homme dont on a retrouvé l'ADN *sur* l'arme du crime. Il est clair que tu fais preuve de loyauté envers lui, et c'est une chose que je respecte, mais ce n'est pas judicieux. Nous savons que ton oncle était violent. Tu as des écorchures plein le visage, tu grimaces de douleur depuis que tu t'es assise, alors c'était quoi… de la légitime défense ? Kabongo a voulu empêcher ton oncle de te frapper, ils se sont battus, et Baz l'a tué. Tu n'as qu'à prononcer le mot « légitime défense », et on proposera un accord à Kabongo, je peux te le promettre.

– Ça fait un seul mot, ça, « légitime défense » ?

Bundle secoue la tête.

– Tu sais quoi ? J'en ai rien à faire. Si ça ne tenait qu'à moi, on vous aurait tous les deux sortis par la peau des fesses dès votre arrivée. Le sergent Mendes dit que ton petit copain, Vic, raconte que vous étiez tous les deux dans cette maison quand Kabongo a commis le crime. Si c'est vrai, Madeline, ça veut dire que tu as été témoin du meurtre le plus épouvantable que j'aie vu de ma vie, et je ne parle même pas de la scène du crime. Sans oublier que c'est à ton oncle que c'est arrivé.

– Je suis contente qu'il soit mort.

Je n'ai pas pu m'en empêcher.

– Peut-être. Mais si Vic dit la vérité – si tu as vu ce qui s'est passé et que tu ne nous racontes pas *exactement* ce que tu as vu –, tu t'exposes à de sérieux problèmes, Madeline, tu t'exposes à un univers de problèmes.

Il s'adosse à sa chaise, sort un truc de sa poche qu'il jette sur la table.

– Tiens, ton chewing-gum à la con.

Je scrute le chewing-gum sur la table pendant dix bonnes secondes. Durant ce laps de temps, je m'aperçois que, jusqu'à peu, c'était moi qui donnais les coups dans cette audition. Petites tapes par-ci, par-là, esquivant ou encaissant les piètres répliques de mon adversaire. Mais je l'ai sous-estimé. L'inspecteur Bundle n'est pas faible. Il attendait son heure, le bon moment pour me mettre K.O.

Je saisis le chewing-gum ainsi que le verre d'eau que j'ai ignoré jusqu'à présent. Le liquide nettoie et apaise la coupure à ma lèvre. Je repose le verre et me racle la gorge soigneusement.

– Quelle heure est-il ?

Bundle regarde sa montre.

– Un peu plus de 16 heures.

Dans ma tête, la voix de Baz produit le même effet que l'eau sur mes lèvres : il nettoie et apaise mon esprit. *Laissez-les croire ce qu'ils veulent. Mais ne leur mentez pas.*

Diagramme de Venn étriqué ou non, il est temps de raconter mon histoire.

– La raison pour laquelle j'ai emmené Vic chez Babushka, c'est que le propriétaire est un Chapitre précédent.

(Sept jours plus tôt)

MAD

Les rayons du soleil de fin de matinée s'infiltraient comme des tentacules sous la porte de chez Babushka. Ils n'atteignaient néanmoins pas la table sous laquelle Vic dormait profondément en position fœtale, enroulé autour de son sac à dos, comme pour le protéger d'un raz de marée.

– Il est mort ? demanda Coco, qui avait à peine besoin de se baisser pour voir sous le bureau.

Elle termina de racler le pot de glace d'un demi-litre déjà entièrement nettoyé. Il n'était même pas encore 11 heures.

– C'est quoi tout ce sang ? poursuivit-elle, la bouche pleine et ornée de chocolat. Il a l'air mort, non ? Vous croyez qu'il est mort ? S'il n'est pas mort, en tout cas c'est un sacré lève-tard. Attendez, pourquoi il est là, déjà ?

Coco posait des questions comme on respire.

– Je te l'ai déjà dit, répondis-je. Je suis tombée sur lui près de la rivière. Il cherchait un endroit où passer la nuit.

À côté de moi, Zuz posa le sac de provisions que nous venions d'acheter chez Foodville. Il était mince mais fort, et personne n'avait émis d'objection quand il avait insisté pour tout porter. Je terminai mon muffin aux cranberries et sirotai mon café tandis que Baz s'approchait de Vic. Il déposa les autres gobelets sur le bureau puis se baissa pour secouer doucement Vic par le bras.

– Réveille-toi, petit homme.

Vic sursauta et se cogna la tête sous la table.

– Pourquoi t'es couvert de sang, gamin ? demanda Coco. Et pas d'entourloupe. Tu parles à quelqu'un qui vient du Queens.

Vic inspecta ses vêtements en se frottant la tête. Un côté de son jean était imbibé de sang séché. Tout le monde comprit en même temps : un minuscule filet de sang avait dégouliné sur le sol depuis une des carcasses jusqu'à l'endroit où il avait dormi.

– Meeer… credi, chuchota Coco en jetant son pot de glace à la poubelle.

– *Coco*, dit Baz.

– Eh, désolée, mais c'est vraiment le truc le plus dégueu que j'aie vu de toute ma vie.

Vic se releva en traînant son sac derrière lui, enroula ses écouteurs autour de son iPod qu'il rangea dans une poche.

Je lui tendis le dernier muffin.

– Tiens. Et il y a du café si tu veux.

La porte au bout de la pièce s'ouvrit sur Norm.

– Pas faire attention à moi, pas faire attention à moi, dit-il en jetant un tas de courrier non ouvert sur le bureau. Aha ! Petit garçon s'est fait des amis, *da* ?

Vic baissa les yeux sur ses chaussures.

Norm lui donna une grande claque dans le dos.

– Tu es nouveau Chapitre alors ?

– Le, euh… quoi ?

Norm se tourna vers nous en levant le pouce vers Vic.

– Il sait pas ?

Baz passa un bras autour des épaules du Russe et le conduisit vers la porte.

– Merci pour ton hospitalité, sincèrement. Tu es un véritable ami.

Norm gonfla la poitrine et son sourire fit le tour de son visage. Il se tourna vers Vic :

– Ce sont bonnes personnes, petit garçon. Très bonnes personnes. Tu les écoutes, *da* ? Ils vont t'aider.

Norm disparut sur un dernier *dacodac*. Vic accepta le muffin ainsi que le café que Baz lui tendait avec un discret merci.

– Les gars, je vous présente Vic, dis-je. Vic, je te présente Baz… son frère, Nzuzi… et Coco.

Il salua tout le monde d'un signe de tête et comme il était évident qu'il attendait que nous parlions en premier, Baz s'avança.

– Excuse-moi de te presser, mais je suis déjà en retard au travail. En temps normal, j'aurais bien aimé que tu me parles de ta situation, de tes objectifs, mais ça devra attendre. J'ai deux questions à te poser et la seule mauvaise réponse, c'est le mensonge. Première question : as-tu besoin d'aide ?

Il n'y avait pas si longtemps que Baz m'avait posé la même question. Peu de temps après avoir emménagé chez oncle Les, j'avais pris l'habitude d'entrer en douce par la porte de derrière du Cinema 5 de Bergenfield. C'était un cinéma à l'ancienne, incroyablement laxiste, exactement ce dont j'avais besoin : une planque. Parfois j'y faisais mes devoirs, parfois je regardais le film qu'ils projetaient, mais la plupart du temps, je dormais au fond. C'est durant l'une de ces siestes que j'avais entendu ces mots…

– As-tu besoin d'aide ? répéta Baz en me ramenant au présent.

Vic, qui continuait à se frotter la tête, là où il avait heurté le métal, acquiesça lentement, comme s'il réfléchissait encore à la question.

Baz plissa les yeux.

– Il faut que tu le dises.

– Oui, dit alors Vic. J'ai besoin d'aide.

Je me rappelais l'étuve du Cinema 5, quand je remontais mes manches et que ça me faisait toujours sourire, car c'était un tel luxe de pouvoir remonter mes manches, sachant qu'il faisait trop sombre pour qu'on puisse voir mes bleus. Comme d'habitude, je m'étais endormie et à mon réveil, il était là : cet employé, armé d'un balai, qui me demandait si j'avais besoin d'aide. J'avais encore le cerveau embrumé de ma sieste, mais je crois que ça n'avait pas d'importance. *Oui*, avais-je répondu. Alors, il avait posé la seconde question…

– As-tu fait du mal à quelqu'un ? demanda Baz.

Vic but nerveusement une gorgée de café et dit exactement ce que j'avais répondu quand on m'avait posé cette question…

Qu'est-ce que tu veux dire par là ?

L'employé était resté figé, balai en main, et je m'étais demandé si c'était le moment d'avoir peur. Je ne me rappelle pas du tout ma conclusion de l'époque, parce qu'au final ce n'était pas si éloigné de la peur : j'avais commencé à aimer Baz. C'était un amour étrange, entre l'amour pour un frère, un père, un prêtre et un ami d'enfance.

– Ce que je veux dire par là, répéta Baz, c'est… as-tu fait du mal à quelqu'un ?

Vic but son café en le tenant des deux mains comme s'il se concentrait pour ne pas en renverser.

– Non, répondit-il doucement, mais avec fermeté.

Baz acquiesça.

– Bien. Tu peux rester avec nous si tu veux. Nous habitons dans un verger à New Milford. Ça fait beaucoup de marche, je sais, mais il y fait bon et on a de quoi se nourrir. C'est toi qui décides, bien sûr, mais j'ai besoin d'une réponse tout de suite.

C'était une offre rare, mais quand il la faisait, la réponse était toujours prompte et affirmative. La plupart des nouveaux Chapitres se trouvaient dans de telles impasses qu'il n'y avait pas besoin de les convaincre, mais Vic mit un peu plus de temps à se décider. Il nous observa l'un après l'autre en respirant profondément. On voyait presque les rouages de son cerveau tourner dans son crâne.

– D'accord, conclut-il.

– Merveilleux, dit Baz. Nzuzi, Mad, Coco, vous pouvez emmener Vic à la serre ? Qu'il s'installe et se nettoie un peu.

– Oh, je ne peux pas, dis-je. Je devais… aller à la bibliothèque.

La vérité, c'était que j'avais prévu d'aller voir Jamma et d'y rester sûrement quelques jours. Depuis l'encadrement de la porte, Baz m'examina. Il n'avait pas besoin de dire quoi que ce soit.

– Bon, d'accord, me résignai-je.

– Merci. Je termine à 17 h. On peut se retrouver au Napoleon pour parler de notre nouveau Chapitre.

Puis il s'adressa à Vic :

– Ils vont te faire visiter. Je t'en prie, fais comme chez toi.

Puis à Zuz :

– N'oublie pas le sac de Gunther.

Enfin, à Coco :

– Pas de gros mots. Sois sage comme une image.

Et il sortit.

Un silence gêné s'abattit sur nous quelques secondes, jusqu'à ce que Zuz claque deux fois des doigts, ramasse le sac de papier et se dirige vers la porte.

– Dans le mille, Zuz, dit Coco en lui emboîtant le pas. Babysitting de mercredi toute la journée.

– Ne fais pas attention, dis-je à Vic en secouant la tête. Ils mettent toujours un peu de temps à s'habituer aux nouveaux.

Vic passa son sac sur son autre épaule.

– Mercredi ?

– Ah. Oui. Tu as déjà vu *Battlestar Galactica* ?

Il secoua la tête.

– On a eu un Chapitre, une fois, qui était obsédé par ce truc. D'après ce que j'ai compris, dans cette série, ils remplacent tout le temps les insultes par d'autres mots. Il se trouve que Coco avait un gros problème de langage ordurier, et que Baz est très à cheval là-dessus. Enfin bon, donc ce Chapitre a suggéré à Coco d'utiliser la méthode Galactica des faux gros mots.

Vic hocha la tête.

– Et c'est quoi un Chapitre ?

On aurait dit qu'il avait couvé cette question en attendant le bon moment pour la poser et qu'elle venait de lui échapper comme un œuf un peu trop impatient.

– Baz t'expliquera. Ça fait une trotte jusqu'à New Milford, il vaut mieux qu'on y aille.

Ensemble, on troqua la sauvagerie de l'arrière-boutique de la boucherie pour les rues blanches de l'hiver d'Hackensack. J'essayais de me rappeler la dernière fois où j'avais aussi bien ressenti les pensées de quelqu'un. Tangibles, flottantes et virevoltantes dans les airs, comme le voile de neige que nous traversions.

VIC

Mes deux grands-parents paternels étaient morts d'une crise cardiaque en avril. Le même avril.

On nous appelait au téléphone pour nous dire qu'on priait pour notre famille ou qu'on pensait à nous. On nous apportait des gratins de haricots verts. On nous serrait les épaules et on nous faisait des câlins latéraux. (Les câlins latéraux, c'est vraiment de la merde. Fais-le bien ou ne le fais pas du tout, mais ne le fais pas de biais. C'est cette indécision, le vrai problème, à mon avis.) Je suppose que les gens pensaient nous apporter du réconfort. Enfin, quoi qu'il en soit, cet avril-là, notre maison n'était pas remplie de gens. Elle n'était pas remplie d'amour, de condoléances sincères ni de pensées. Cet avril-là, notre maison était remplie de gratins de haricots verts et de câlins latéraux.

Ça avait vraiment sonné Papa. Mais bon, c'était normal. Ses deux parents venaient de mourir le même mois, de la même cause. C'est le genre de truc dur pour tout le monde, et surtout pour un penseur de cœur de sa stature.

Nous rendions régulièrement visite à mes grands-parents. Chaque fois, c'était comme être prisonnier dans une maison pleine d'amour. (De manière générale, Papa ne pouvait jamais s'empêcher de peloter Maman et je savais d'où il tenait ça.) Mes grands-parents auraient parfaitement eu leur place dans la section scientifique de mon lycée, avec tous les ados aux mains baladeuses. C'était remarquable, étant donné qu'ils avaient grandi à une époque où mari et femme dormaient dans des lits séparés et s'appelaient Maman et Papa dans l'intimité.

Mes grands-parents, eux, s'appelaient Joe et Helen entre eux. Et malgré les us et coutumes de leur époque, ils dormaient dans le même lit.

Mes grands-parents étaient de véritables Super Chevaux de course.

Mais sinon, oui, c'était assez dégueu. Et puis il n'y avait pas grand-chose à faire dans leur maison à part :

1. Regarder fixement les photos de mon père aux murs, de la naissance jusqu'à ses trente ans. Elles étaient accrochées dans l'ordre chronologique, si bien qu'il grandissait littéralement sous mes yeux. Ça me rappelait ces dessins de l'évolution de l'être humain depuis l'australopithèque.

2. Attendre les trois coups du coucou dans le salon, tout en observant mon grand-père s'endormir en position assise, parfaitement droit, dans son fauteuil préféré.

3. Exercer mes aptitudes minables au billard du sous-sol. (Tout le monde dans ma famille était un champion absolu au billard. Moi, j'étais nul à crever.)

4. Compter les bols de pots-pourris éparpillés dans la maison. (Vingt-sept bols. De pots-pourris.)

5. Observer tout le monde autour de moi se peloter joyeusement. (Comme les ados aux mains baladeuses de la section scientifique du lycée d'Hackensack.)

Mes grands-parents habitaient une petite ville en banlieue d'Hackensack appelée New Milford. J'y faisais de longues balades pour m'éloigner de cette maison et des pulsions sexuelles gériatriques. J'appelais ça des excursions banlieusardes. À force, j'avais fini par connaître assez bien le coin. Mon endroit préféré était un vieux muret de pierres sur le trottoir en face d'un cimetière échevelé. Il était assez beau, avec cet air désordonné très cinématographique. De gros arbres couverts de mousse étiraient leurs branches, le lierre et les feuillages se balançaient au-dessus des pierres tombales éparpillées. J'avais l'habitude de m'asseoir sur le muret en face et de me dire : « Oui. D'accord. Je veux bien être enterré ici. »

Le terrain adjacent au cimetière était un verger. Un demi-hectare de plantes, fleurs et arbres bien entretenus, encore plus immaculés au regard du cimetière moussu. Un mince ruisseau courait sur toute la longueur du verger, traversé en son milieu par un petit pont de bois couvert de lierre. Une grange gigantesque, deux étages dans le style colonial avec une cheminée qui fumait, affublée d'une enseigne « BOUTIQUE SOUVENIRS » trônait là, et tout au fond : une rangée de serres.

Ce mois d'avril capital, nous avions enterré mes grands-parents dans le cimetière à côté de ce verger. C'était Mamie qui était partie la dernière, et à ses funérailles, devant la tombe de ses parents, les yeux tournés vers le verger, Papa avait juré qu'il reviendrait au moins une fois par semaine. Il s'y était tenu durant quelques années.

Et puis il était tombé malade. Et puis il était mort.

Ce fut la fin de ses visites à ses parents morts tous les deux d'une crise cardiaque ce mois d'avril capital. (Ce fut la fin de pas mal de choses. D'à peu près tout, en fait.)

Ma décision de suivre ces jeunes était très certainement une mauvaise décision. Je n'avais pas du tout prévu de répondre oui à la question bizarre de Baz. Jusqu'à ce que…

Nous habitons dans un verger à New Milford.

À cet instant – et je me fourvoyais peut-être –, j'y vis plus qu'une chance de réunir mon père et ses parents. J'y vis un signe. J'y vis Papa qui m'aiguillait dans la bonne direction.

Au milieu de River Street, mon sac à dos me sembla soudain un peu plus léger.

✕

– Ça va ?

J'émergeai de mon pays de Rien. Mad me dévisageait.

– Quoi ?

Quoi ?

Le plus médiocre de tous les mots.

– Je te demandais si ça allait.

– Oh. Oui, merci.

Ce groupe avait son propre rythme. Nzuzi, en tête, se servait de son sac de provisions pour protéger son visage des attaques de flocons ; juste derrière lui, Mad tenait la main de Coco pour l'éloigner de la circulation de River Street. Ensemble, ils me rappelaient la cohésion aveugle des bandes d'oies en vol. On ne comprend pas comment ces oies savent quand et où tourner, mais elles savent. Alors on se figure que ce doit être un miracle.

Je fermais la marche, en essuyant mes fuites et en essayant de ne pas me sentir comme le petit retardataire à l'aile cassée.

Les cheveux blonds de Mad volaient autour de son bonnet jaune. Dans la lumière blanche de l'hiver, on aurait dit une tranche de citron ou la mèche d'un cierge magique dans la nuit. Mon pauvre cerveau de penseur de cœur débordait de pensées bouillonnantes sur Mad. Mais il y avait peu de chances qu'elle me voie comme moi je la voyais. Il était plus probable qu'elle me voie comme *moi* je me voyais.

Je suis petit garçon.

Je terminai mon café tiédasse et bientôt, notre groupe sortit de la route pour se diriger vers la rivière Hackensack et un petit champ planté d'un panneau indiquant SITE HISTORIQUE DE NEW BRIDGE LANDING. J'étais déjà venu dans ce coin, des années auparavant, lors d'une sortie scolaire. Une bataille de la guerre d'Indépendance avait eu lieu ici et il restait encore quelques maisons d'époque protégées, un peu partout. Je regardai nos traces de pas dans la neige en songeant à ce qui s'était passé à l'époque. Comme c'était bizarre que ça soit arrivé ici même.

Sur cette trace.

Et celle-ci.

Celle-ci aussi.

Je suivis les autres jusqu'à la passerelle qui reliait Hackensack à New Milford. Un groupe d'ados se lançait des boules de neige de chaque côté du pont. À notre approche, l'un d'eux leva les mains en l'air et hurla « Pouce ! ». Il était dans mon lycée. Roland, je crois, mais il avait un surnom dont je ne me souvenais plus. Roland portait tout le temps des chaussures dépareillées, comme s'il s'habillait dans le noir, le matin. Il appartenait à cette faction très singulière de gars du lycée qui ne me fichaient jamais la paix. (Qu'on me fiche la paix représentait essentiellement mon but au lycée, même si un « salut » occasionnel de la présidente des élèves, Stephanie Dawn – qui était trop gentille pour se douter qu'elle était jolie et trop jolie pour ne pas grimper l'échelle sociale –, suffisait à me blinder contre les brimades pendant au moins une semaine.)

Tête baissée tandis que nous traversions le pont, je me concentrai sur la guerre qui avait fait rage à cet endroit précis, des centaines d'années auparavant. Depuis les troupes avançant vers un sanglant trépas, jusqu'à Bruno Victor Benucci III avançant vers... eh bien, qui pouvait le dire ?

C'est bizarre, la terre. Contrairement aux gens, la terre se fiche bien de qui peut lui marcher dessus.

...

Ça commença vers le milieu de la passerelle. Ce n'étaient pas des mots, c'étaient des guêpes qui attaquaient pile les endroits tendres et charnus. *Bzzzzzzzzzzzzzzz*.

Une boule de neige m'atteignit le dos.

Puis la jambe.

Puis le visage.

– Dans le mille ! hurla un des types.

J'entendis la voix de Papa depuis mon sac à dos. *Pense avec ton cœur, Vic.*

Je raclai la neige de ma joue en faisant en sorte qu'ils ne voient pas mes yeux. C'était la clé. S'ils voyaient mes yeux, ils sauraient qu'ils m'avaient touché. Je mis mes écouteurs. Mon cœur vide me suppliait de le remplir des sopranos volantes. Passe, passe, passe, *play* – maintenant, il s'agissait de disparaître complètement dans un autre monde.

Dans ce monde-là, toutes les factions me fichaient la paix.

Dans ce monde-là, je n'étais pas un sept-milliardième de la population planétaire.

Dans ce monde-là, j'étais un quart de la population planétaire. Il y avait Papa, les deux sopranos, et moi.

Dans ce monde-là, nous volions dans le ciel à travers les nuages, au-dessus de tout, sans nous soucier de rien, la bande d'oies la plus miraculeuse de toutes les bandes d'oies, attrapant au passage les âmes de ces rares et merveilleux penseurs de cœur.

Dans ce monde-là, mon aile était réparée.

MAD

Je ne savais pas ce que Vic écoutait, mais j'aurais bien voulu qu'il pousse le volume.

VIC

– Direct par derrière, dit Coco en soulevant le bas de la clôture grillagée.

Mad, qui avait déjà rampé en dessous, attrapa le sac de provisions que Nzuzi lui passait. Sur le trottoir d'en face, j'aperçus mon ancien perchoir : le muret de pierres, avec le figuier. Je me demandai combien de fois Papa était venu au petit cimetière de l'autre côté du verger, et s'il s'arrêtait là de temps en temps.

– Mec, lança Coco. Tout baigne ?

– Quoi ?

– Marche ou crève, gamin, dit-elle en désignant la clôture.

Le vocabulaire de cette gamine ne connaissait pas de limites, semblait-il.

– Tu as quel âge, exactement ?

– J'ai onze ans. Mais en années du Queens, ça fait genre vingt-six.

– Ah. Je vois.

Je tendis mon sac par-dessus le grillage et tressaillis quand Mad le balança par terre sans cérémonie. Après avoir rampé en dessous, j'époussetai la neige sur mon torse et de mes jambes, vérifiai rapidement le contenu du sac (le scotch avait tenu bon), et suivis les autres sur un sentier bordé de rosiers épineux et morts.

– Tu transportes quoi là-dedans ? demanda Mad. Un boulet de canon ?

Je laissai ses mots résonner dans l'air sans les saisir au vol.

– Bon, tu fais ce que tu veux, mais j'espère que tu as des vêtements de rechange, conclut-elle en désignant mon jean ensanglanté.

J'allais lui demander quel genre de personne se baladait avec des vêtements de rechange quand je songeai qu'en fait, j'avais mon bas de jogging préféré dans mon sac. En hiver, le gymnase du lycée devenait atrocement glacial, *ergo* notre prof de sport nous autorisait à porter nos tenues personnelles au lieu des shorts réglementaires.

– Oui, j'en ai.

– Cool. Quand tu seras installé, je te montrerai où tu peux te laver et te changer.

Des monticules de neige encadraient le sentier. Des sillons parcouraient les berges du cours d'eau récemment déblayées. C'était assez étrange de traverser un endroit que j'avais toujours observé de loin. Je montai sur le petit pont de bois où un panneau indiquait : CHENAL AU POISSON ROUGE. Entre les lattes de bois sous mes pieds, un poisson rouge géant flottait distraitement dans l'étroit ruisseau.

C'était un chenal au Poisson rouge très littéral.

De l'autre côté de la passerelle, Nzuzi trottina jusqu'à l'unique maison des lieux, la vieille demeure coloniale à deux étages. Il déposa son sac de courses sous le porche, frappa à la porte et nous rejoignit à la même allure.

– Allons-y, dit Mad en frissonnant, avant de se diriger vers la rangée de serres.

J'avais l'impression d'être au pays d'Oz, transporté dans un vortex jusqu'à un monde étrange, plein de règles incompréhensibles, peuplé d'une meute d'enfants sauvages sans parents. (Donc disons le pays d'Oz avec une pointe de Pays imaginaire.) Même si ces jeunes étaient bel et bien des sans-abris, ils rayonnaient d'une certaine fierté, et je comprenais pourquoi. Tel le pays d'Oz, le verger était beau, et d'une agréable étrangeté. Malgré une vie végétale stérile en cette saison, on avait l'impression d'un jardin botanique luxuriant, comme si les abords du verger étaient incapables d'en refléter l'intérieur.

Ce verger m'évoquait une image : le cœur juvénile d'un vieillard.

Mad s'arrêta devant l'une des plus petites serres coincée à l'extrémité, comme un ajout après coup, qui faisait la moitié de la largeur de sa voisine. Moins une serre qu'une note de bas de page d'une serre. Plus les restes du repas que le plat de résistance.

Je l'adorai dès le premier instant.

– Bienvenue à la maison, dit Mad.

Une vague de chaleur m'enveloppa quand elle ouvrit la porte. Ils se précipitèrent tous à l'intérieur, accrochèrent leurs vestes à un portemanteau et empruntèrent l'allée centrale.

J'avais tort.

Cet endroit était encore plus étrange que le pays d'Oz.

À l'avant, on trouvait les produits habituels d'une serre : rangées de plantes fleuries dans des jardinières hautes, plantes en pots accrochées aux parois translucides incurvées. Cependant, le fond de la serre me rappelait un film post-apocalyptique sur une famille qui avait vécu environ sept ans dans un abri antiatomique.

Déjà, il y avait des étagères. Je comptai cinq bibliothèques accueillant conserves de fruits et de légumes, sachets de noix, chips, bœuf séché, bidons d'eau, piles de livres et de vinyles, ainsi qu'une vieille platine. Un chauffage d'appoint ronronnait tout au fond et, juste en dessous, étaient étalés par terre quatre sacs de couchage, avec chacun un oreiller au bout. De l'autre côté, il y avait un canapé vert avec sa table basse (comme dans un salon parfaitement normal), et un tas de cartes à jouer et une lampe. J'aperçus une prise de courant sous le chauffage et une multiprise pour la lampe et la platine.

– Et le propriétaire ? demandai-je. Ou le… gardien du verger, ou je ne sais quoi ? La personne qui habite la maison.

Mad mit ses mains devant le chauffage.

– Gunther s'en fiche, tant qu'on lui fait ses courses et qu'il n'a pas à sortir du domaine. Apparemment, il aurait décroché le gros lot à la loterie il y a des dizaines d'années, et il s'est dit qu'il pouvait dire bye-bye au service clients. Les gens ont arrêté de s'aventurer dans son verger et Gunther a arrêté de s'aventurer à l'extérieur.

– Et l'école ?

– Gunther est trop vieux pour aller à l'école, intervint Coco en éclatant de rire. Ha ! Cassé !

Elle continua de glousser en attrapant un pot de compote sur l'étagère et plongea deux doigts dedans.

– En fait, expliqua Coco, Mad a fini le lycée. Baz travaille au Cinema 5 jusqu'à ce qu'avec Zuz, ils puissent ouvrir leur société de taxis.

Nzuzi, qui était occupé à chercher un disque sur l'étagère, claqua des doigts une fois.

– Donc il ne reste que moi. Et je suis orpheline.

– Et alors ?

– Alors les orphelins ne vont pas à l'école. Il faut avoir des mamans et des papas pour signer tous les trucs. Et il faut avoir une adresse. Je vais écrire quoi ? *Onzième serre sur la droite, Verger de Maywood, New Milford* ? Pourquoi pas *Placard sous l'escalier*, pendant qu'on y est ? L'école publique, c'est pas Poudlard. Tout le monde se ficherait de moi.

– Poudlard, ce serait le rêve, dit Mad.

– Ah oui, acquiesça Coco, le vrai rêve.

– Avec les tourtes au bœuf et aux rognons, les tartes à la mélasse et tout.

– Je ne sais même pas à quoi ressemble une tourte au bœuf et aux rognons mais, mercredi, j'en veux bien quand même.

Avec un claquement de doigts, Nzuzi tira un disque de l'Étagère des choses improbables, le déposa sur la platine et abaissa le bras mécanique. Il y eut quelques sifflements de bruit blanc, puis la musique démarra, et Nzuzi se mit à danser. Remarquablement leste, il rentra les coudes, inclina la tête et claqua des doigts en rythme. Il ne bougeait pas de façon synchronisée, il bougeait de façon autorisée : comme si chaque partie de son corps donnait l'autorisation aux autres de s'agiter.

Nzuzi dansait comme un champion absolu.

– *Don't Stop Believin'*, dit Coco, qui termina la compote jusqu'à la dernière goutte. Son morceau préféré. Hé, Zuz, t'as faim ?

Nzuzi claqua une fois des doigts sans cesser de danser. Coco lui lança un pot de pêches au sirop. Il l'attrapa au vol sans s'interrompre, l'ouvrit et engloutit le tout.

J'étais du genre super fan de mythologie. J'avais besoin d'histoires. J'avais besoin de comprendre le pourquoi du comment. J'avais besoin des *origines*. Et j'avais à peu près dix milliards de questions que je comptais poser l'une après l'autre, jusqu'à ce qu'on me dise de la fermer.

– Pourquoi le claquement de doigts ? demandai-je, car il fallait bien commencer par quelque chose.

Coco répondit :

– Un claquement c'est oui, deux c'est non. Zuz a des tas de trucs à dire, il faut juste savoir comment les écouter.

Elle jeta son pot de compote à la poubelle et s'affala dans le canapé, les bras en croix.

– Alors, qu'est-ce que t'en dis, gamin ? Pas mal comme installation, non ?

Cette môme de onze ans commençait à me gonfler à m'appeler « gamin ».

– Mon nom, c'est Vic. Ou *Victor*, si tu préfères.

– Victor, Victor... tu veux dire comme... vic-time ?

Elle partit d'un grand rire et postillonna des restes de compote.

– On va peut-être t'appeler Victime alors. Ça te va ?

Coco continua de piailler mais je ne l'écoutais plus. Mad venait d'ôter son bonnet, *ergo* mon crâne venait d'ôter ses globes oculaires.

Elle m'avait montré sa cicatrice la veille, mais ça ne changeait rien : je me trouvais à présent dans l'incapacité totale de faire quoi que ce soit. C'était comme si, toute ma vie, il m'avait manqué un fusible et qu'on venait tout juste de le remplacer. D'un côté, sa chevelure était longue, ondulée, indisciplinée, exactement comme je l'imaginais, et de l'autre, elle était complètement rasée jusqu'à la tempe. Pas à blanc, plutôt tondue, comme une vraie punk de la côte Ouest. Les cheveux menaient aux yeux, qui menaient aux lèvres, qui menaient à la peau, qui menait, qui menait, qui menait…

Mad était une carte.

Et moi, j'étais Magellan.

Je préparais mon voyage, je rêvais de territoires inexplorés, et des splendeurs découvertes dans chaque vallée, chaque ravin. Je rêvais d'un sommet abrupt et sensuel, et d'en atteindre le zénith.

– Tu peux dormir dessus, dit doucement Coco.

Je suis un Super Cheval de course.

– Hein ?

– Le canapé.

Elle désigna Mad et je restai là, les bras ballants, comme un câlin latéral, à me demander si le canapé était livré avec la fille.

– Les Chapitres dorment sur le canapé, expliqua Coco en lançant un sachet de bœuf séché à Mad.

Je pris une grande inspiration.

– Et c'est quoi, exactement, un chapitre ?

– Pas un chapitre. Un Chapitre. Avec un C majuscule, dit Coco.

– Comment tu sais si je l'ai dit avec un C minuscule ?

– À ta voix.

Nzuzi attrapa un arrosoir métallique et entreprit de parcourir chaque allée pour arroser les plantes sans cesser de danser.

– D'accord, rétorquai-je en me raclant la gorge. C'est quoi, exactement… un Chapitre ?

– *Patience*, petit cafard.

– Scarabée, corrigea Mad.

Coco arqua un sourcil.

– Tu es sûre ?

– Tout à fait.

Elle haussa les épaules.

– *Patience,* petit scarabée.

…

Ces jeunes étaient plus qu'une bande d'oies. Ils étaient des pièces de puzzle, un coffre rempli à ras bord, organisés avec autant d'improbabilité que leurs étagères improbables dans leur habitat improbable.

Et moi je restais là, à éponger mes fuites, un genre de quadrature du cercle qui ne faisait que dire des trucs de câlins latéraux genre « oh » et « quoi ». Moins pièce de puzzle, et plus boîte en carton de puzzle.

De mon sac, j'extirpai mon pantalon de survêt des Mets. Papa l'appelait mon surMets, ce qui m'horripilait, évidemment.

Mais maintenant, merde. Ça me manquait tellement.

– Tu as parlé d'un endroit pour me changer…

– Ah oui, dit Mad en sautant du canapé. Viens. Je vais m'en griller une au passage.

SurMets dans une main, je ramassai mon sac de l'autre et m'apprêtai à la suivre quand Coco dit :

– Tu crois quoi ? Qu'on va te chourer tes affaires ? Pauvres gamins des rues crasseux que nous sommes.

Je sortis mon iPod et ma Visine de la poche latérale et reposai le sac où il était, en évitant d'imaginer Coco en train de fourrer ses sales pattes dans l'urne de Papa.

– Je suis sûr que non.

Avec un grand sourire exagéré, elle posa une main sur son cœur.

– Ton vote de confiance représente beaucoup pour nous. Sincèrement, Victime. Eh, au fait, t'as un téléphone là-dedans ? Avec des jeux et tout ?

– Désolé. Je l'ai laissé chez moi.

Mad m'attendait à la porte, les mains dans les poches de son manteau. Elle avait aussi remis son bonnet de laine et le désir soudain de la peindre m'assaillit. Je n'avais rien d'un artiste, et à peine plus d'un amateur d'art. J'étais juste assez doué pour savoir que je n'étais pas doué du tout.

Elle se coinça une cigarette derrière l'oreille. En temps normal, je trouvais que fumer était une habitude assez dégoûtante. Curieusement, tout à coup, ça semblait sexy, mais pas dans le genre de la fumeuse sexy cliché. Maman et Papa regardaient *Casablanca* au moins une fois par semaine (que je détestais, et maintenant ça me manquait, etc., etc.), et l'idée de Mad en train de fumer ressemblait plus à ça. Sexy à la *Casablanca*.

Je ne sais pas.

À cet instant précis, je ne réfléchissais pas vraiment avec mon cœur *ni* avec mon cerveau. Je réfléchissais avec le canon de mon USS *Ling*.

MAD

Tire.

Souffle.

Relâche.

– Salut, Harry Connick Jr Jr. On se la coule douce ?

Honnêtement, si cette créature boursouflée n'avait pas été à la verticale, j'aurais juré qu'elle était morte. Assise au bord du chenal au Poisson rouge, j'attendais que Vic termine sa toilette. Les commodités l'avaient pas mal surpris. Normal. Cela dit, contrairement aux aménagements de la serre, ces commodités-là étaient hautement interdites. Gunther ignorait que nous avions trouvé un moyen de passer par la fenêtre des toilettes de la boutique de souvenirs. Il n'avait pas tellement de raisons de s'en offusquer d'ailleurs, je ne me souvenais même pas de la dernière fois où nous avions vu un client.

Un gris glacial colorait toujours le ciel, la couleur d'une mort lente, mais au moins, il avait arrêté de neiger. Je m'allumais une autre cigarette quand Harry Connick Jr Jr reparut, flottant dans le sens inverse.

– Tu prends des raccourcis, Junior ?

– À qui tu parles ?

– Merde !

Je lâchai mon briquet qui tomba entre deux lattes du pont et plongea dans le ruisseau.

– *Mec.*

– Désolé, dit Vic en s'asseyant à côté de moi, son jean ensanglanté plié sur ses genoux. Tu ne devrais pas fumer de toute façon. Ça donne le cancer.

Je lui lançai un regard noir en tirant sur ma cigarette et soufflai la fumée sans le lâcher des yeux.

– Il y a pas mal de choses qui donnent le cancer.

– C'est vrai. Mais certaines sont plus efficaces que d'autres.

– Qu'est-ce que tu en sais ?

Il baissa la tête vers le ruisseau. Il avait enfilé un pantalon de jogging bleu avec le logo des Mets sur la cuisse droite et des élastiques au niveau des chevilles qui faisaient bouffer le tissu, comme un bouquet autour de ses boots montantes.

– C'est mon surMets, dit-il.

Je soufflai un petit nuage de fumée en rigolant.

– Ton quoi ?

– Mon surMets, mon survêt des Mets.

Il y avait quelque chose d'absolument génial dans le fait que Vic porte ce jogging. Comme s'il avait conscience du stock de munitions qu'on pouvait utiliser contre lui, mais qu'il s'en fichait et qu'il ajoutait même une arbalète aux réserves, pour la bonne mesure.

SurMets. Le double doigt d'honneur de Vic au monde entier. J'adorais.

J'aurais dû filer un coup de pied dans l'entrejambe de chacun de ces types, tout à l'heure sur le pont.

Ses yeux roulèrent une seconde, mais seulement de bas en haut, pas sur le côté. Je l'avais déjà vu faire ça plusieurs fois, ça me surprenait toujours.

– C'est qui Junior ? demanda-t-il.

Comme si le dieu des poissons rouges en personne l'avait fait appeler, Harry Connick Jr Jr apparut sous nos pieds.

– C'est *lui*, Junior. C'est notre poisson rouge. Je l'ai appelé Harry Connick Jr Jr.

– Comme le chanteur ?

– Oui. Et acteur. Ce type ne lâche pas l'affaire. Il est partout, surtout pendant les fêtes. Cet été, il y avait des douzaines de poissons ici, et maintenant il ne reste plus que lui. Tiens, regarde.

Je lui désignai l'espèce de saladier rouge retourné qui flottait à environ cinq mètres de nous.

– Ça, c'est un dégivreur. Il maintient la température de l'eau pour l'empêcher de geler. Gunther n'en a mis qu'un seul cette année, ce n'est pas suffisant. Du coup, les poissons sont morts un par un, si bien que le chenal au Poisson rouge s'est transformé en fléau du poisson rouge. Ils ne pouvaient pas survivre là-dedans.

– Sauf Harry Connick Jr Jr.

– Exactement. Le poisson qui ne lâche pas l'affaire.

Tire.

Souffle.

Relâche.

– J'aime bien votre serre, dit Vic.

– C'est un peu bizarre, je sais.

– Pas tant que ça.

Je lui lançai un regard du genre *Tu déconnes ?*

– Oui, bon, d'accord, dit-il en secouant la tête. C'est un peu bizarre. Mais c'est cool aussi.

– Ce n'est pas définitif, de toute façon. C'est jusqu'à ce qu'on ait les moyens de trouver mieux.

Tire.

Souffle.

Relâche.

– J'ai souvent observé cet endroit, murmura Vic en désignant l'autre côté de la rue. Je m'asseyais sur le muret de pierres là-bas, et je regardais le verger.

– Ah bon ? Tu nous as déjà vus ?

Il fit signe que non.

– C'était il y a longtemps. Mes grands-parents habitaient dans ce quartier, mais ils sont…

Il s'interrompit tout à coup et contempla le ruisseau.

– Enfin bref. J'ai trouvé que c'était un drôle de heurt.

– Un heurt ?

– Une coïncidence.

Il sortit son mouchoir pour s'essuyer le coin de la bouche. C'est là que je remarquai les croûtes sur son poignet. Cinq ou six, de longueurs différentes, mais toutes très fines. Ce n'étaient pas des cicatrices comme celle sur mon crâne. J'avais une copine au lycée qui se scarifiait régulièrement… ce n'était pas ça non plus. Ça semblait plus superficiel, moins profond.

Il sortit son iPod, repoussa ses cheveux longs derrière ses oreilles et enfonça ses écouteurs.

Conversation terminée, apparemment.

Tire.

Souffle.

Relâche.

– Tiens, dit-il en me tendant un des écouteurs.

– Tu m'offres un écouteur ?

– En effet.

– C'est un truc qu'on ne fait que dans les films.

– Tu insinues que nous serions dans un film ?

– Si seulement.

– Lequel ?

– Quoi ?

– Dans quel film tu voudrais qu'on soit ? demanda-t-il.

J'avais déjà vu des gens – en général dans des cafés, ou en terrasse, se parler avec cette fluidité plaisante, comme si la conversation avait été entièrement organisée et mémorisée avant même que les deux parties n'ouvrent la bouche. J'en avais même déjà tenu quelques-unes, mais seulement avec Coco… jusqu'à maintenant.

– *Apollo 13*, dis-je.

– *Apollo 13* ?

– Évidemment. Tom Hanks dans l'espace. Quoi ? Tu te trouves trop bien pour Tom Hanks dans l'espace ?

– Si je me souviens bien, ça dégénère pas mal pour Tom Hanks dans l'espace. D'ailleurs quand on y pense, ça dégénère aussi pas mal pour Tom Hanks sur une île déserte.

– C'est là que tu te fourvoies, mon cher, car Tom Hanks survit aussi bien dans l'espace que sur une île.

– C'est ce à quoi tu aspires ? La survie ?

– Tu paries ? Enfin bon, j'adore l'espace.

– C'est-à-dire ? demanda Vic.

– C'est-à-dire j'adore l'espace. Les trous noirs, les planètes naines, les étoiles qui ont disparu il y a des décennies mais qu'on continue à voir… tout ça, quoi. Je ne m'en lasse pas.

Tire.

Souffle.

Relâche.

– En fait, c'est une idée fausse assez courante, dit Vic.

– Quoi donc ?

– L'idée qu'on voie des étoiles qui sont déjà mortes.

– Non, je suis quasiment sûre que c'est vrai. À cause des années-lumière, et tout ça. Si une étoile mourait, on ne le saurait pas avant, genre, des dizaines d'années, je crois.

Vic ne répondit rien mais secoua un peu la tête comme quelqu'un qui a encore quelque chose à ajouter – ou pire, comme quelqu'un qui sait qu'il a raison et que vous avez tort.

– Allez, *Victime*, dis-je. Crache le morceau.

– C'est juste que… la plupart des étoiles ont une durée de vie de millions et de millions d'années. Nous, on vit environ quatre-vingts ans, et on ne peut voir à l'œil nu qu'environ cinq mille étoiles. Les chances que l'une d'elles meure pendant ma présence sur Terre sont infimes. Possibles, j'imagine. Mais hautement improbables.

Tire.

Souffle.

Relâche.

– J'essaie de déterminer si tu fais le malin, ou si tu es un nerd, ou les deux.

– Non, c'est juste que j'aime bien les chiffres. Mais sinon, qu'est-ce que tu en penses, toi ?

– Franchement, j'ai oublié de quoi on parlait.

Il me tendit de nouveau l'écouteur.

– Je t'assure qu'on fait ça aussi dans la vraie vie.

Manifestement, « non » n'était pas une réponse acceptable. Avec un soupir, j'éteignis ma cigarette et saisis l'écouteur.

– Qu'est-ce qu'on écoute ?

– Tu verras.

Il avait raison. Je vis.

Dire que ce morceau était beau, c'était comme dire que le soleil était chaud, que le poisson rouge était mouillé ou qu'un million, c'était beaucoup. C'était de l'opéra, je crois, ou quelque chose comme ça, un duo, deux femmes, qui chantaient comme si leur vie en dépendait, et même si c'était dans une langue étrangère, les larmes me montèrent aux yeux parce qu'il y avait quelque chose de si intime dans leurs voix. On aurait dit qu'elles comprenaient ma tristesse à un niveau moléculaire.

À la fin du morceau, je lui rendis l'écouteur et j'allais lui demander le titre, quand il dit :

– Je crois qu'on nous observe.

À une dizaine de mètres, une paire d'yeux perçants disparut derrière un haut monticule de neige. Une seconde plus tard, elle réapparut, fixée sur Vic.

– Ce n'est que Zuz.

Je souris un peu en me demandant depuis combien de temps il était allongé comme ça, sur le ventre, dans la neige.

– Ça lui arrive.

– Quoi ?

– Il est simplement... très protecteur envers sa famille.

– Donc Zuz te protège de... moi ?

– Il épie tous les Chapitres, les premiers jours. Et ne l'appelle pas Zuz.

– Pourquoi pas ? C'est comme ça que vous l'appelez.

– Déjà, pas Baz. Enfin, il pourrait s'il le voulait. Il en a gagné le droit. Mais pas toi. Pas encore, en tout cas.

Vic observa le talus.

– D'accord. Et comment je saurai que je l'ai gagné ?

– Tu le sauras.

Le silence retomba. Nous baignions dans l'écho de la chanson.

– Et pour l'argent ? interrogea Vic.

– Quoi, pour l'argent ?

– Vous avez bien de l'argent pour vivre, non ?

– Pas autant qu'on veut te le faire croire.

– Qui ça, « on » ?

– Tu sais. *On*. Le gouvernement, les médias, tout ça. La mentalité consumériste et notre propension à coller un prix au bonheur.

Honnêtement, je n'avais pas la moindre idée de ce que je déblatérais, mais ça faisait classe.

– Enfin bon, repris-je, on a quelques anciens Chapitres en ville qui nous aident, et le boulot de Baz au Cinema 5 couvre le reste des dépenses. Il met de l'argent de côté depuis un bon bout de temps. Il compte ouvrir sa propre société de taxis – les taxis Renaissance.

– Cool. Pourquoi des taxis ?

Les yeux sur Harry Connick Jr Jr qui nageait mollement sous nos pieds, je ramenai tous mes cheveux d'un seul côté.

– Tu poses beaucoup de questions.

– Tu ne me donnes pas beaucoup de réponses.

– Baz t'expliquera. C'est son truc.

– D'accord. Et ton truc à toi, c'est quoi ? Coco a dit que tu avais fini le lycée ?

Avec un grand sourire, j'attrapai son jean sale et me levai en époussetant la neige sur mes vêtements.

– Il vaut mieux rentrer. J'emporte ça.

– Mad.

– Oui ?

– C'est quoi un Chapitre ?

Je me dirigeai vers la rangée de serres, Zuz sur mes talons.

– Patience, petit cafard.

✕

Vic ne revint qu'une bonne dizaine de minutes plus tard. Pendant ce temps, j'avais rangé son pantalon sur l'étagère à côté des vinyles, sans trop savoir pourquoi je m'en étais emparée. Ensuite, je m'étais installée sur le canapé, où j'avais essayé de m'immerger dans *Outsiders*, prouesse qui ne me demandait d'ordinaire aucun effort. Mais la chanson de Vic s'était insinuée dans mon cerveau, dans mes veines et pulsait dans tout mon corps.

Zuz avait mis *Round Around Midnight* de Miles Davis sur la platine et Coco, agenouillée devant le sac de Vic, fouillait dans ses affaires.

– Tu fais quoi, Coco ?

Elle extirpa des manuels scolaires qu'elle posa sur la table basse.

– Je cherche des marchandises de contrebande. On ne connaît pas ce gars, quand on y pense. Il a l'air sympa comme ça, mais qui sait si ce n'est pas un de ces anciens soldats transformés en talibans ?

– Coco, c'est ridicule, dis-je en reposant mon livre. Vic n'est *pas* un taliban, et il n'y a *pas* de contrebande dans son sac. Est-ce que tu sais au moins ce que veut dire ce mot ?

Elle tourna la tête avec un grand mouvement de cheveux.

– Et *toi* ?

Zuz claqua des doigts deux fois. Il détestait qu'on se dispute.

Coco se remit à fouiller le sac de Vic.

– Coco, je n'aime pas que tu fourres ton nez dans ses affaires comme ça. Il peut revenir d'une minute à…

– Aha ! s'exclama-t-elle en sortant le bocal.

À la lumière du jour, je compris tout de suite ce que c'était. Elle posa l'urne sur la table.

– De la *contrebande* !

– Désolé, dit une petite voix.

Évidemment, aucun d'entre nous n'avait entendu Vic rentrer. Il nous observait depuis la porte.

– Je devrais arrêter d'arriver en douce comme ça.

Comme en transe, il s'approcha de la table basse et se posta au-dessus de l'urne, comme un prédateur prêt à bondir sur sa proie.

– Bon, tu avais sûrement raison, admit Coco. Je suis une pauvre gamine des rues crasseuse.

Tous ensemble, nous nous approchâmes de Vic, comme attirés par un aimant invisible, pour l'entourer et observer l'urne.

– C'est quoi ? demanda Coco. Qu'est-ce qu'il y a dedans ?

Vic sortit son mouchoir, s'essuya la bouche.

– Mon père.

Ce n'était pas un murmure, mais ça aurait pu.

- 3 -
NOS IMPARFAITS
(ou : L'inévitabilité des unités correspondantes)

SALLE D'INTERROGATOIRE N° 3
BRUNO VICTOR BENUCCI III ET SERGENT S. MENDES
19 DÉCEMBRE // 16 H 21

– Vic, tu ne m'écoutes pas.

Je range mon mouchoir dans ma poche et cherche une horloge dans la salle. Il semblerait que le temps ne passe pas très vite quand on ne peut pas l'appréhender.

– Désolé. C'était quoi la question ?

– Est-ce que Baz t'a expliqué pourquoi Nzuzi ne parlait pas ?

Mendes tapote le bord de son dossier avec son stylo. Elle n'écrit presque rien, ce qui est logique puisque toute la conversation est enregistrée. Son stylo lui sert de petite baguette de batterie contre la table, le bloc-notes, le bracelet à son poignet gauche…

Rythmiquement. Rythmiquement. Rythmique, rythmique, rythmiquement. Rythmiquement. Rythmiquement. Rythmique, rythmique, rythmiquement.

…

– Oui, je réponds.

– Et ?

La vérité, c'est qu'avant ces dernières vingt-quatre heures, je ne savais pas grand-chose du passé des frères Kabongo. Mais depuis, ça a changé. Et la nuit dernière, ou tôt ce matin, je ne sais pas, j'ai beaucoup appris.

– Les Kabongo sont nés à Brazzaville, dans la république du Congo. Leur famille a dû fuir quand Baz avait dix ans, je crois. Zuz devait être très jeune... et ils avaient une sœur à cette époque. Ils ont marché pendant des mois, avec presque rien à boire ni à manger. Tout le monde mourait autour d'eux. Ils sont allés assez loin tous ensemble, jusqu'à ce que leur père meure de malnutrition.

– C'est horrible. Tu dis que Baz avait dix ans ?

Je fais signe que oui.

– Quel âge environ avaient Nzuzi et Nsimba, d'après toi ?

– À l'époque, ils devaient avoir trois ou...

...

Merde.

...

...

– Vic, ça va ?

...

Je regarde Mendes droit dans les yeux pour essayer de deviner ce qu'elle a derrière la tête.

– Comment vous savez pour Nsimba ?

– Pardon ?

– Avant. Enfin, là. Vous venez de dire « Nzuzi et Nsimba ».

Elle rougit et feuillette des documents dans son dossier.

– Tu as parlé d'une sœur...

– Je n'ai pas prononcé son prénom.

– C'est une pratique courante au Congo, d'appeler des jumeaux Nzuzi et Nsimba. J'ai simplement deviné.

– Je n'ai jamais dit qu'ils étaient jumeaux.

Ça ne doit pas être très difficile de récupérer des informations sur la vie des Kabongo avant leur arrivée aux États-Unis. Baz a parlé d'organisations telles que l'Agence des Nations unies pour les réfugiés et la Croix-Rouge. Il y avait forcément des dossiers, des documents qui retraçaient leur parcours. Mais je me demande ce que Mendes sait d'autre, et jusqu'où elle est allée pour se renseigner.

Elle sirote son café en regardant sa montre.

– Et donc, tu allais m'expliquer pourquoi Nzuzi ne parle pas.

Je passe les mains dans mes cheveux.

– Je n'ai pas spécialement envie de rentrer dans les détails. Il a été témoin de trucs plutôt horribles à un âge plutôt jeune, mademoiselle Mendes. S'il n'a pas envie de parler, ce n'est pas moi qui vais le lui reprocher. À dire vrai, vu tout ce qu'il a traversé, moi je trouve qu'il s'en sort plutôt très bien.

Rythmiquement. Rythmiquement. Rythmique, rythmique, rythmiquement.

…

Mendes sort une enveloppe kraft de nulle part et la pose sur la table. Sa simplicité a quelque chose de terrifiant, comme découvrir le visage solitaire d'un inconnu au milieu de votre propre photo de famille.

On frappe à la porte et un type en costume et cheveux roux entre.

– Inspecteur Ron, dit Mendes. Voici Vic Benucci.

L'inspecteur Ron m'adresse un signe de tête et ses yeux s'attardent sur mon visage. En quelques secondes, j'assiste à la désinvolture feinte, la tentative d'explication intérieure de la situation, suivie par le sourire « tout est normal » et, finalement, le détournement de regard l'air de rien.

Si on m'avait donné un dollar à chaque regard qui se détourne l'air de rien…

– Que se passe-t-il ? demande Mendes.

– Rien de bon, répond l'inspecteur en évitant soigneusement tout contact visuel avec moi.

– Qu'y a-t-il, Ronald ?

D'après le ton de Mendes, je devine que l'inspecteur Ronald doit être le Frank du commissariat d'Hackensack. C'est vrai qu'il a quelque chose qui rappelle le caniche, lui aussi.

– On n'arrête pas d'appeler. Elle ne répond pas.

De l'autre côté du couloir, j'aperçois les cheveux jaunes de Mad par la porte vitrée. C'est fou comme tout peut nous manquer quand ce tout appartient à la bonne personne. Mad est la bonne personne, *ergo* ses cheveux me manquent, autant que ses chaussures et à vrai dire, à peu près tout ce qui la concerne.

– Vous avez laissé un message ? demande Mendes.

– On a essayé. Sa boîte vocale est pleine.

Soudain j'ai la gorge sèche, un grattement dans l'oreille, un énorme plomb au creux de mon estomac. Je savais qu'ils essayaient de joindre Maman, mais l'idée de la voir pour de vrai ici…

Quand elle arrivera, il faudra qu'elle patiente. Je ne vais pas tout arrêter maintenant.

– D'accord, insistez, dit Mendes, et faites-le-moi savoir dès que vous arrivez à la joindre.

À la porte, l'inspecteur Ron adresse un sourire entendu à Mendes. Avec le temps, je suis devenu un expert en décryptage de sourire, comme si ma propre incapacité au sourire me conférait une conscience aiguë de celui des autres.

…

…

– Donc, dis-je. L'inspecteur Ronald.

– Oui ?

– C'est votre toutou, non ?

Mendes croise les bras sans rien dire.

– J'ai une question, je reprends. Est-ce qu'il aime le rôle du type qui attend à la porte ? Franchement moi j'ai toujours trouvé que c'était un truc de crétin, vous voyez ? « Eh, tu sais ce que tu pourrais faire de génial ? T'asseoir. Dans le couloir. »

Mendes ouvre l'enveloppe, en sort quelques documents et croise les mains dessus.

– Vic, tu as déjà entendu parler de l'ADN de contact ?

...

– Non.

Elle lève son stylo.

– Nous sommes assis là depuis un peu plus d'une heure. Pendant ce laps de temps, mon corps a perdu *grosso modo* trente mille cellules de peau. Admettons maintenant que seule une petite fraction de ces cellules se soit transférée de mes doigts à ce stylo. Un centième, peut-être. Donc à peu près trois cents cellules de peau morte. Par prudence, on peut même diviser ça par trois. Donc disons qu'il y a une centaine de mes cellules de peau morte sur ce stylo. Tu sais de combien de cellules a besoin un labo pour analyser un ADN ? Sept. Huit, tout au plus. C'est ça, l'ADN de contact. On a trouvé de l'ADN sur l'arme du crime, on l'a comparé à l'ADN des cellules trouvées sur les lieux, et on a entré les résultats dans le CODIS. C'est la base de données du FBI qui répertorie les profils ADN des criminels.

Elle fait glisser la photo d'un homme vers moi. Je ne le connais pas, du moins il me semble. Difficile à dire, vu comment il a été amoché. Il a des hématomes et des blessures tellement graves qu'on dirait un cadavre.

– Qui c'est ? je demande.

Mendes boit une gorgée de café.

– À leur arrivée aux États-Unis, Baz et Nzuzi étaient des réfugiés mineurs isolés, ce qui signifie qu'ils n'avaient aucun parent ici et ne connaissaient personne. Ils ont été placés presque immédiatement en famille d'accueil à Syracuse. Tout s'est bien passé pendant plusieurs années. Baz a terminé le lycée, il a quitté la maison et a trouvé un boulot dans un magasin d'électronique du coin. Mais à un moment, il s'est mis à avoir de mauvaises fréquentations qui l'ont entraîné dans les problèmes. La famille d'accueil a décidé que ça suffisait. Ils avaient un fils biologique et n'arrivaient plus à faire confiance à Baz.

– Vous avez dit qu'il avait quitté la maison.

– En effet, mais Nzuzi y était toujours, donc Baz passait tout son temps là-bas. Donc la famille de Syracuse se retire de l'histoire – Mendes désigne la photo du menton – et c'est là que Thomas Blythe entre en scène. Père célibataire, maison respectable, boulot respectable. On l'autorise à accueillir Nzuzi. Aux dires de tous, M. Blythe a été incroyablement généreux envers les Kabongo.

Elle tapote la photo.

– Et c'est comme ça que Baz l'a remercié. Il l'a tabassé et l'a laissé pour mort.

...

– Donc il *est* en vie, alors ? je demande.

Elle fait glisser une autre photo. Thomas Blythe dans un lit d'hôpital, entouré d'une demi-douzaine de machines, avec des tubes partout sur (et *dans*) diverses parties de son corps. Son visage semble avoir guéri, même s'il reste quelques cicatrices visibles.

– Cette photo a été prise il y a deux mois par une des infirmières. Il est dans le coma, Victor. Maintenu artificiellement en vie. Si on peut appeler ça une vie.

Je ne suis qu'une page blanche éternelle.

– Qu'est-ce qui vous fait croire que c'est Baz qui a fait ça ? Ce type...

– Thomas Blythe.

– Vous dites qu'il est dans le coma. Donc on ne peut pas vraiment savoir ce qui s'est passé.

Mendes fait glisser le dernier document sur la table. Il est différent des deux autres. Pour commencer, il y a écrit CASIER JUDICIAIRE en gros, en haut. En dessous, le visage de Baz me regarde. C'est lui, mais pas vraiment lui. Il n'a pas son sourire, ni aux lèvres ni dans les yeux. C'est une photo glaciale, grise et dure, dure et pesante, pesante et affreuse. Le Baz de la photo ne demande pas qu'on lui dise la vérité, il ne parle pas des dispositions du Seigneur. Le Baz de la photo n'enlève pas le pain de son burger, il ne s'abstient pas discrètement de boire son soda. Le Baz de la photo me brise le cœur.

À gauche de la photo, une fiche signalétique détaille sexe, race, date et lieu de naissance, taille, poids, signes particuliers.

– C'est ce que je voulais dire par « mauvaises fréquentations », continue Mendes en désignant une ligne au bas de la page.

Antécédents de condamnation. Il n'y en a qu'un : *vol aggravé (vol d'une Lexus LS 600h d'une valeur estimée à plus de 150 000 dollars)…*

– C'est un délit grave, qui explique que son ADN ait atterri dans la base de données CODIS. À ce que je vois, la condamnation a été plutôt clémente car il n'avait pas d'antécédents, mais il a tout de même écopé d'une peine minimale d'un an de prison.

As-tu besoin d'aide ? As-tu fait du mal à quelqu'un ?

Les questions de Baz ne sortaient pas de nulle part, c'étaient des morceaux de son passé. Je comprends soudain beaucoup mieux sa règle interdisant de voler.

Ensuite, le document indique que Baz a été soupçonné de coups et blessures et d'un cas d'enlèvement.

Mendes récupère la photo de Thomas Blythe, qu'elle ne quitte pas des yeux.

– Il n'y avait aucun signe d'effraction dans l'appartement de Blythe. Rien n'a été volé. Aucun objet ni aucune arme n'a été utilisé pour agresser M. Blythe, les blessures infligées ne sont dues qu'à des poings. Des coups violents et répétés, assenés par quelqu'un doté d'une très grande force physique. Et j'ajouterais… d'énormément de rage.

Ongles. Enfoncés. Profondément. Dans la peau de mon avant-bras droit.

Enfonce et maintiens.

Plus fort.

Je ne suis qu'une vieille habitude.

– Baz Kabongo n'est pas celui que tu crois, Victor. Et il compte que tu deviennes adepte. *Son* adepte. Il croit que tu es idiot. Et moi je crois que tu es intelligent.

La voix de Mendes se brouille, comme si elle parlait dans un talkie-walkie depuis un endroit très, très éloigné.

Une mauvaise connexion depuis Singapour.

Je scrute le casier judiciaire de Baz. Mes yeux s'attardent sur un seul mot.

– Enlèvement ?

…

…

– Victor. Est-ce que Coco t'a déjà parlé de son père ?

(Sept jours plus tôt)

MAD

– C'est un salon de tatouage, dit Baz.

Vic sirotait son soda avec concentration, en inclinant le verre pas tout à fait dans l'axe de sa bouche.

– Quoi donc ?

– *Accroche-moi au Petit Salon.* Le Petit Salon, c'est un salon de tatouage. On a un ami qui y travaille. Ce n'est pas loin. On peut y aller après manger.

Nous étions installés dans un box au fond du *Napoleon's Pub*, coincés entre une table de billard et une cible de fléchettes. Nous parlions de la liste de Vic en buvant des sodas (sauf Baz qui commandait toujours de l'eau). Vic, Coco et Zuz d'un côté, Baz et moi en face.

– Je persiste à penser qu'on aurait dû aller à *White Manna*, dit Coco.

Véritable institution d'Hackensack, *White Manna* était connu pour ses délicieux burgers. Rien que le nom du restaurant me faisait saliver de façon pavlovienne. Malheureusement pour nous, la direction de *White Manna* n'avait que peu de patience pour les magouilles, et tout spécialement quand elles impliquaient une mini-rouquine qui piquait des frites dans les assiettes des autres clients.

– Les meilleurs burgers de ce côté-ci du Mississippi.

Je haussai un sourcil.

– Parce que tu es déjà allée de *l'autre* côté du Mississippi, Coco ?

– Pas besoin. *White Manna* a les meilleurs, et tu le sais.

– Tu aurais dû y penser avant de voler les frites des clients dans leurs...

Comme par magie, une assiette de frites au fromage apparut à cet instant devant nous.

– Voilà pour vous, les gars. Mes fameuses frites au pepper jack, mondialement connues.

Margo Bonaparte était un personnage aussi inhabituel que son nom le suggérait. Quelle que soit la météo, elle portait des bottes de pluie, un pantalon moulant de couleur vive, de longues couettes (façon oreilles de cocker), et semblait posséder une réserve infinie de vieux tee-shirts des Beatles. Le père de Margo, Hubert Bonaparte, était le propriétaire du *Napoleon's Pub*, par conséquent Margo pouvait faire à peu près tout ce qui lui chantait dans les lieux.

Sauf avoir Baz. Malgré tous ses efforts, elle ne parvenait pas à avoir Baz. En ce moment, Baz fréquentait une fille, Rachel Quelque chose, qui travaillait avec lui au Cinema 5. Apparemment, ils avaient des points communs – à savoir : les films et le baseball –, ce qui la rendait particulière à ses yeux. Baz avait toujours plus ou moins une copine, même si elles ne restaient jamais très longtemps et qu'elles ne venaient *jamais* chez nous. Il sortait souvent dîner avec Rachel, il dormait chez elle de temps en temps et ils allaient voir un match des Thunder à l'occasion. On ne pouvait pas vraiment reprocher à Baz d'opérer une séparation entre sa vie amoureuse et la Serre n° 11.

– Tu as encore égaré mon numéro, Mbemba ? demanda Margo Bonaparte.

D'après ce que je savais, Margo était la seule personne à appeler Baz par son nom complet. Elle sortit un stylo et un papier de son tablier, inscrivit son numéro et le lui tendit.

– Un de ces jours, tu vas perdre ta tête.

Puis elle se tourna vers nous.

– Des burgers, ça vous va ? J'ai aussi de la salade si vous voulez. On a reçu un excédent de laitue à la dernière livraison, et elle va se perdre. Mais, oh ! *Les gars*. Au fait. Il faut absolument que vous gardiez de la place dans vos estomacs, OK ? J'ai quelque chose de spécial pour le dessert. Promettez.

Après notre promesse, elle s'éloigna, couettes au vent.

– Mais, *les gars*, chantonna Coco. Au fait. Il faut *absolument* qu'on garde de la place.

Elle engouffra une fourchette entière de frites au fromage et continua à parler la bouche pleine.

– Quelle timbrée, cette nana. T'en penses quoi, Zuz ? Tu crois qu'elle va nous ramener de la glace ?

Zuz claque une fois des doigts.

Malgré le nom de l'établissement, la seule trace de français dans cet endroit, c'était l'accueil des serveurs et serveuses. « *Bonjour, mes petits gourmands*[1]. » Dans un diagramme de Venn où A = {Personnes parlant français} et B = {Habitués du *Napoleon's Pub*}, l'intersection = {En gros, personne}. Le *Napoleon's Pub* était le grotesque personnifié, ce qui expliquait probablement pourquoi nous l'aimions tant.

Les frites disparurent en un clin d'œil, et Margo apporta les salades quelques minutes plus tard. Cela faisait un bail que nous n'avions pas eu de nouveau Chapitre, donc tout le monde mangeait en silence, le temps de s'acclimater à la présence d'une nouvelle personne à table. Après les frites et les salades, nous échangeâmes les deux objets contenus dans l'urne : la lettre et la photo.

J'en lus un bout à voix haute.

1. En français dans le texte.

– « Toi et Victor, vous êtes mon nord, mon sud, mon est et mon ouest. Vous êtes toutes mes directions. »

J'avais envie de dire que c'était la phrase la plus adorable que j'avais jamais lue, mais tout ce qui sortit fut :

– Doris, c'est ta mère ?

Vic acquiesça tandis que je lisais les lieux inscrits sur la liste.

– « Accroche-moi au Petit Salon, jette-moi du haut des Palisades, enfouis-moi dans les briques fumantes de notre premier baiser, noie-moi dans notre puits aux souhaits, lâche-moi du sommet de notre roc. » Bon, pour le Petit Salon, on sait. Les Palisades, j'imagine qu'il parle des falaises du même nom.

Baz acquiesça.

– Celui-là devrait être facile. On peut y aller depuis Englewood. Et pour les trois autres endroits, tu as une idée ? demanda-t-il en s'adressant à Vic.

– Non, répondit-il, les yeux perdus dans son verre vide.

Je leur passai la lettre que Coco saisit de ses mains pleines de fromage pour la lire à voix haute entre deux bouchées. Vers la fin, elle s'interrompit.

– « Aux vieux-nouveaux. » Ça veut dire quoi ?

– C'est un truc qu'ils disaient souvent, répondit Vic. Je ne sais pas vraiment… je ne sais pas ce que ça veut dire.

Le ton et le langage corporel de Vic indiquaient un embarras certain, comme si nous venions de diffuser son journal intime à travers le pays. Il y avait, évidemment, quelque chose de profondément personnel dans cette lettre, la « Lettre d'adieu » de son père.

Zuz me passa la photographie.

– Qui a mis tout ça dans l'urne de ton père ? demanda Baz. Et pourquoi faire une chose pareille ?

– Sûrement ma mère. La liste, la photo, les cendres. Je pense qu'elle voulait garder tout ce qui le concernait en un seul endroit. Tout a changé dans notre maison, depuis. Mais ça, c'est toujours lui. Ce sont des choses qui n'ont pas changé.

La photo représentait les parents de Vic sur une terrasse, avec la ligne d'horizon bien connue de New York derrière eux. Il y avait une réelle ressemblance entre Vic et ses parents. Je me demandais si elle n'aurait pas été plus grande sans son bouclier de cheveux qui le séparait du monde.

– Ils ont l'air très heureux, remarquai-je.

Vic repoussa son verre et s'empara du Polaroïd. À cet instant, Margo apporta un plateau de burgers et déposa des assiettes devant nous. Elle disparut avec un « *Au revoir, mes petits gourmands*[1] » que j'entendis à peine. J'observais Vic qui observait ce Polaroïd entre ses mains, et je me demandais à quoi il pouvait bien penser.

VIC

J'aurais parié que Maman avait demandé à un parfait inconnu de prendre cette photo. Elle faisait toujours ce genre de trucs, demander à des inconnus de prendre des photos.

Les inconnus étaient ceux qui me fixaient avec le plus d'insistance.

– Oui, ils étaient très heureux, dis-je. Nous étions très heureux.

J'étais très heureux.

Et maintenant ? Merde, maintenant c'était Singapour.

Je reposai la photo et regardai le burger devant moi. La serveuse bizarre était partie, pourtant personne ne mangeait. Ce que Baz avait dit sur le salon de tatouage me trottait dans la tête. Dans mon pays de Rien, je vis deux boussoles dont les aiguilles pointaient l'une vers l'autre. *Pour qu'on ne se perde jamais*, disait Papa.

Baz avait raison. C'était totalement logique. Ce qui signifiait que nous allions terminer calmement notre repas et nous rendre au Petit Salon, où j'allais amorcer un processus dont la fin mènerait à *la* fin. La fin de Papa.

---

1. En français dans le texte.

Voici comment je me sentais : une bouteille de champagne qu'on venait de secouer ; un volcan furieux, fatigué que les humains construisent leurs petites maisons débiles sur mes bras et mes jambes comme si je n'existais pas, comme si je ne pouvais pas les balayer à mon gré. Je me sentais plein de flammes, de glace aussi, de bouillonnements qui éclataient, de choses qui ne demandaient qu'à être libérées.

– Maman et Papa ont commencé à sortir ensemble au lycée, dis-je. Ils se sont mariés à la fac.

J'avais besoin de me sentir vide.

J'avais besoin de quelqu'un pour me déverser.

– Ils disaient toujours : « On est tombés amoureux ridiculement jeunes. » Et ça me manque, vous savez ?

Je regardai les autres. Aucun ne semblait intimidé. J'eus envie d'offrir mes bouillonnements et ma colère à ces jeunes qui allaient m'écouter, enfin m'écouter pour de bon et enfin me voir comme j'étais, et pas comme une statue au coin d'une rue brandissant un panneau « Regardez-moi, ne me regardez pas, regardez-moi, ne me regardez pas », encore et encore, sans fin ; il n'a jamais de fin, ce désir d'être vu et de ne pas être vu.

– Maman et Papa avaient des tas de maximes, des tas de phrases qu'eux seuls comprenaient. « Aux vieux nouveaux. » Je n'ai pas la moindre idée de ce que ça veut dire.

Je pleurais à présent – chose rare, mais pas impossible. Je savourai l'humidification bienvenue en pensant que oui, tout cela était logique. Il fallait que ça sorte, toute cette lave et ce champagne. Il fallait tout libérer.

– Parfois j'ai l'impression que je le connaissais mieux que personne au monde, et d'autres fois, c'est comme si je ne l'avais jamais connu. Et maintenant, c'est trop tard. Et il… merde, il m'avait *promis*…

Je secouai la tête jusqu'à ce que le bouchon saute, *pétille, pétille, bouillonne, bouillonne, pop*, respire maintenant.

– Quand j'étais petit, Papa m'a promis de ne jamais s'en aller. Il m'a appris à penser avec mon cœur, à entendre les murmures – les méchants –, à me les approprier et devenir plus fort, à devenir un Super Cheval de course, et pas un câlin latéral débile. Mais comment il compte faire tout ça, maintenant qu'il est mort ?

Je saisis une serviette de papier pour essuyer la libération sur mon visage.

– Et maintenant, tout ce monde débile a tourné la page, et ma mère aussi, et j'ai du mal à la reconnaître.

...

...

...

Dis-le.

Je suis Northern Dance, l'étalon du siècle, le plus super de tous les chevaux de course.

...

Fais-le.

...

– Papa est mort d'un cancer du pancréas.

Des mots que je n'avais jamais prononcés.

Seuls les trois premiers avaient de l'importance.

...

– Il est mort il y a deux ans.

Cette fois encore, les trois premiers mots annihilaient les suivants.

– Ma mère vient de se fiancer. À quelqu'un qui croit que *Les Frères Karamazov* a été écrit par Tolstoï.

...

...

– Et c'est pas lui qui a écrit ça ? demanda Coco.

La table respira pour la première fois depuis des heures, semblait-il. Je regardai Coco et essayai de sourire avec mes yeux, mais je n'avais aucun moyen de savoir si ça avait marché ou non.

– Non, Coco. Ce n'est pas lui.

Coco acquiesça avec beaucoup de sérieux.

Puis je regardai Baz en face de moi.

– Hier, j'ai pris l'urne, et je me suis enfui. Je voulais disperser les cendres dans la rivière, mais j'ai trouvé la lettre et la photo. Je ne peux pas rentrer chez moi. Pas avant d'avoir terminé ça.

...

– Tu te rappelles ma première question, demanda Baz.

– Oui.

– Tu te rappelles ta réponse ?

– Oui.

– Répète-la.

– J'ai besoin d'aide.

– Encore.

– J'ai besoin d'aide.

– Encore une fois.

J'espérais que Baz puisse lire le sourire dans mes yeux. Moi, en tout cas, je lisais le sien.

– J'ai besoin d'aide, Baz.

– Et tu trouveras de l'aide, mon ami.

Ami.

Quel joli mot.

Soudain, Singapour ne semblait plus si loin.

MAD

Baz retira soigneusement le chapeau puis la base de son hamburger, et les mit tous les deux de côté sur son assiette. Il mangeait de la viande, il mangeait des légumes, et occasionnellement, quand Coco s'endormait avant d'avoir terminé sa crème glacée (*très* occasionnellement), il la finissait à sa place. Mais jamais de pain.

– Tu surveilles ta consommation de glucides ? demanda Vic.

– Baz est anti-pain, dis-je en levant les yeux au ciel.

– Anti-pain.

– Oui, oui. Il est contre le pain.

Vic regarda Baz.

– Je ne comprends pas.

Baz croqua dans son steak haché et sa laitue.

– Tout comprendre n'est pas obligatoire.

Je ne pus retenir un éclat de rire. Baz avait une façon inattendue d'assembler les mots les plus simples. *Tout comprendre n'est pas obligatoire.* Le problème, c'était que les gens ne savaient pas quoi faire d'une simplicité aussi directe, car ils ne la rencontraient pas souvent. Les gens s'attendaient à des arrière-pensées, des chevaux de Troie qui se glissaient derrière les lignes ennemies pour vous clouer au pilori de l'ambiguïté morale.

Bon sang. Plus j'étais une personne, moins j'avais envie d'en être une.

Coco griffonnait sur sa serviette tout en mangeant. Écrire des chansons était un genre de passion chez elle, apparemment, même si je n'avais encore jamais entendu le produit fini. Penché par-dessus son épaule, Zuz secouait la tête dans un sens ou dans l'autre à mesure qu'elle écrivait. Il était le seul à être dans le secret de ses créations, l'unique membre de son cercle de confiance.

Margo nous apporta une autre assiette de frites au fromage et, pendant que nous mangions, Baz nous raconta le jour où la clim était tombée en panne au Cinema 5.

– Les gens étaient vraiment furieux, ils voulaient qu'on les rembourse et tout. Plus tard, je prenais ma pause avec un collègue qui s'appelle Russ. Russ a fait remarquer à quel point il avait fait chaud. J'ai dit que oui, il avait fait très chaud. Alors il a dit : « Mais tu n'es pas du Congo, toi ? » J'ai dit : « Maintenant je suis un citoyen américain, mais oui, je suis né en république du Congo. Pourquoi ? » Et Russ a dit : « Oh pour rien, je pensais que tu étais habitué aux grosses chaleurs, comme tu as vécu dans la jungle. » Alors j'ai regardé Russ dans les yeux et je lui ai demandé : « Es-tu du New Jersey ? » Il a répondu : « Oui, depuis toujours. » Alors j'ai dit :

« Donc tu passes ton temps à te mettre en caleçon et à te taper des filles super bronzées dans des jacuzzis, c'est ça ? » Russ a eu l'air surpris et il a souri. « Non, pourquoi tu crois ça ? » J'ai dit : « J'ai vu l'émission de téléréalité *Jersey Shore*, donc je sais tout sur le mode de vie de la population du New Jersey. Avoue-le. Tu te mets en caleçon et tu te tapes des filles super bronzées dans les jacuzzis, c'est vrai, non ? »

Toute la table rigola, mais pas moi. Le jour où c'était arrivé, Baz était rentré à la serre d'une humeur massacrante, et je comprenais très bien, quand je pensais à tout ce qu'il devait supporter.

– Et qu'a répondu Russ ? demanda Vic.

– Il n'avait rien à ajouter sur le sujet, dit Baz avec un sourire triste. Ce n'était pas la première fois, et ce ne sera pas la dernière... Parce qu'ils regardent des films ou des émissions, les gens croient nous connaître, ajouta-t-il en désignant son frère. Nzuzi était trop jeune pour se rappeler ce que nous avons perdu, Dieu merci. J'étais jeune aussi, mais je me souviens. Notre mère était professeur d'anglais, notre père travaillait pour le gouvernement. Nous avions une belle maison et de belles choses. La vie était belle au Congo-Brazzaville.

» Mais la guerre change tout. À neuf ans, je ne comprenais rien au pétrole, à la soif de pouvoir, ni aux mesures que les gouvernements étaient prêts à prendre pour ça. À neuf ans, je comprenais seulement que les yeux de ma mère avaient perdu leur éclat. Je comprenais la peur de mon père, si épaisse que je sentais son odeur sur lui. Je comprenais le bruit que fait une bombe, quelques secondes avant de toucher le sol. Je comprenais que quand les soldats entraient chez vous pour vous dire qu'ils réquisitionnaient la table et les chaises, le magnétoscope de votre père avec tous ses films préférés, les plus belles robes de votre mère – et qu'ils vous disaient de vous estimer heureux –, il fallait garder les yeux baissés et ne rien dire. Je comprenais la vérité de la nuit, l'urgence des cris de mon frère et de ma sœur. Et quand ma tête touchait l'oreiller et que je m'endormais au son de la violente berceuse – *tac! tac! tac!* –, je comprenais que je ne vivrais peut-être pas jusqu'au lever du soleil.

Nous l'écoutions en silence raconter son ancienne vie. J'avais déjà entendu son histoire avant, mais ça ne la rendait pas moins dure. À l'inverse, ça devenait considérablement plus difficile à chaque fois.

– Vous avez une sœur ? demanda Vic.

Zuz posa une main sur l'épaule de Vic, leva haut le menton et posa son autre main sur son cœur. Baz expliqua :

– Mon frère est en train de te parler de sa jumelle, notre sœur, Nsimba. Quand on était tout petits, notre mère m'appelait parfois par mes deux prénoms, Mbemba Bahizire. Nsimba n'arrivait à dire que Baz.

Une moue remplaça son sourire.

– Je ne sais pas si me souvenir de nos vies avant la guerre est un bien ou un mal. Mais je me rappelle – je me souviens de notre belle vie au Congo.

Il s'interrompit pour boire une gorgée d'eau.

– Enfin. Quoi qu'il en soit, personne ne vivait dans la jungle. Pas là d'où je viens.

– C'est un job de merde, le Cinema 5, dis-je. Il y a plein d'autres endroits où tu pourrais travailler jusqu'à ce que les taxis Renaissance soient au point.

Baz sourit de nouveau, du même sourire défait.

– Cet endroit me rappelle mon père. Il adorait le cinéma. Et on y trouve beaucoup de nouveaux Chapitres.

– D'accord, dit Vic qui tenait son burger sans en manger une bouchée depuis un bon moment. C'est quoi, un Chapitre ?

Baz s'essuya les mains et repoussa son assiette.

– Je collectionne des histoires. Pour un livre que j'écris. Et les livres ont besoin de Chapitres.

– D'accord.

– Avec ta permission, Victor, j'aimerais que tu sois l'un d'eux.

Un peu de sauce barbecue gicla du burger de Vic. Il s'empara d'une serviette pour nettoyer sa manche et reporta son attention sur Baz, comme s'il attendait plus d'explications. Comme il n'y en eut aucune, il acquiesça et dit :

– D'accord.

– Je modifie les noms et les lieux, évidemment, précisa Baz.

– D'accord.

Je comprenais ses hésitations. La plupart des gens n'aiment pas tellement l'idée qu'on observe, rapporte, organise et répertorie leurs moindres faits et gestes, que tout le monde puisse lire leurs actions et leurs paroles. Moi, ça ne me dérangeait pas tant que ça, probablement parce que je voulais laisser une trace, que le monde sache que j'étais là, après ma disparition.

– Bon, je sais que *tout* comprendre n'est pas *obligatoire*, reprit Vic, mais j'aimerais vraiment beaucoup comprendre ça.

Baz rigola.

– C'est de bonne guerre. Il y a longtemps, des gosses du Vide-Ordures vandalisaient Babushka, ils entraient par effraction pour jeter de la peinture rouge sur la vitrine comme si c'était du sang de cochon. Les clients ont arrêté de venir. Norm, le propriétaire, est venu me demander mon aide. Alors je l'ai aidé.

– Comment ?

– Ooh, ooh ! laisse-moi raconter ! s'exclama Coco en levant la tête de sa serviette pour la première fois depuis dix minutes. Écoute ça. Baz s'est pointé au Vide-Ordures avec une batte de baseball et une pomme. Il s'est rencardé et il a fini par trouver les gosses qui s'introduisaient chez Babushka. C'était pas difficile, ils n'arrêtaient pas de s'en vanter, cette bande de débiles. Enfin bref, il les trouve et là, il enlève son tee-shirt et…

– Coco, je n'ai pas enlevé mon tee-shirt.

– Bien sûr que non, parce que ça aurait été ridicule. Moi, ce que je dis, c'est que, pour le livre, tu devrais écrire que t'as enlevé ton tee-shirt. C'est mieux. Enfin bref, Baz *enlève son tee-shirt*, il jette la pomme en l'air, la frappe avec sa batte et l'explose en mille morceaux. Et puis là, il regarde les gosses et il dit : « Le prochain qui vandalise Babushka va comprendre ce qu'a vécu cette pomme. » Ah ! La classe, hein ? Enfin bref, depuis, Norm n'a plus eu un seul problème. En échange, on a droit à deux kilos de viande par semaine, et l'accès à l'arrière-boutique.

– Et à son histoire, conclut Vic.

Baz haussa les épaules.

– Nous faisons tous partie de la même histoire, chacun est un Chapitre différent. Nous n'avons peut-être pas le pouvoir de choisir le décor ni l'intrigue, mais nous pouvons choisir quel genre de personnage nous voulons être.

– Alors, où est le livre ?

Baz désigna sa tête.

– J'y travaille à l'instant où nous parlons. Et en attendant, je lis le guide d'écriture du Dr James L. Conroy. Tu connais ?

Vic ne connaissait pas le Dr James L. Conroy, évidemment. Personne ne connaissait le Dr James L. Conroy, ce qui n'empêchait pas Baz de parler de ce type comme si c'était la haute autorité de l'industrie du manuel d'écriture.

– Tu as un titre ? demanda Vic.

– *Les Chroniques de Kabongo*, dis-je.

– *Le Livre de Baz*, dit Coco.

Baz nous jeta un regard noir à toutes les deux.

– Il n'a pas encore de titre, mais j'ai le temps. Nzuzi et moi, nous économisons pour acheter une voiture, et plus tard, une flotte de voitures. Les taxis Renaissance seront le premier et meilleur service de taxi du grand comté de Bergen. Et quel meilleur boulot pour collectionner des histoires que chauffeur de taxi ? Imagine tous ces Chapitres.

– Imagine tous ces cinglés, plutôt, chuchota Coco.

– Et toi, Coco ? demanda Vic en se tournant vers elle. Tu es un Chapitre précédent aussi ?

– Dans tes rêves, Victime. Ce qui m'est arrivé à moi, c'est que ma mère s'est barrée quand je suis née, tu vois. Je ne l'ai jamais connue. Et qu'elle se casse, ben, ça a rendu mon père vachement triste. Genre triste jusqu'à la moelle. Le genre de tristesse qui met du temps à s'installer, tu vois ? Mon père s'est occupé de moi quand j'étais petite. Enfin, disons qu'il n'est pas tout de suite devenu un gros glandeur. Il s'y est accoutumé doucement, jusqu'au jour où il a simplement arrêté de sortir de son lit le matin. Moi je faisais le ménage, je me préparais pour aller à l'école tous les jours, et tous ces trucs. Parfois, il me cognait sans prévenir. Il ne voulait plus vraiment être un papa, je crois. Il avait un assez bon job à la banque, mais il l'a perdu. Après, il a bossé dans une supérette. On avait de plus en plus de mal à joindre les deux bouts, alors il a cherché d'autres moyens de gagner de l'argent. Il a découvert qu'on pouvait être payé pour faire famille d'accueil. Ou au moins qu'on avait des déductions d'impôts ou je ne sais pas quoi. C'est dingue, non ? Enfin bref, Papa a passé quelques jours à ranger l'appartement, à redevenir propre sur lui et à remplir nos étagères de bouffe, j'ai cru qu'il avait gagné au Loto. Puis une dame est venue faire le tour de la baraque en prenant des notes et en posant des tas de questions et soudain, *paf*, j'avais deux grands frères. Baz et Zuz. Enfin, Baz n'habitait pas avec nous, mais il venait souvent, donc c'était tout comme.

– Je n'avais plus l'âge d'être placé en famille d'accueil, expliqua Baz. J'ai essayé des milliers de fois d'avoir la garde de mon frère, mais…

Il haussa les épaules, un geste qui tenait plus d'Atlas portant le poids du monde que de la nonchalance.

– Quand ils ont placé Nzuzi dans le Queens, reprit-il, il avait presque dix-huit ans, donc j'ai décidé de rester dans le coin jusqu'à ce qu'il les ait.

– Oui, enfin bref, continua Coco. Ils avaient besoin d'une famille, ils nous ont eus nous, et *moi* j'étais trop contente. J'étais juste un peu désolée pour eux qu'ils soient obligés de se coltiner mon vieux.

– Mais on était avec toi aussi, Noix-de-Coco, dit Baz.

Coco rougit et poursuivit :

– Et puis un jour, Papa a disparu. Envolé. Il s'est barré comme Maman. Au début, j'étais super triste. On s'était disputés à mort ce matin-là. Je ne me rappelle même plus ce que j'ai fait pour le rendre aussi furieux, mais j'ai dû dire quelque chose, et il m'a cognée assez fort, et puis je suis partie pour l'école et c'est la dernière fois que je l'ai vu. Mais tu sais... je me suis dit qu'il avait juste besoin de trouver sa voie. Enfin, il n'était pas content de m'avoir et de sa vie en général, ça c'est sûr. Alors j'ai pensé qu'il était parti s'en chercher une nouvelle. Moi ça m'allait. Je n'allais pas rester là à chialer comme un bébé. Je me suis dit : « Bon, si Maman et Papa peuvent se barrer comme ça et commencer une nouvelle vie, alors moi aussi. » Donc j'ai demandé à Baz et Zuz s'ils voulaient venir avec moi à Hackensack. Baz a trouvé un boulot, on a rencontré Mad et on a tous vécu heureux dans une serre de mercredi. Fin.

Un silence lugubre s'abattit sur la table l'espace d'une seconde.

Vic toussota.

– Je suis vraiment désolé, Coco.

Coco engloutit la fin de son burger et se lécha les doigts.

– Pourquoi ? Ça se passe plutôt bien, finalement. Je n'avais jamais eu de vraie famille. Pas comme ça, pas comme nous, ajouta-t-elle en désignant la table. Enfin bon, moi je ne suis pas un Chapitre. Si Baz veut utiliser mon histoire, il va devoir prendre un ticket et payer. Purée, il était bon, ce burger. Margo est peut-être tarée, mais cette fille sait faire cuire un steak.

J'avais le cœur en miettes. Coco était bien trop petite pour assister depuis le premier rang au film d'horreur qu'était sa vie. Je me penchai au-dessus de la table pour lui caresser la nuque, devant tout le monde.

– Je t'aime, Coco.

– Moi aussi je t'aime, Mad.

Elle avait déjà raconté cette histoire, et même si ce n'était probablement pas très loin de la vérité, il y avait quelques trous. Manifestement, Coco ignorait certaines choses, des choses qu'on lui avait cachées. Et je ne pouvais que deviner ce qu'elles étaient.

– Attends, pourquoi Hackensack ? demanda Vic.

Je m'adossai à la banquette.

– Tu te rappelles cette pub qu'on a vue pendant au moins dix ans, qui essayait de promouvoir le tourisme à Hackensack ?

– Celle qui disait qu'Hackensack était « au bord d'une Renaissance », dit-il.

– Tout juste, approuvai-je avec un clin d'œil.

– Ne me dites pas que…

Vic regarda Coco, puis les Kabongo.

– Vous êtes venus à Hackensack à cause de cette pub ?

– Elle arrive, les mecs, dit Coco. La Renaissance est au coin de la rue. Je la sens qui approche.

Je gloussai dans ma paille et projetai du soda sur la table.

– C'est ça, continue de te moquer, reprit Coco. Rira bien qui rira le dernier quand la Renaissance sera là. Baz et Zuz ouvriront les taxis Renaissance, moi j'écrirai un hit sur la Renaissance, je deviendrai riche et célèbre et je n'inviterai à mes soirées Renaissance que des gens qui ne se moquent pas de moi.

Zuz claqua une fois des doigts.

– Oui, Zuz, toi t'es le meilleur.

– Je ne savais pas que tu écrivais des chansons, dit Vic. Quel genre ?

– Tous les genres. Surtout du rap. J'aime le beat et les rimes. Je bosse sur mon rap de la Renaissance depuis un bail… il est génial.

Margo Bonaparte apparut de nulle part.

– Le dessert est presque prêt, les gars. Suivez-moi.

Tout le monde sortit de table en se lançant des coups d'œil inquiets avant de suivre Margo dans le restaurant presque vide, jusqu'à la cuisine.

– Venez, dit-elle. Désolée pour le désordre. Je ne sais pas encore comment on fait pour ranger au fur et à mesure.

Margo s'approcha d'un fourneau où mijotait, dans quatre poêles, un genre de caramel qui me fit saliver comme jamais. Elle se baissa pour tirer le grand paillasson de cuisine qui révéla les contours d'une trappe avec une petite poignée de laiton.

Vic désigna Margo du doigt en murmurant : « Super Cheval de course ».

Il aurait fallu que je lui parle de la situation de Margo, de son problème avec le jeu, que je lui raconte qu'elle avait perdu tout son argent et commencé à piocher dans la caisse du restaurant de son père. Atlantic City et ses casinos n'étant qu'à deux heures de route, ça arrivait souvent par ici. Heureusement pour Margo, son père était un habitué du Cinema 5, où il racontait ses malheurs à un employé très compréhensif. Baz savait qu'Hubert Bonaparte adorait sa fille, son restaurant et le cinéma indépendant. Alors il avait passé trois week-ends au Napoleon, à repeindre les murs intérieurs et extérieurs, le plafond et les finitions. Il avait aussi fait en sorte d'obtenir à Hubert un accès illimité au Cinema 5 par la ruelle à l'arrière du bâtiment (entrée que je connaissais bien). Le résultat de ces actions avait été triple : premièrement, les dettes de Margo envers son père étaient considérées comme payées, deuxièmement, les Bonaparte, bien que quelque peu déconcertés par cette requête, avaient accepté de laisser Baz se servir de leur histoire pour son livre (qui, selon lui, avait bien besoin d'un chapitre sur la rédemption familiale), et troisièmement, Margo, comme son père, fermait les yeux au moment de l'addition.

Oh, quatrièmement : Margo Bonaparte tenait absolument à « rembourser » Baz Kabongo. Ses avances étaient, jusqu'à présent, restées vaines.

– C'était un collecteur de graisses avant, dit Margo en ouvrant la trappe. Vous avez déjà eu à nettoyer un truc comme ça ? Ça pue la mort là-dedans. Chaque fois qu'on le faisait nettoyer, les clients détalaient comme des lapins. Donc Papa en a fait installer un nouveau dehors, bien plus petit. Tenez, regardez.

Nous nous approchâmes du bord de la trappe. En effet, l'espace devait faire quasiment un mètre cinquante de largeur sur deux mètres de longueur, à peu près la taille d'une vieille voiture, et ressemblait à un minuscule sous-sol en travaux, aux murs et au sol gris.

Margo Bonaparte sauta à l'intérieur.

– On ne l'utilise plus depuis des années, mais ça pue toujours le soufre là-dedans.

Quelques secondes plus tard, une main surgit de la trappe, tenant une bouteille pleine de rhum blanc. Coco s'en empara tandis que Baz aidait Margo à sortir du collecteur de graisses.

– Ça ne fait pas de mal de commander une ou deux bouteilles de plus, dit Margo en remettant le paillasson sur la trappe. Sous le manteau, bien sûr.

– Est-ce que c'est du vrai rhum, comme les pirates ? demanda Coco d'une voix plus fiévreuse à chaque mot.

– Trop adorable, dit Margo en lui reprenant la bouteille, et un peu dingotte aussi. Oui, c'est du vrai rhum, comme les pirates.

Elle dévissa le bouchon d'une main et en avala une gorgée, tout en s'occupant des poêles sur le feu de l'autre main.

– Bananes flambées, annonça-t-elle. Vous avez déjà goûté ?

Tout le monde secoua la tête et même si ça m'ennuyait de l'admettre, Margo avait attisé ma curiosité.

– On fait flamber qui ? demanda Coco.

– Pas *qui*, répondit Margo. *Quoi*.

– On fait flamber quoi ? demanda Coco qui faisait à présent office de disque rayé.

– Mais des bananes, voyons, dit Margo.

Elle sortit une boîte de grandes allumettes d'un tiroir et versa une bonne rasade de rhum dans chaque poêle. Puis elle frotta une allumette et posa la flamme sur les bananes grésillantes pour les enflammer.

– *Feu !* s'écria-t-elle.

Zuz claqua des doigts une fois.
Tout le monde était d'accord avec lui.

VIC

J'étais assis dans un fauteuil de style Voltaire recouvert de daim violet, clous de cuivre et pieds ornés de gravures d'anges et de démons.

C'était un sacré Super Cheval de course dans l'univers des fauteuils.

La salle d'attente du Petit Salon ne faisait pas pitié. Meubles anciens, affiches de vieux films encadrées (dont une de *Casablanca*, le film préféré de mes parents), lustre en cristal accroché au haut plafond – le tout baignant dans une épaisse odeur de patchouli. Je trouvais l'endroit plutôt surprenant. Rien à voir avec l'idée que je me faisais d'un salon de tatouage. L'architecture du lieu aussi était unique. La salle d'attente occupait tout le rez-de-chaussée. Un escalier en colimaçon montait sans fin jusqu'à un grand loft ouvert au-dessus de nos têtes. D'après le bourdonnement électronique, c'était probablement là que se faisaient les tatouages.

Assis dans la salle du bas, nous attendions.

C'était une salle d'attente très littérale.

Au *Napoleon's Pub*, nous avions trouvé l'horaire de fermeture du Petit Salon grâce au téléphone de Margo : 20 h 00. Ce n'était qu'à quelques rues, ce qui nous laissait juste assez de temps pour nous y rendre et trouver un moyen d'« accrocher » les cendres de Papa. (Je n'avais toujours pas la moindre idée de ce que ça voulait dire, mais j'étais sûr que Papa m'orienterait dans la bonne direction.) Sur le trajet, Mad cita quelques phrases de son livre préféré, *Outsiders*. Je ne l'avais jamais lu, mais ma phrase préférée parlait de deux personnes qui admiraient le coucher de soleil depuis deux endroits différents, et du fait que leurs mondes n'étaient pas si différents, puisqu'elles voyaient le même coucher de soleil.

Je crois que Mad voyait dans les livres ce que moi je voyais dans l'art : la beauté suspendue de l'univers.

À présent, elle était assise avec Baz et Coco, tous trois occupés à parcourir un album photo des œuvres du Petit Salon. À la fenêtre, Nzuzi observait la neige nocturne et moi, dans mon Super Cheval de course des fauteuils, je songeais à ma première vraie rencontre avec le tatouage.

J'avais six ans. Peut-être sept. Nous étions à Ocean Grove. Assise dans un transat, les pieds dans le sable, Maman lisait. C'était une lectrice de plage. Le dos sur une serviette, les chevilles dans le sable, Papa rêvait. C'était un rêveur de plage. Moi je construisais un château de sable parce que j'avais six ans. Peut-être sept.

J'étais un tout et n'importe quoi de plage.

Un bout de mon château s'était effondré dans les douves, alors Papa s'était levé pour m'aider à le reconstruire. Il se penchait au-dessus de moi pour attraper une pelle, quand j'avais découvert le tatouage sur son épaule. *C'est quoi ça, Papa ?* Il avait répondu : *C'est une boussole. Elle indique l'est, tu vois ?* J'avais demandé pourquoi, comme n'importe quel gosse de six ans, peut-être sept, aurait fait. Il avait regardé Maman. *Viens, on lui montre*, lui avait-il dit. J'avais déjà complètement oublié mon château de sable démoli. *Me montrer quoi ?*

Maman avait posé sa lecture de plage.

Papa avait posé sa pelle.

Il se passait des choses. Et je n'étais pas dans le secret. Ça me posait un vrai problème. Ils s'étaient retournés, côte à côte, assez proches pour que leurs épaules se touchent. À ma plus grande stupeur, Maman avait le même tatouage que Papa, à une différence près : sa boussole indiquait l'ouest.

Leurs boussoles pointaient l'une vers l'autre.

Pour qu'on ne se perde jamais, avait dit Papa.

J'émergeai de mon pays de Rien au son de deux claquements de doigts. Toujours près de la fenêtre, Nzuzi me souriait. Il acquiesça très légèrement, on aurait dit une question plutôt qu'une réponse. J'acquiesçai à mon tour et il se retourna vers la vitre. Un peu plus tôt, Coco m'avait dit que Nzuzi avait beaucoup de choses à dire, si on savait comment écouter. J'espérai apprendre à écouter comme ça. J'étais coutumier des gens qui émettaient des suppositions gratuites à mon sujet, et à la sensation de coup de poing dans le ventre qui s'ensuivait. La dernière chose que je voulais, c'était être celui qui distribuait les coups.

– Oh purée, dit Coco.

Baz tourna la page de l'album.

– Purée, répéta-t-elle.

Baz tourna encore.

– Oh pu...

– Coco, intervint Mad.

La fillette avait des yeux rieurs et un peu dingues à la fois.

– Mad. Ce type s'est fait tatouer les noix. Les *noix*. Et je ne sais même pas ce que c'est que ce *truc*, ajouta-t-elle en désignant la photo sur les genoux de Baz, qui s'empressa de tourner la page.

Mais Coco n'eut pas le temps de le presser de questions, car des pas retentirent dans l'escalier. Un type au crâne chauve et brillant, une petite barre dans le nez, de grands trous béants dans les lobes de ses oreilles et des strates de tatouages, nous rejoignit dans la très littérale salle d'attente.

– Désolé pour l'attente, les gars, dit-il en descendant. Le dernier client n'a pas arrêté de changer d'avis et j'ai été tout seul toute la journée... journée de mercredi.

Son attitude changea tout à coup quand il nous aperçut.

– Baz ! Crapule !

Ils s'étreignirent si fort que la casquette de Baz tomba à la renverse.

C'était tout l'opposé d'un câlin latéral.

Coco bondit du canapé pour courir passer ses bras autour de la taille du type.

– Salut, Topher !

– Coco, ma puce, comment ça va ?

Le type – *Topher,* apparemment – se pencha pour la serrer contre lui.

– Trop bien ! J'ai même pas dit de gros mots aujourd'hui.

Quelqu'un dans la pièce, peut-être même deux quelqu'un, toussota.

– Bon, corrigea-t-elle. Enfin au moins pas depuis une heure.

Topher applaudit lentement d'un air approbateur.

– Bien joué, purée de mercredi.

C'est lui, pensai-je. *Le* Battlestar Galacticain.

Topher se redressa et adressa un grand sourire à Baz.

– Tu m'as manqué, mon frère. J'ai cru que vous aviez déménagé sans me le dire, ou un truc comme ça.

– Ça fait trop longtemps, dit Baz. Tu es clean ?

Topher sortit un collier caché sous son tee-shirt, une longue chaîne avec, au bout, un genre de jeton rond.

– Dix-huit mois, six jours, et… neuf heures.

Il rangea son collier et ses yeux tombèrent sur moi.

Les gens ne mettaient jamais plus d'une ou deux secondes à passer en revue les hypothèses habituelles – *Grand brûlé ? AVC ? Anomalie congénitale ?* – avant de détourner rapidement le regard en baissant les yeux comme si j'étais la surface brûlante du soleil. Je me disais souvent que le plus injuste dans le fait d'avoir Moebius, ce n'était pas Moebius en lui-même, mais l'inaptitude des gens à me définir autrement que par ça.

Ça me posait un vrai problème.

Topher désigna le bras de Baz.

– Tu as besoin de retouches, mon frère ? Tout ce que tu veux, c'est la maison qui offre, évidemment. Ce n'est pas quelques tatouages gratos qui vont éponger ma dette envers vous, mais bon. Je ne pourrai jamais vous rembourser pour…

– Ho, Toph ! l'interrompit une voix depuis l'étage. T'es passé où, mec ?

– Mets-la en veilleuse, Homer !.... C'est un abruti, ajouta-t-il en se retournant vers nous. Il a changé d'avis sur son tatouage de papillon à la noix toute la soirée, comme si l'avoir sur son avant-bras ou sur son biceps allait l'empêcher de se faire virer de sa communauté de bikers. C'est un papillon violet, mercredi !

– Je t'entends, tu sais !

Topher sourit et haussa les épaules.

– Qu'est-ce que je peux faire pour vous, les gars ?

Baz me présenta et lui expliqua rapidement notre situation. Je lui tendis la Lettre d'adieu de Papa, en espérant qu'il saisisse la capitalité capitale de ce moment.

– « Accroche-moi au Petit Salon », lut Topher.

Il frotta son crâne chauve et brillant. Ça faisait le bruit du polissage à l'huile d'olive d'une voiture toute neuve. Il leva la tête vers le lustre en cristal.

– Tu as les cendres avec toi ?

J'ouvris mon sac pour sortir l'urne.

– Avant je n'arrivais pas à la toucher. L'urne, je veux dire. Mais maintenant j'y arrive. Je la touche tout le temps. L'urne.

...

Nickel, Benucci.

...

Parfois – en société ou ce genre de truc –, je m'imaginais ramper dans un trou qui me recrachait à l'extérieur.

Mais bon, hein.

Topher me rendit la lettre avec un sourire. Cette fois, il ne détourna pas les yeux et je sus que ce type au crâne chauve et brillant, avec ses trous béants aux oreilles et sa barre dans le nez comprenait la capitalité capitale de ce moment. Il désigna le plafond et dit :

– Le seul endroit auquel on puisse accrocher quelqu'un ici, c'est le lustre, à mon avis. Attendez-moi deux secondes, je reviens.

Mad se posta au milieu de la pièce, retira son bonnet et leva la tête vers le lustre. Ses longs cheveux blonds cascadaient d'un côté comme un soleil dégoulinant.

– Il y a quelque chose qui cloche, dit-elle.

...

Le truc avec les filles qui ont une manière unique d'être belles, c'est que leur beauté se fiche totalement du lieu et du temps. Elle n'admet aucune relocalisation ni aucun report. Où qu'elles aillent, à n'importe quel moment, elles sont belles. Et ça peut devenir assez perturbant. Par exemple, à cet instant précis, au lieu de réfléchir au meilleur moyen d'accrocher mon père au bout d'un lustre, j'étais en train de réfléchir au meilleur moyen d'empêcher les cheveux de Mad d'entrer dans nos bouches si nous étions un jour amenés à nous embrasser. En fait... oui bon, bref. J'aurais préféré que ses cheveux soient de la partie. Ce n'était pas comme si ça allait arriver un jour, de toute façon. Ce n'était pas comme si quelqu'un comme elle allait embrasser quelqu'un comme moi. Ce n'était pas comme si j'allais un jour pouvoir sentir la peau sur le côté de son crâne, ou ses jambes autour de ma taille, ou sa langue sur...

– Qu'est-ce que tu fais ? demanda Mad.

Merde. Je l'avais fixée tellement fort qu'elle l'avait senti.

– Quoi ?

– Tu avais l'air de...

Elle jeta un coup d'œil à Baz et Coco qui étaient retournés à leur observation des parties du corps tatouées.

Sans comprendre ce que je faisais, je me rapprochai de Mad, droit dans son espace personnel. Malgré toutes les filles dont j'étais tombé amoureux par le passé – et il y en avait un paquet –, j'étais toujours tombé amoureux à distance. Mais avec Mad, c'était impossible. Il y avait quelque chose en elle d'intrinsèquement proche. Et si je ne pouvais ni relocaliser ni déplacer sa beauté, alors autant l'accepter sans équivoque.

– Termine ta phrase, dis-je, suffisamment proche pour sentir l'odeur de ses lèvres – miel et sueur, j'adorais ça. J'avais l'air de… quoi ?

Elle me regarda droit dans les yeux.

– Tu avais l'air de me fixer.

…

…

– Toi aussi, dis-je.

Nous regardâmes le soleil directement. Sans détourner les yeux.

Après tout, peut-être que les mondes dans lesquels nous vivions n'étaient pas si différents l'un de l'autre.

✕

– Ça ne va pas marcher, dit Topher, perché sur l'échelle.

Après quelques secondes de réflexion, il redescendit.

– Je pensais qu'il y aurait peut-être un emplacement sur l'un de ces bougeoirs, tu vois ? Mais, au premier courant d'air, ton père va s'éparpiller partout.

C'est alors que Nzuzi, qui n'avait toujours pas bougé de la fenêtre, traversa la pièce, ramassa mon sac et se dirigea vers la porte.

– Zuz, l'appela Mad.

Mais il ne s'arrêta pas. Mon sac serré dans ses bras comme un bébé, il sortit dans la nuit, sous la neige.

Soudain, je n'étais plus perturbé par Mad. L'urne de Papa n'avait mis que très peu de temps à devenir une partie de moi-même, comme un bras, ou une jambe. À présent qu'elle avait disparu, je ressentais une absence physique. Sans réfléchir, je le suivis à l'extérieur.

Le Petit Salon se situait très en retrait de la chaussée. La pelouse devant n'était plus qu'une couverture de neige blanche de plus en plus épaisse à mesure que le temps passait. Devant moi, Nzuzi marchait vers la rue. Je n'avais pas la moindre idée d'où il allait, ni s'il comptait marcher dix mètres, ou dix kilomètres.

Je m'en fichais.

Il détenait ma boussole.

Tout à coup une main apparut dans la mienne. Près de moi, Mad marchait avec difficulté dans la neige, et je me transformai en poussière, en plumes et en autres trucs qui flottent.

– C'est beau, dit-elle doucement, en regardant autour d'elle. La neige.

J'ai toujours prêté une certaine chaleur aux mots prononcés dans le froid. Je ne sais pas. C'est comme si les mots s'emparaient du souffle de la personne qui parle pour la revêtir, comme on enfile un pull.

…

Droit devant, Nzuzi s'arrêta sous la faible lueur d'un réverbère. Quand nous le rejoignîmes, il claqua une fois des doigts en désignant le panneau de bois accroché, à hauteur de poitrine, entre deux poteaux plantés au sol.

Le Petit Salon

Leader du tatouage à Hackensack
Depuis 1972
Faites-vous tatouer !

Je m'approchai pour faire bouger le panneau avec mon poing. Il se balança légèrement et une couche de neige tomba.

– Accroche-moi au Petit Salon, dis-je.

Nzuzi me tendit mon sac avec un hochement de tête. Contrairement à son dernier hochement de tête, celui-ci était une réponse. Coco avait raison : Nzuzi avait des tas de choses à dire, quand on savait comment l'écouter.

– Merci.

Il hocha la tête une fois de plus.

– On se gèle les noix tatouées ici, dit Coco.

Derrière nous, elle, Baz et Topher frissonnaient sous la neige, une expression hésitante sur leur visage. Je me sentis mal, car en plus de les faire sortir dans le froid, je ne savais pas vraiment ce qui allait se passer.

– Regardez, lança Coco qui s'était approchée du panneau.

Sous les mots *Faites-vous tatouer !*, une petite inscription avait été gravée, juste assez profondément pour durer : B.B. → ←D.J.

– Ça veut dire quoi ? demanda Coco.

– Ce sont les initiales de mes parents.

Mes mots restèrent suspendus en l'air comme de la fumée. Des mots poussifs. Maladroits. Le froid a ce pouvoir de rendre chaque mot pesant et difficile à prononcer.

– Ils avaient chacun un tatouage sur l'épaule. Une boussole. Celle de Papa montrait l'est, et celle de Maman, l'ouest. Pour qu'ils ne se perdent jamais.

La neige glaciale tombait.

Les mots chaleureux s'élevaient.

Depuis toujours, je me connaissais un talent pour l'amertume et l'auto-apitoiement. Ce n'était jamais aussi flagrant qu'en ces rares occasions où je voulais sourire *et* froncer les sourcils en même temps, alors que je n'étais capable ni de l'un ni de l'autre. Je me rappelai mes parents, ensemble, comme si le monde était une branche d'arbre sur laquelle ils partageaient le même cocon. Maman aurait dû être là, à répandre ces cendres avec moi, au lieu de se chercher un nouveau compagnon de cocon. La lettre avait été écrite pour elle. Frank le Petit Copain avait beau vouloir devenir Frank le Mari, il ne serait jamais Frank le Premier Amour. Maman était *toutes les directions* de Papa. Cette mission aurait dû être sa mission.

Tout à coup, les petits bras de Coco se serrèrent fort autour de moi. Le poids s'allégea un peu, Singapour sembla possible, bien que très peu probable.

Je me tournai vers Topher.

– Est-ce que tu me prêterais de l'encre de tatouage ? Et un crayon ?

Topher courut vers le Petit Salon.

Sans que je m'en rende compte, Mad, Baz et Nzuzi s'étaient rassemblés autour de Coco et moi pour nous protéger du froid comme une petite bande de pingouins. Je ne savais pas trop comment c'était arrivé, mais je crois que satisfaire les dernières volontés d'un défunt romantique accélérait un peu le processus de création de liens affectifs. Et je ne m'en plaignais pas.

Je n'avais encore jamais été un pingouin.

Une minute plus tard, Topher revint avec, en plus de l'encre et du crayon, une photographie qu'il me tendit.

– On prend en photo la plupart de nos pièces, dit-il. C'était bien avant que j'arrive, mais quand tu as décrit ces tatouages, j'ai eu l'impression de les avoir déjà vus dans notre album.

Je scrutai la photo.

Les tatouages étaient noir foncé, tout frais, sur des peaux rosées. Deux épaules, deux boussoles. Vers l'est, vers l'ouest. L'accord parfait.

– Toi aussi tu es un Chapitre précédent, c'est bien ça, Topher ?

Ses yeux s'illuminèrent.

– J'étais une épave, mec. Ils m'ont accueilli dans leur incroyable serre magique, j'ai dormi sur le canapé, ils m'ont veillé tour à tour pendant mon sevrage. Puis Baz m'a branché avec les Alcooliques anonymes du coin. Ils m'ont sauvé la vie, mec. Je suis fier de faire partie du livre.

Coco se détacha de notre bande pour aller serrer Topher dans ses bras. Je souris avec le cœur, la photo des tatouages de mes parents à la main.

– Je peux la garder ?

– Elle est à toi, mon pote.

Je la rangeai dans mon sac et en sortis l'urne. Curieux, le temps qu'il m'avait fallu pour parvenir à la toucher, alors que j'étais maintenant sur le point de mettre ma main à l'intérieur.

J'ouvris la bouteille d'encre bleu marine, puis décollai le scotch sur le couvercle de l'urne. Je pris une pincée des cendres de Papa que je saupoudrai dans le flacon, le refermai et secouai.

Puis, plongeant la pointe du crayon dans l'encre bleue et à présent cendreuse, je me retournai vers le panneau.

B.B. → ← D.J.

La peinture dans mes mains me rappela la réflexion de Matisse, sur chaque visage qui possédait son propre rythme. *Ergo* je pensai à Papa, qui m'avait fait connaître Matisse, et voilà que j'étais en train d'utiliser une alliance de l'outil de Matisse et des os de Papa.

– Accroche-moi au Petit Salon, dis-je tout haut, parce que ça semblait la bonne chose à faire.

Et je peignis les initiales avec les cendres de la personne qui les avait gravées. La personne qui m'avait appris à penser et à sourire avec le cœur.

– Accroche-moi au Petit Salon, je répétai.

Encore.

Et encore.

MAD

Il ne devait pas être loin de 22 heures. La neige tombait toujours, mais plus doucement, comme si les flocons gagnaient du temps en dansant dans toutes les directions sauf vers le sol. Quelques pas derrière moi, Baz arbitrait ce qui semblait être une partie épique de Pierre, Papier, Ciseaux entre Coco et Zuz.

Vic avait pris la tête du groupe vers la serre avec une confiance absolue qui vérifiait ses dires selon lesquels ses grands-parents avaient habité le quartier. Une coïncidence mineure qu'il n'avait pas désignée ainsi.

Il avait appelé cela « un heurt ».

À quelques rues du verger, une pensée me traversa l'esprit. Je sautillai jusqu'à sa hauteur.

– Salut, dis-je.

– Salut.

– Ça va ?

– Ça va.

– Il te faut un bonnet.

– C'est-à-dire ?

– Comment ça, « c'est-à-dire » ? C'est-à-dire il fait froid et il te faut un bonnet.

Derrière, Coco hurla d'enthousiasme après avoir remporté une manche de Pierre, Papier, Ciseaux.

– Oui, je suis sorti de chez moi un peu précipitamment, hier soir.

– J'en ai un autre à la serre, rappelle-moi de te le filer.

J'eus soudain l'impression que mon corps avait eu une idée qu'il avait oublié de communiquer à mon cerveau. Je crois que c'était la neige et la nuit qui l'avaient déclenchée… Je me souvenais de la conversation de la veille, dans la neige aussi, et dans l'ombre du *Ling*. Vic, penché sur l'urne de son père et moi qui l'observais et l'écoutais murmurer ce qui m'avait semblé être du charabia à l'époque.

Tu étais Northern Dancer, l'étalon du siècle, le plus super de tous les chevaux de course.

Ça y est, je l'avais.

L'idée.

– Vic.

– Quoi ?

– Est-ce que les chevaux font la course dans la neige parfois ?

Il me regarda pour la première fois depuis le Petit Salon et je n'étais pas sûre à cent pour cent, mais j'avais bien l'impression qu'il souriait.

Alors nous fîmes la course. Et c'était super.

Nous attendîmes les autres sur le vieux muret de pierres. Au-dessus de nous, le figuier formait comme un auvent avec ses branches qui scintillaient de givre. Sur le trottoir d'en face, le verger, lui, attendait notre arrivée. Bizarrement, ce matin même, Vic et moi étions assis sur la passerelle au-dessus du chenal au Poisson rouge et conversions en regardant ce muret de pierres – comme si nos nous présents reflétaient nos anciens nous.

– Pourquoi tu as appelé ça un heurt ? demandai-je, encore essoufflée de la course.

– Pourquoi j'ai appelé quoi quoi ?

– Tout à l'heure, quand tu m'as dit que tu t'asseyais là pour regarder le verger. Tu as dit que tes grands-parents vivaient dans le coin. Tu as appelé ça « un heurt ».

Vic se tourna vers le cimetière voisin.

– C'est un mot bizarre, tu ne trouves pas ?

– Quoi, « heurt » ?

– Non. « Vivaient ». Mes grands-parents *vivaient* dans le coin. *Vivaient*. Littéralement, le passé de la vie. Aussi connu sous le nom de mort.

Je comprenais le besoin de ressasser, peut-être même mieux que quiconque. Et même si entendre quelqu'un d'autre que soi-même ressasser n'était vraiment agréable pour personne, je savais qu'il ne fallait pas relever.

– C'est un mot logique, je crois, dit Vic.

– Quoi, « vivaient » ?

– Non. « Heurt ».

– Logique comment ? demandai-je.

– Disons que… Imagine-toi que chaque personne représente une unité, chaque unité prend un nombre incalculable de décisions par jour, chaque décision emmène chaque unité vers un nombre incalculable de directions. C'est plutôt naïf de croire qu'on ne va jamais se croiser les uns les autres, non ? Surtout quand on sait que les unités ont tendance à se regrouper et rester ensemble.

– On se regroupe et on reste ensemble, c'est vrai.

Il se détourna du cimetière pour me regarder et à nouveau je la vis : l'idée d'un sourire.

– Oui. Ça s'appelle un foyer.

Il passa la main sur mes paupières pour les fermer.

– Imagine : tu voles dans le ciel, pas dans un avion, mais avec tes bras et tes mains. Comme un oiseau miraculeux. Tu es à des centaines de mètres du sol, tu dérives dans la nuit. Et au loin, en dessous de toi, tu distingues des milliers de minuscules lumières rouges par terre. Les lumières rouges sont perpétuellement en mouvement. Elles clignotent, gigotent entre les immeubles, les arbres et les maisons. Les plus vieilles disparaissent, de nouvelles apparaissent. À force de les observer, tu remarques que certaines lumières se heurtent les unes aux autres de temps en temps. Ça te surprend ?

Je secouai la tête.

– Non.

– J'appelle ça l'inévitabilité des unités correspondantes.

J'ouvris les yeux.

– Donc, les lumières rouges, c'est nous.

Il acquiesça et se retourna vers le cimetière.

– On parle de coïncidences comme si c'était un truc de dingue. Mais en fait, non. On se heurte les uns aux autres tout le temps. Je crois surtout que les gens sont simplement trop aveugles pour s'en rendre compte.

C'était une belle pensée, ou plutôt un rappel, que, quelles que soient les situations merdiques dans lesquelles je m'étais retrouvée, ce n'était pas ma faute. En fait, ce n'était rien de plus qu'une succession de heurts malencontreux.

– Attends-moi là, dit Vic.

Il sauta du muret et sortit l'urne de son père.

– Tu vas où ?

– Je reviens tout de suite.

Marrant, le nombre de fois que j'avais vu ce cimetière, sans jamais avoir eu le courage de m'y aventurer. Vic, lui, naviguait entre les tombes et les arbres avec une démarche prudente mais décontractée, comme s'il savait exactement où il allait mais qu'il n'était pas tout à fait certain d'en avoir envie. Le lampadaire de la rue l'éclairait juste assez pour que je puisse le voir s'accroupir sur une grande pierre tombale, déposer l'urne sur l'herbe devant lui et se mettre à parler. Je n'entendais évidemment rien, mais je compris tout à coup ce qui se passait.

Au bout de quelques minutes, il rebroussa chemin, rangea l'urne et se rassit sur le muret.

– Tes grands-parents ? demandai-je.

– Oui. Ils sont morts le même mois, de la même chose. Mon père a enterré son père et il est revenu deux semaines plus tard enterrer sa mère.

– C'est terrible.

– J'essaie de m'imaginer Papa de loin, comme une unité, une lumière rouge qui disparaît. Mais c'est comme ce que tu disais sur les étoiles qui meurent – parfois, je le vois encore, même s'il a disparu.

– Je croyais que, pour toi, c'était n'importe quoi.

– Oh, c'est n'importe quoi. Mais je veux dire… cette théorie se tient. Enfin bon, Papa a disparu. Mais je sens encore l'odeur de son after-shave. Je l'entends encore s'éclaircir la voix. Les petites choses qui faisaient qu'il était mon père, tu sais, pas simplement *un* père.

Ses yeux ne lâchaient pas le cimetière.

– Je me demande si c'est ce qu'il ressentait pour ses parents, reprit-il. Et je me demande si j'aurai des enfants qui ressentiront ça pour moi. Je l'espère. Nos imparfaits durent plus longtemps que nos présents.

Avant que je puisse répondre, l'apparition de Baz, Zuz et Coco à l'angle de la rue dissipa efficacement la conversation. Impatients de se mettre à l'abri du froid, on se précipita tous sous (ou, dans le cas de Baz, par-dessus) la clôture, et nous étions à mi-chemin du chenal au Poisson rouge, quand une silhouette nous pétrifia sur place.

Je n'avais aperçu Gunther Maywood qu'une seule fois, étant donné qu'il ne quittait sa maison que rarement, et j'avais complètement oublié à quel point ce type était grand. Il nous barrait la route au bout de la passerelle. Dans le noir, j'avais du mal à le distinguer, donc quand il se mit à parler, sa voix sembla sortir du froid lui-même.

– Monsieur Kabongo, veuillez me rappeler les termes de notre accord.

Je vis le souffle de Baz, je le sentis jauger soigneusement la situation, chacun de ses mots.

– Les courses en échange de la serre.

Gunther Maywood leva la main droite.

– J'ai trouvé des gouttes pour les yeux. Dans les toilettes de la boutique souvenirs. Les toilettes de la boutique souvenirs faisaient-elles partie de notre accord ?

– Non, dit Baz.

Gunther lança le flacon en direction de Baz.

– Je suis quelqu'un de patient, monsieur Kabongo. Mais si je vous prends encore une fois, vous ou vos amis, à pénétrer sans autorisation dans la boutique, j'appelle la police. Me suis-je bien fait comprendre ?

– Oui, répondit Baz.

La silhouette s'écarta lentement. Aucun mot ne fut prononcé jusqu'à ce que nous soyons à l'abri dans la Serre n° 11. J'essayai de croiser le regard de Vic – sachant qu'il avait dû oublier ses gouttes dans les toilettes quand il avait changé de pantalon –, mais il s'obstinait à ne pas lever la tête.

– Pas la peine de flipper, Vic, dit Coco en se glissant dans son sac de couchage. Y a tout plein de gens qui utilisent des gouttes pour les yeux. Si ça se trouve, c'est même pas les tiennes.

Baz posa la Visine sur la table et adressa un petit sourire à Vic. Il nous assura qu'il n'y avait pas à avoir peur de Gunther, et que nous n'aurions pas à vivre dans la serre encore très longtemps. En attendant, nous n'aurions qu'à nous montrer plus prudents en utilisant les toilettes de la boutique souvenirs, et ouvrir l'œil à chaque fois. Baz évoquait souvent l'avenir en des mots vagues et rapides, ce que je ne pouvais pas tellement lui reprocher. Aucun d'entre nous ne savait ce qui allait se passer, et moi encore moins que les autres. À la lumière de ma dernière conversation avec Vic, j'avais tiré une conclusion : le lieu où nous nous rassemblions avait peu d'importance, tant que nous nous rassemblions et que nous restions tous ensemble.

Quelques minutes plus tard, nous étions tous dans nos duvets près du chauffage. Allongée sur le dos, je fixais le plafond plastifié et les étoiles floues à travers.

– Mad ? dit Coco.

Sa voix dans le noir me rappela à quel point elle était jeune.

– Oui ?

– J'ai besoin d'une histoire.

Zuz claqua des doigts une fois.

Je regardai le canapé où Vic était allongé lui aussi sur le dos, ses écouteurs dans les oreilles, les yeux grands ouverts.

– D'accord. Laquelle ?

– Fro-Yo, s'il te plaît.

Je me tournai sur le côté, toussotai et observai Vic tout en prenant la parole.

– Il était une fois une petite fille qui s'appelait Frozen Yoghurt – ça veut dire yaourt glacé. Ses amis l'appelaient Fro-Yo, pour faire court.

Coco gloussa. Elle gloussait toujours à ce moment de l'histoire.

– Fro-Yo vivait dans un pays magique appelé la Onzième Allée, où il n'y avait ni maisons ni rues, mais uniquement des congélateurs et de bonnes choses qui fondaient. Mais Fro-Yo se sentait seule. Elle n'avait pas d'amis, et personne, nulle part – ni dans les congélateurs, ni sur les étagères –, ne voulait jouer avec elle. Pauvre Fro-Yo.

– Pauvre Fro-Yo, répéta Coco.

Vic retira un de ses écouteurs.

– Un jour, poursuivis-je, une petite fille appelée Noix-de-Coco – qui vivait dans un pays lointain appelé la Serre n° 11 – arriva dans la Onzième Allée. Noix-de-Coco sortit Fro-Yo du congélateur froid et brumeux et dit : « Yo, Fro-Yo ! Je vais être ton amie et je t'aimerai pour la vie. Ça te plairait ? Je suis du Queens, alors pas d'entourloupe. »

Coco gloussa de nouveau.

– Alors, la pauvre Fro-Yo, qui se sentait bien seule, dit : « Ça me plairait, sans entourloupe, mais hélas, mes parents – Ben & Jerry – sont très stricts et ne veulent pas que je sois amie avec des gens qui ne sont pas de la Onzième Allée. » C'était bizarre, car Ben & Jerry étaient des parents plutôt progressifs à bien des égards, mais c'est une autre histoire.

Cette fois, ce fut Baz qui rigola.

Je continuai :

– « Oui, nous sommes très différentes, n'est-ce pas ? dit la jeune Noix-de-Coco. Pourtant, c'est bizarre, non ? » La pauvre Fro-Yo inclina la tête. « Qu'est-ce qui est bizarre ? » demanda-t-elle. « Eh bien, dit Noix-de-Coco en désignant la vitrine et le monde qui s'étalait au-delà de la Onzième Allée. Tu vois ce coucher de soleil ? » Fro-Yo regarda par la vitrine et dit : « Eh bien oui, je vois ce coucher de soleil. » Noix-de-Coco se tapota le menton et dit : « C'est bizarre que le coucher de soleil que *tu* vois depuis la Onzième Allée et celui que *je* vois depuis la Serre n° 11 soient exactement les mêmes. Peut-être que nos deux mondes ne sont pas si différents l'un de l'autre. Nous voyons le même coucher de soleil. »

Vic se tourna sur le côté et nous nous regardâmes dans le noir.

– « Eh bien, oui, dit Fro-Yo, nous voyons le même coucher de soleil. » Alors, ensemble, elles sortirent de la Onzième Allée main dans la main.

– Où sont-elles allées après ? demanda Coco. Ici ? Est-ce que Noix-de-Coco a ramené Fro-Yo ici ?

– Non. Elles ont marché droit dans le soleil couchant, parce que personne ne l'avait encore jamais fait, personne n'en avait jamais encore entendu parler ou vu nulle part. Et elles dégoulinèrent heureuses pour la vie. Fin.

Coco poussa un long soupir de satisfaction.

– C'était ta meilleure histoire, Mad.

Dans l'obscurité silencieuse, Coco se mit bientôt à ronfler profondément au fond de son duvet.

Il arrive que quelque chose qui devrait être étrange ne le soit pas. Je ne pouvais me l'expliquer, mais cette nuit-là, je regardai Vic et il me regarda longtemps. Aucun de nous ne dit rien, aucun ne sourit et il ne cligna pas des yeux. J'imaginais ce qu'il aurait pu dire, ce qu'il aurait voulu dire, et je me demandais s'il pensait la même chose de moi.

De quoi parle cette histoire pour de vrai ? ne demanda jamais Vic.

Tu sais de quoi elle parle, ne répondis-je jamais.

Je m'endormis en regardant ses yeux. Et ça aurait dû être étrange, mais ça ne l'était pas.

- 4 -
SYMBOLES EXTÉRIEURS
(ou : Cool, au sens traditionnel du terme)

SALLE D'INTERROGATOIRE N° 2
MADELINE FALCO ET INSPECTEUR H. BUNDLE
19 DÉCEMBRE // 16 H 57

– *Eye of the Tiger* ? je demande. Ou alors non, attendez, attendez… *Don't Stop Believin'*. C'est la préférée de Zuz. On l'a en vinyle, il l'écoute tout le temps.

Bundle se tortille sur son siège, son dos craque comme autant de petites articulations.

– Je te l'ai dit, je n'ai pas de chanson préférée.

– Pardon ? Oh, allez. *Tout le monde* a une chanson préférée.

– Eh bien, pas moi.

Je lèche ma lèvre inférieure gercée.

– J'imagine que nous faisons tous un peu partie de la bourgeoisie ostentatoire.

– Madeline, ne le prends pas mal, mais la plupart du temps je ne pige absolument rien à ce que tu racontes.

À mon tour de me tortiller sur ma chaise.

– Pause clope ?

– Non.

– Non, genre pas maintenant ? Ou non, genre jamais ?

Bundle m'observe sans rien dire.

– C'est un truc que Maman disait souvent.

Le simple fait de prononcer le mot « Maman » m'est légèrement douloureux, comme une piqûre au creux de la main.

– Quand elle trouvait quelque chose décevant. Elle se rappelait qu'on était tous dans le même bateau et qu'on faisait tous de notre mieux.

Malgré toutes ses bizarreries, ma mère était une mère géniale. Elle avait instillé en moi le sens de l'indépendance et avait mis tout son cœur pour cultiver un environnement créatif autour de moi. Quand j'avais décrété que je voulais devenir créatrice de mode, elle m'avait acheté une machine à coudre. Quand je m'étais intéressée à l'archéologie, elle m'avait acheté un kit d'archéologue. Quand j'étais petite, les parents de mes amis étaient toujours interloqués de découvrir que les centres d'intérêt de leurs enfants changeaient du jour au lendemain. *Comment ça, tu n'aimes pas la moutarde ? Tu as toujours aimé la moutarde. C'est ton condiment préféré.* Les parents oublient ce que ça fait de changer si vite, de se sentir complètement soi-même à un moment, et de devenir parfaitement étranger à soi-même la minute suivante. Mais pas ma mère. Ma mère était une météorologue de l'humeur, toujours une longueur d'avance, imperturbable devant les caprices de mon adolescence.

– D'accord, dit Bundle. Bon. Je crois qu'on s'éloigne un peu du sujet.

– Vous voulez savoir quelle est ma chanson préférée ?

– Pas vraiment, mais j'ai l'impression que tu vas me le dire quand même.

– C'est *Coming Up Roses* d'Elliott Smith. Elle figure sur son album éponyme. Un son un peu sale, mélodique, parfait. Quasiment tout ce qu'a enregistré Elliott possède cette sorte d'honnêteté. C'en est un peu flippant.

– Oh oui, s'il te plaît, Madeline, dis-m'en plus, ironise Bundle.

Il se frotte les yeux comme si nous étions là depuis des jours. Depuis combien de temps sommes-nous là, d'ailleurs ? Ça me paraît très long, mais sans fenêtre ni horloge, impossible de savoir.

– Avant sa mort, Maman me donnait toujours trois dollars d'argent de poche par semaine. Ce n'était pas beaucoup, mais on n'était pas très riches. Je ne m'en plaignais pas, je les mettais de côté. Toutes les cinq ou six semaines, j'avais suffisamment d'argent pour m'acheter un album. C'est le premier que j'ai acheté, l'album d'Elliott Smith. Et puis un jour, il y a pas mal de temps, je suis rentrée à la maison après le lycée – enfin, pas *à la maison*, je veux dire : chez oncle Lester. J'ai sorti ma caisse d'albums rangée sous mon lit, mais elle était vide. Il avait déjà revendu la platine et toutes sortes de choses pour acheter de l'alcool. Je savais que je devais mettre mes albums à l'abri, et même si je n'avais plus rien pour les écouter, je ne sais pas... leur présence me réconfortait.

– Madeline, quel est le rapport avec tout le reste ?

Je me retourne, soulève mes cheveux et tire sur le col de mon pull pour découvrir mon omoplate gauche.

– Tout à l'heure vous m'avez posé des questions sur mes « écorchures ». En voilà une pour vous.

Les yeux clos, j'imagine Bundle la regarder : des sillons roses, parfaitement incurvés, un quart de cercle de quatorze ou quinze centimètres. Immobile, je parle, j'expose le plus tragique.

– Oncle Les a vendu tous mes albums, sauf un. Il avait besoin de celui-là, selon lui, pour m'apprendre la vie. Il a dit que maintenant, nous étions une famille, et que les familles, ça « partage ». Alors il a fait chauffer l'album avec un briquet et il m'a demandé où je voulais apprendre la vie.

– Bon sang, dit Bundle. Il t'a marquée au fer rouge.

– Ça se déforme assez vite, le vinyle, mais vous seriez surpris de voir comme ça peut devenir chaud avant de fondre.

Je laisse mes cheveux retomber, mon pull recouvrir les sillons roses et je me retourne vers Bundle. Quand j'ouvre de nouveau la bouche, c'est avec vigueur, et je me fiche bien qu'il m'écoute, parce que parfois, ce qu'on dit c'est pour soi-même, pas pour celui qui écoute.

– Mais il s'est fait prendre à son propre jeu, parce que j'ai vu l'album qu'il a utilisé. C'était celui d'Elliott Smith. Approprié, vous ne trouvez pas ? Ça m'a fait économiser un tatouage.

Bundle toussote, détourne le regard une seconde, puis revient vers moi.

– Tu as emménagé chez ton oncle à la mort de tes parents ?

Je fais signe que oui.

– Je peux te demander comment ils sont morts ?

– Chauffard ivre, je murmure, les yeux sur mon bracelet. On était tous dans la voiture. Maman, Papa et moi. Ils sont morts sur le coup. J'ai été projetée en dehors du véhicule. J'ai juste eu cette cicatrice.

Je montre le côté rasé de ma tête.

L'inspecteur Bundle met l'enregistreur sur pause et se lève.

– D'accord, viens, suis-moi.

– Où ça ? je demande, alors qu'il enfile son manteau.

– Pause clope.

Je récupère ma veste sur le dossier de la chaise avant qu'il change d'avis. Ça fait du bien de se lever, c'est salvateur. J'ai encore mal un peu partout, mais faire circuler le sang, ça aide. Dans le couloir, j'aperçois la silhouette de Vic à travers une vitre dépolie et je me dis que, peut-être plus que d'une cigarette, ce dont j'avais vraiment besoin, c'était un rappel visuel de sa présence.

Au bout du couloir, les flics fourmillent de partout. Ils boivent du café, discutent tout bas. Des yeux se posent sur moi et se détournent à la vitesse de l'éclair.

– Par ici, indique Bundle en me conduisant à l'opposé du hall d'entrée. Et pas un mot là-dessus, compris ? Le lieutenant Bell me démonterait en moins de temps qu'il n'en faut pour le dire. C'est contraire à un million de règlements, sans compter le fait que tu es trop jeune pour fumer.

Nous passons devant une horloge au mur.

17 heures 13.

Un peu moins de trois heures à tenir.

Dehors, il fait encore plus froid que ce matin, si c'est possible. Même pour le New Jersey, ce mois de décembre est violent.

Je sors mon paquet de cigarettes, en allume une et…

Tire.

Souffle.

Relâche.

Je tends mon paquet à Bundle.

– Vous en voulez une ?

– J'essaie d'arrêter.

Le trottoir est complètement gelé. Sur State Street, les voitures avancent tranquillement, pare-chocs contre pare-chocs, l'heure de pointe normale. Main Street, avec ses épiceries, ses cafés et ses marchés, se trouve à un pâté de maisons de là. C'est étrange de se dire que huit jours seulement se sont écoulés depuis que Vic et moi sommes passés ici en allant chez Babushka. Si c'était ça, la Genèse de notre histoire, alors je me demande bien quelle en sera la Révélation.

Tire.

Souffle.

Relâche.

– Alors, c'est quoi, exactement, le syndrome de Moebius ? demande Bundle. Est-ce que Vic est, tu sais… un témoin crédible ?

Je manque de lâcher ma cigarette.

– Qu'est-ce que vous racontez, Bundle ?

– Ah, c'est vrai. J'avais oublié que la bourgeoisie ostentatoire ne pouvait pas comprendre. Allez, Mad, tu sais très bien ce que je veux dire. Est-ce qu'il est, tu sais…

Tire.

Souffle.

Relâche.

– Vous avez attendu qu'on soit dehors, c'est ça ? C'est la raison de la pause clope. Pour que vous puissiez poser cette question sans passer pour un abruti d'ignorant sur l'enregistrement ?

– Madeline.

– Il n'y a pas de *Madeline* qui tienne. Vous avez vu le visage de Vic et vous avez décrété que quelque chose ne tournait pas rond chez lui.

Bundle souffle dans ses mains pour les réchauffer.

– Et alors ? C'est le cas ?

Mon premier réflexe est d'écraser ma cigarette sur son bras. Mais je m'abstiens.

– Vous avez déjà lu le livre *Outsiders* ?

– Tu sais que tu ne réponds jamais aux questions, Madeline ?

– J'essaie de répondre à votre question. Est-ce que vous avez lu *Outsiders* ?

– Je ne lis pas beaucoup. Mais j'ai vu le film il y a des années. Un peu trop de beaux gosses, si je me rappelle bien.

Je sautille sur mes orteils pour faire circuler le sang.

– Bon, dedans il y a un personnage qui s'appelle Dally, c'est le diminutif de Dallas. C'est l'un des *Greasers* les plus violents – les *Greasers*, c'est le nom de leur gang. Il a vécu dans les rues de New York, et tout. Enfin bref, à un moment, le personnage principal dit : « *Dally était si réel qu'il m'effrayait*[1]. »

Je sens que Bundle attend la suite.

– Et ?

Tire.

Souffle.

Relâche.

Jusqu'à maintenant, j'ai considéré Bundle comme mon exact opposé, mais on dirait bien qu'on a atteint le cœur de notre diagramme de Venn, l'intersection fractionnelle où l'inspecteur Bundle et Madeline Falco cohabitent. Je m'éclaircis la voix et je parle dou-

1. Dans la traduction de Marie-Josée Lamorlette, Presses de la Cité, 1983.

cement, comme si diminuer le volume sonore de ma phrase allait en diminuer la gravité.

– Moi aussi, j'ai cru que Vic avait quelque chose qui ne tournait pas rond.

Raté. La gravité est intacte.

– Ce n'est pas le cas, je poursuis. Le syndrome de Moebius, c'est un trouble neurologique qui provoque une paralysie faciale. Ça se manifeste différemment selon les personnes, mais dans le cas de Vic, il ne peut ni cligner des yeux ni sourire. Comme il n'est pas du genre à s'imposer dans les conversations, tout le monde se dit qu'il ne comprend pas les interactions sociales, ou je ne sais quoi. Mais en fait, il est très intelligent. C'est sûrement la personne la plus intelligente que je connaisse.

L'inspecteur Bundle acquiesce, son visage bouffi grimace et ses lèvres rouges se pincent dans l'air glacial, tandis que son cerveau mouline. En observant les innombrables dissensions de Bundle, je m'émerveille sur l'injustice du monde : l'extérieur de Vic est incapable de refléter son intérieur, même si je le voudrais bien. L'extérieur de Bundle ne peut s'empêcher de refléter son intérieur, même si je voudrais bien que *non*. Mais le pire dans tout ça, c'est que je dois me détourner, car ce que je déteste le plus en Bundle à cet instant n'a absolument rien à voir avec lui, et absolument tout à voir avec moi.

C'est triste de se reconnaître dans la tristesse.

Tire.

Souffle.

Relâche.

– Quel rapport avec *Outsiders* ? demande-t-il.

– Laissez tomber.

– D'accord. Bon, la bourgeoisie ostentatoire se gèle ses ostentatoires miches. T'as fini ?

J'écrase ma cigarette par terre et le suis dans le bâtiment. Dans le couloir, je revois une fois de plus l'image dépolie de Vic et je pense à cette phrase des *Outsiders*.

« *Dally était si réel qu'il m'effrayait.* »

Je me demande si quelqu'un m'effraiera un jour autant que Vic.

(Six jours plus tôt)

VIC

– Tu as besoin d'une coupe de cheveux, dit Mad en bâillant comme on dirait « J'ai besoin d'un café » en se levant.

– Euh. Quoi ?

Coco claqua des doigts.

– Vic ! Victime. Mec. Nouvelle coupe, nouvelle personnalité !

– J'aime bien mon ancienne personnalité.

Faux.

Néanmoins, il y avait une chose que j'appréciais chez mon ancien moi : ses cheveux. Et les cheveux de mon ancien moi se trouvaient à présent en grand péril.

– On a le temps, dit Baz. Si on se dépêche. Le bus est à 10 h 40 et il faut encore qu'on passe au Cinema 5 chercher ma paye, et prendre un café au *Rainbow Café.*

– Avec un muffin ! s'écria Coco.

Le soleil matinal perçait à peine à travers le plafond plastifié de la serre. Baz ne travaillait que le soir, alors nous avions prévu de passer la matinée et le début de l'après-midi sur la liste de Papa. Nous prendrions le bus dans le centre d'Hackensack jusqu'à Englewood, puis nous remonterions l'artère verte de Palisades Parkway à pied, car les bus n'y avaient pas accès. Et nous nous arrêterions au premier panorama que nous croiserions. Là, je jetterais Papa du haut des falaises des Palisades, dans le fleuve Hudson. Même si cela signifiait que nous aurions réussi à accomplir deux des missions en deux jours, j'avais une sensation imminente de terreur. Des cinq indices, les trois derniers étaient de loin les plus obscurs.

Mad sortit son bonnet de laine jaune.

– Rachel ne peut pas prendre ta paye en même temps que la sienne ?

– Elle a démissionné, dit Baz. Elle ne travaillait qu'à mi-temps en terminant l'école d'infirmières. Maintenant, elle a décroché un emploi à l'hôpital régional de Bergen.

– Rachel, c'est ta copine ? demandai-je.

– N'essaie pas de changer de sujet, Victime, intervint Coco. Mad, attrape tes outils. On y va.

Mad saisit une tondeuse et une paire de ciseaux sur l'Étagère des Choses Improbables.

– Prends ça comme un symbole, Vic. Ton intégration en tant que Chapitre. Un signe extérieur de, tu sais… de quelque chose d'encore mieux à l'intérieur.

– Comme un baptême, dit Baz. Le signe extérieur d'une transformation intérieure.

– Une transformation intérieure, répéta Mad. Exactement. Alors, qu'est ce que tu en dis ?

Sincèrement, après la prise de bec avec Gunther la veille, j'étais déjà content qu'ils m'adressent encore la parole. La débâcle de la Visine avait bien failli leur coûter leur foyer, ce qui aurait fait de moi le câlin latéral du siècle.

Donc : j'acceptai la coupe de cheveux.

Quand tout le monde enfila son manteau et sortit de la Serre n° 11 pour se diriger vers la remise à bois, Mad me tendit un bonnet, identique au sien, mais en bleu.

– Tu sais, Mad, entre ça et la coupe de cheveux, je trouve que tu te préoccupes beaucoup de ma façon d'entretenir ma boîte crânienne.

– C'est bizarre de dire ça, rétorqua-t-elle.

– C'est bizarre de faire ça.

Mais bon, hein. J'enfilai le bonnet. Il était incroyablement agréable.

Baz m'expliqua que l'idée de vivre dans une serre lui était venue quand il cherchait de nouveaux décors pour son livre. Il fallait un endroit peu coûteux, évidemment, mais aussi unique, « quelque chose qui frisait le roman fantastique ».

Je lui confirmai qu'il avait mis dans le mille.

Selon eux, la remise à bois était l'endroit le moins hanté par Gunther Maywood. Et comme nous ne pouvions pas tellement nous permettre de laisser traîner des cheveux morts dans nos quartiers, c'était là qu'aurait lieu ma coupe de cheveux. En gros, la remise à bois consistait en un genre de grange décrépite, de style très américain très en vogue dans les magazines de déco, mais avec un côté bûcheron. Beaucoup de bois à l'intérieur, et beaucoup de choses faites en bois.

La remise à bois était un lieu très littéral.

Mad épousseta un tabouret et me fit signe de m'asseoir.

– Est-ce bien nécessaire ? demandai-je, à la recherche d'une échappatoire (comme ont coutume de le faire les câlins latéraux).

– C'est très thérapeutique, une bonne coupe, dit-elle en passant la main sur le côté rasé de sa tête.

Baz et Nzuzi s'assirent dans des fauteuils à bascule délaissés tandis que Coco sauta sur une table couverte de sciure et se mit à balancer les jambes avec impatience. En infériorité numérique, je m'assis sur le tabouret. Mes fesses congelèrent en quelques secondes.

– Bon, alors qu'est-ce qu'on fait ?

Mad étudiait mes cheveux comme si c'était un bloc de marbre.

Coco joignit ses mains dans ses mitaines.

– Une queue de rat !

– Comment ça s'appelle, cette coupe marrante ? demanda Baz. Vous savez, court dessus, long derrière ?

– Oooh ! Un mulet ! s'exclama Coco. Encore mieux.

J'enfonçai mon nouveau bonnet (devenu, en un temps record, une forteresse de laine, matériau rarement reconnu pour ses prouesses en temps de guerre, mais bon) à fond sur mes oreilles. L'espace d'un instant, on entendit seulement le grincement des fauteuils qui se balançaient. Et puis…

– Le Sodapop cinématographique, murmura Mad.

– Oh ouais ! dit Coco.

Nzuzi claqua une fois des doigts.

– Attendez, de quoi vous parlez ? demandai-je.

Mad débrancha une scie électrique antique pour brancher la tondeuse.

– C'est très cool. Enfin, pas cool au sens traditionnel du terme.

– Ah, très bien, dis-je en plongeant les mains dans les poches de mon surMets. Il ne faudrait pas qu'on croie que je suis cool au sens traditionnel du terme.

Coco pouffa en silence.

– Sodapop est un personnage d'*Outsiders*. Mad dit que Rob Lowe est magnifique.

…

J'étais totalement perdu.

Mad alluma, éteignit, puis ralluma la tondeuse, comme on fait ronfler le moteur d'une grosse voiture.

– Sodapop, incarné à l'écran par le très beau et très jeune Rob Lowe, avait une coupe légèrement différente dans le film comparé au livre. En gros, le Sodapop littéraire a plus ou moins les mêmes cheveux que toi en ce moment, un peu plus modelés et peignés en arrière. Le Sodapop cinématographique est le genre mauvais garçon années 50 mixées avec les années 80. Il faut laisser de la longueur sur le dessus et sur les côtés et puis il faut, tu sais, débroussailler derrière.

– Débroussailler ?

– Oui, mais ce sera un peu plus maîtrisé que dans le film.

Elle posa la tondeuse, ramassa les ciseaux et donna un petit coup dans l'air.

– On va commencer avec ça.

Comme si je me souciais de savoir comment elle allait démolir ma forteresse.

– Prêt ? demanda-t-elle.

Sans me laisser le temps de répondre : « Non, en fait, pas du tout », elle retira mon bonnet et se mit au travail.

Clip. Clip. Clip.

Le nœud au creux de mon estomac disparut.

Clip. Clip. Clip.

Ma dernière coupe de cheveux datait d'un sacré bail.

Clip. Clip. Clip.

J'avais oublié le nombre d'inclinaisons de tête que ça requérait.

Clip. Clip. Clip.

J'avais oublié le nombre de contacts que ça requérait.

MAD

Je relus le même paragraphe pour la quatrième fois, laissai tomber, fermai le livre. Il en fallait beaucoup pour briser ma concentration et me tirer de mon monde de *Greasers*, de *Socs*, de bagarres au couteau et d'amours de jeunesse. Le bus pour Englewood y parvint en combinant les pires éléments des neuf cercles de l'Enfer de Dante, dans une grande palette nauséabonde de nourriture moisie, de sueur et de misère viscérale. J'attendais avec impatience le jour où Baz et Zuz ouvriraient les taxis Renaissance et où nous pourrions enfin dire bye-bye aux transports en commun.

Si je suis encore là pour le voir.

Je sirotai la fin de mon café, coinçai le gobelet vide dans la poche du siège devant moi et me concentrai sur la raison de notre présence : *Jette-moi du haut des Palisades.* Si je n'avais pas lu la Lettre d'adieu, j'aurais pu croire que le père de Vic avait un humour sacrément morbide. Mais dans sa voix écrite, j'avais entendu le désespoir calme et profond et c'était loin d'être morbide. Si je devais un jour avoir la malchance d'être au stade terminal d'une maladie, j'espérais savoir le gérer avec la même candeur opiniâtre que

M. Benucci. Aider à le jeter du haut des Palisades était le moins que je puisse faire pour ce monsieur.

Les Palisades étaient une rangée de falaises escarpées qui bordaient le fleuve Hudson sur une trentaine de kilomètres. Après un court débat, nous avions décidé que jeter les cendres du haut du premier point de vue convenable ferait l'affaire. Dehors, les arbres couverts de neige défilaient à toute allure comme des éclairs flous. Derrière moi, Zuz claquait des doigts en rythme avec le bruit des pneus sur les réflecteurs de la route. À mes côtés, Coco ronflait comme un ours en hibernation, des miettes de muffin dispersées sur sa veste.

Je collai mon visage entre les deux sièges de Baz et Vic devant.

– Salut, dis-je.

– Salut, toi, dit Baz.

J'avais cru entendre chuchoter mon nom quelques fois au cours de ces dernières minutes. Je me hissai sur les genoux pour les observer.

– Vous savez que ça me rend dingue.

– Quoi donc ? demanda Baz.

– Les messes basses. Sur moi. Vous avez quelque chose à me dire ?

Ils levèrent la tête vers moi, puis échangèrent un regard.

On ne parlait pas de toi, dit Baz. Je racontais seulement à Vic que Gunther Maywood est le seul Chapitre qui ignore qu'il est un Chapitre, et je lui parlais de nos échanges, courses contre loyer.

– Et si ton livre est publié et qu'il le lit ? demanda Vic. Tu ne crois pas qu'il reconnaîtra son verger, ou son nom d'ailleurs ?

J'avais déjà eu cette conversation avec Baz plusieurs fois et c'était agréable de la voir se dérouler avec quelqu'un d'autre.

– Premièrement, répondit Baz, ce n'est pas « si » mon livre est publié, c'est « quand ». Deuxièmement, comme je te l'ai déjà dit, tous les noms seront modifiés. Et dernièrement, ce type vit en reclus. Il ne saura jamais que le livre existe.

– Et Internet ? objecta Vic.

Je souris à Baz en haussant très dramatiquement les sourcils.

– Oui, Baz, qu'en est-il d'Internet ?

Baz poussa un soupir et se tourna vers la vitre en marmonnant dans sa barbe. Je regardai Vic et dis :

– J'essaie de lui expliquer que ça ne change rien que Gunther sorte ou non de chez lui. Il va découvrir…

– On parlait de toi, coupa Vic en s'essuyant la bouche avec son mouchoir.

– Quoi ?

– Tout à l'heure. Avant de parler de Gunther. J'ai demandé à Baz si ça t'arrivait de lire autre chose qu'*Outsiders*. Il a dit que je devrais t'interroger sur ta théorie.

– D'accord, bon alors le vortex de Hinton n'est pas une *théorie*, c'est un *fait*. Les dernières phrases du chef-d'œuvre de S. E. Hinton sont, mot pour mot, les mêmes que les premières.

J'attrapai le livre pour lui lire le premier paragraphe avant de lire le tout dernier.

– Brillant, non ?

– Si.

Je refermai le livre pour examiner la couverture.

– Tu sais, Hinton n'avait que quinze ans quand elle a commencé à écrire. J'en ai bientôt dix-huit et qu'est-ce que j'ai fait, moi ? Que dalle.

Je n'avais jamais aspiré à la grandeur, mais quand même, qui ne veut pas laisser une trace ? Quelque chose qui dise : *J'étais là, bordel. Souvenez-vous de moi.*

– Pour faire court, on pourrait dire que je n'arrête pas de le lire parce que je ne l'ai pas encore terminé.

– Le vortex de Hinton, déclara Vic.

– Le vortex de Hinton.

– C'est l'heure du vortex !

La voix de Coco était sortie de nulle part. J'ignorais depuis quand elle était éveillée.

– Qu'est-ce que tu racontes, toi ?

Elle avait glissé d'une bonne trentaine de centimètres sur son fauteuil, suffisamment pour toucher le sol.

– Chaque fois que tu parles du vortex, Mad, ça me fait penser à un manège dans un parc d'attractions ou un truc comme ça. *Bienvenue dans le vortex infiniteux !*

– Infiniteux est un mot qui n'existe pas, Coco.

– Mais si. C'est pour refléter l'éternitude des trucs.

Infiniteux.

Je me rassis dans mon siège et regardai les arbres par la vitre.

– Coco, tu sais que je t'aime. Mais tu es tarée.

Elle haussa dramatiquement les épaules puis se coucha sur mes genoux pour regarder par la vitre à son tour.

– C'est pas moi qui suis coincée dans une histoire infiniteuse.

VIC

Il y avait environ trois kilomètres de marche depuis l'arrêt de bus d'Englewood jusqu'au départ de la route des Palisades. Trajet que nous fîmes en stop avec une fille appelée Jane. Entassés à l'arrière du 4x4, nous écoutions Jane nous raconter tout sur Stewart, son petit copain depuis des lustres, qui débutait comme « entrepreneur en location de voitures ».

Ce qui, à mon humble avis, avait l'air bien nase.

Mais bon, chacun son truc, hein.

J'étais assis sur la banquette tout au fond, côté passager, tandis que Mad était dans la rangée du milieu, côté conducteur. *Ergo* j'avais son profil droit en ligne de mire, et comme j'étais légèrement derrière elle, je pouvais la fixer sans me faire prendre.

Moi qui étais un champion absolu de l'observation-nonchalante-en-diagonale-depuis-un-coin, je disposais de conditions parfaites pour exercer mon talent particulier. Alors voilà, j'observais le profil droit de Mad en pensant au ton de sa voix quand elle parlait des exploits de la jeune S. E. Hinton. Je la regardais passer ses cheveux d'un côté, toutes ces ondulations en un seul mouvement – et je me demandais comment quelqu'un capable de remuer ses cheveux avec une efficacité si angélique pouvait avoir l'air si triste. Peut-être était-ce un genre de contrepoids cosmique ou un équilibre humain secret. *Tiens, tu peux prendre ce truc adorable, mais tu dois aussi prendre ce truc affreux. Bon courage.*

Voici ce qui ne se classait pas dans les « peut-être » : tout ce que Mad disait, chacun de ses mouvements délicats – de ses cheveux à ses mains, en passant par sa façon de lire un livre comme si c'était la dernière chose qui en valait la peine sur Terre –, tout n'était que brio et pureté.

Si l'on devait personnifier la poésie, ce serait Madeline Falco.

Eh, c'était peut-être *ça* l'équilibre humain secret.

Jane se gara au premier point de vue officiel : le point de vue Rockefeller. Il y avait un parking et quelques jumelles à pièces high-tech. Tout était très officiel.

– Merci beaucoup, Jane, dit Baz en sautant du 4x4. Et encore félicitations pour tes fiançailles.

– Merci. Vous voulez que je reste dans le coin jusqu'à ce que vous ayez terminé votre visite ? J'adore observer les gens qui observent des trucs.

...

– C'est une étrange fascination, ça, Jane, intervint Coco. Mais de toute façon, on ne visite pas. Notre ami Vic, ici présent, va jeter son père du haut de la falaise.

Jane afficha une expression malicieuse. Comme si, clairement, ce n'était pas la première fois qu'elle conduisait un groupe de gamins à problèmes en haut d'une falaise pour que l'un d'eux puisse jeter un parent décédé dans l'Hudson.

– OK, p'tit gars, dit Jane avec un clin d'œil, les doigts pointés vers moi comme un pistolet. *Pan ! Pan ! Pan !* Fais gaffe à pas te jeter avec lui !

Quand Jane repartit, un silence pesant s'installa. Il y a des gens comme ça, peu importe le temps qu'on passe avec eux, tout semble logique. *Évidemment* que Jane était fiancée à un futur entrepreneur en location de voitures. Pour les autres, je ne savais pas, mais moi, cinq minutes en compagnie de cette fille et j'avais aussi l'impression d'être un futur entrepreneur en location de voitures.

J'enfilai mon bonnet bleu. Mad enfila son bonnet jaune, alluma une cigarette et tout le monde regarda le vieux 4x4 disparaître sur la route neigeuse.

Coco prit la main de Baz.

– Purée de tarée de mercredi, celle-là.

Baz se contenta d'acquiescer.

✕

Le point de vue Rockefeller se situait approximativement à cent vingt mètres au-dessus du niveau de la mer. D'après le panneau, on pouvait voir :

1. Le fleuve Hudson. (Hum… encore heureux. Il était juste en dessous.)
2. New York. (*Ergo* le stade de Citi Field, résidence des New York Mets.)
3. Le pont Henry Hudson. (Génial.)
4. Le détroit de Long Island. (Merveilleux.)
5. Le comté de Westchester. (Pourquoi pas.)

Juste en dessous, un autre panneau demandait aux gens de respecter le règlement du parc. Le règlement lui-même était plutôt évident : ne pas escalader les falaises, ne pas s'éloigner des sentiers, ne pas consommer d'alcool, etc. J'imagine que c'était parce qu'à un moment, après une mauvaise bière de trop, un gosse avait dû se dire que descendre la falaise en rappel serait une super-idée. J'étais désolé pour ce gosse. Mais encore plus désolé pour ses parents. Parce que maintenant, leur maison devait regorger de gratins de haricots verts et de câlins latéraux.

Je marchai avec les autres vers le précipice des Palisades. Seule une fine rambarde métallique nous séparait des falaises rocailleuses en contrebas. Il n'y avait pas un chat. Sûrement pour la bonne raison qu'il neigeait encore. Le fleuve s'étalait devant nous et nous vîmes les cinq éléments décrits par le panneau. Mais le panneau ne nous avait pas préparés à la splendeur radicale de la vue. En fait, elle aurait dû y figurer :

6. La splendeur radicale de la vue. (Super Cheval de course.)

Dommage que personne ne monte jusqu'ici en hiver : le paysage enneigé valait mille fois le coup, avec les rochers géants de la falaise, soit tout blancs, soit détrempés. J'allais sortir l'urne quand Coco dit :

– Faut que j'aille aux cabarets.

– Tu veux dire *aux cabinets*, corrigea Mad.

– Pourquoi j'irais aux cabinets ?

– Pourquoi tu irais aux cabarets ?

– Mercredi, j'en sais rien, Mad, mais on va bientôt le savoir.

– Il va falloir que tu te retiennes, Coco, dit Baz. Il n'y a pas de toilettes ici.

– Ça va pas être possible, gémit-elle en croisant les jambes.

Avec un soupir, Baz désigna des buissons couverts de neige.

– Va là-bas. On t'attend.

Coco sautillait d'un pied sur l'autre.

– Il me faut un garde.

Nzuzi claqua deux fois des doigts et s'éloigna dans la direction opposée. Baz leva les yeux au ciel et suivit Coco vers les buissons.

Je refermai mon sac.

– Donc Mad et moi on attend là, c'est ça ?

Mais Mad était partie fumer à côté d'un banc qu'elle observait avec attention. Comme si elle le surveillait. Comme s'il allait prendre vie, secouer sa couche de neige et se mettre à trottiner vers la route.

Je devrais sûrement l'aider à surveiller ce banc, pensai-je.

En m'approchant, je l'entendis dire :

– Les souvenirs sont aussi infinis que l'horizon.

– On est d'humeur poétique ?

Elle désigna une plaque commémorative fixée sur le dossier du banc :

SYLVIA ET MORTIMER ALTNEU
LES SOUVENIRS SONT AUSSI INFINIS QUE L'HORIZON.

– Qu'est-ce que ça veut dire, à ton avis ? demandai-je.

– Aucune idée, répondit Mad. Il y a un nom : *Altneu*. Bizarre comme nom de famille.

Mon pays de Rien m'assaillit sans prévenir.

Nous étions en voiture. Une éternité auparavant. Papa conduisait, Maman riait. *Ton père est la personne la plus drôle que je connaisse.* Il y avait des montagnes, des arbres qui venaient de revêtir leurs couleurs d'automne. On avait l'impression de rouler au milieu d'un tourbillon de jaunes et d'orangés. Maman avait finalement arrêté de rire et le silence régnait. Ce genre de silence très particulier où les restes du rire demeurent suspendus en l'air. Il est des rires qui demandent à ce qu'on laisse la poussière retomber. Depuis la banquette arrière, je voyais la tête de mes parents. Puis Papa avait tendu le bras pour poser la main sur la cuisse de Maman. *Aux vieux-nouveaux*, avait-il dit. Elle avait répondu dans un murmure : *Aux vieux-nouveaux.*

Songez à ceci : des milliards de souvenirs dans un cerveau, chacun noyé dans un fleuve déchaîné, se débattant pour survivre, pour respirer, attraper le bout d'une corde, d'un rameau d'olivier. Les souvenirs qui restent ne le font pas par hasard. Ce sont des survivants.

– Vieux-nouveaux, dis-je.

– Comment ?

Je me retournai vers Mad.

– On dit toujours que vieillir ensemble c'est merveilleux, c'est le truc le plus romantique et tout. Mais est-ce que ça se passe vraiment ainsi ? Les gens vieillissent de tas de manières différentes. La plupart du temps, ils deviennent seulement plus amers.

J'imaginai la main de mon père sur la cuisse de ma mère. Je savais que plus ils vieilliraient, plus ils auraient l'air jeunes.

– J'ai fait deux ans d'allemand, repris-je. *Alt*, ça veut dire « vieux », et *neu*, ça veut dire « nouveau ». C'est la signature au bas de la Lettre d'adieu de Papa. *Aux vieux-nouveaux*.

…

…

– Donc, ça veut dire quoi à ton avis ? demanda Mad.

Mes boots en fin de vie, couvertes de terre et de neige, me rappelèrent les vieilles tennis New Balance de Papa.

– Mon père et ma mère sont venus ici. Je parie que c'est ici qu'ils ont trouvé leur devise. Probablement en se tenant à cet endroit précis.

Mad tira une dernière fois sur sa cigarette puis l'écrasa par terre.

– L'inévitabilité des unités correspondantes.

– On n'est pas au milieu de nulle part, c'est sûr. On est à un arrêt officiel, un point de vue ou je ne sais quoi. Mais quand même. C'est un sacré heurt.

– On va pas y passer la journée ! cria Coco qui avait apparemment terminé ses affaires derrière les buissons.

Baz et Nzuzi se tenaient près d'elle au bord de la falaise et soudain, miracle des miracles, Mad me prit la main comme elle l'avait fait au Petit Salon. Tandis qu'elle me conduisait vers le précipice, je ressentis l'intimité entre nous, ce qui confirma mon précédent sentiment : certaines beautés requièrent des tragédies.

Au bord, Baz prit Coco dans ses bras et Nzuzi scruta l'autre rive de l'Hudson. C'était agréable de ne pas se retrouver seul au milieu d'éléments aussi pesants. Agréable d'être en compagnie de gens qui savaient reconnaître ce qui était important : cet horizon infini où le temps n'existait pas, où j'étais en même temps vieux et nouveau.

– « Les cieux racontent la gloire de Dieu…[1] commença à réciter Baz, et l'étendue manifeste l'œuvre de ses mains. » Ça, ce sera forcément dans le livre.

La neige blanche tombait comme un panorama en pointillés sur le ciel gris. Le silence et la beauté nous enveloppèrent jusqu'à ce qu'enfin, Mad se penche et me demande si j'étais prêt. Pour une raison que j'ignore totalement, je me mis à songer à l'USS *Ling*. Flottant dans l'impuissance. Et à ce caillou dans lequel j'avais donné un coup de pied, celui qui avait touché le canon de pont avant de plonger dans les eaux sombres de la rivière Hackensack. Il y était toujours. Il y serait toujours.

Je songeai à toutes mes multitudes capitales. Tous mes *Je suis*.

– Je suis prêt, dis-je.

Je sortis l'urne de mon sac. De petites tornades de flocons tourbillonnaient sous le vent, plus haut, toujours plus haut dans le ciel.

– On est trop loin, dis-je.

Le bord de la falaise était au moins à trois mètres de la rambarde, bien trop loin pour qu'une poignée de cendres jetées atteigne l'eau. Des panneaux plantés tous les cinq mètres interdisaient l'accès aux rochers : PRIÈRE DE NE PAS FRANCHIR LA BARRIÈRE. L'un d'eux avait été vandalisé en couleurs pastel et l'on pouvait à présent lire : PRIÈRE DE ~~NE PAS~~ FRANCHIR LA BARRIÈRE.

– J'imagine qu'on devrait franchir la barrière, nota Mad avec un grand sourire.

À chacun de ses sourires, je me sentais comme un pèlerin devant une aurore boréale.

Nzuzi donna son accord d'un claquement de doigts qui résonna contre les parois des falaises; quant à Baz, il leva les yeux au ciel et tout ça me donna envie de sourire. Comme je l'aurais fait sous une aurore boréale.

Mad se mit à psalmodier :

---

1. Les passages de la Bible sont extraits de la traduction de Louis Segond.

– Fran-chis-*sons*. La-bar-*rière*. Fran-chis-*sons*. La-bar-*rière*.

– Bon, très bien, soupira Baz. On y va tous ensemble.

De l'autre côté de la barrière, un énorme rocher plat et couvert de neige s'avançait dans le vide. Ensuite, c'était la chute libre dans l'eau, à cent vingt mètres en dessous.

Baz dit :

– Soyez tous très prudents.

– Aïe, gémit Coco. Tu me serres trop fort.

Je crois que Baz imaginait des gratins de haricots verts, lui aussi.

La lourde urne dans mes deux mains, je remarquai que le rocher plat sous nos pieds avait été tagué. Ça semblait récent : il n'y avait plus de neige dessus. Ce n'étaient pas les tags et autres graffitis habituels, têtes de mort ou insultes, c'était un cœur aux couleurs arc-en-ciel qui rappelait le manteau de Mad.

Qui rappelait tout Mad, à vrai dire.

Mon pied dérapa sur une plaque de givre et je vis passer ma mort dans les eaux en dessous. Mad me retint par l'épaule pour m'aider à retrouver l'équilibre tandis que j'essayais de la jouer détendu. Avec un hochement de tête, je me penchai et sortis une poignée de Papa de l'urne.

…

– Jette-moi du haut des Palisades, dis-je.

– Jette-moi du haut des Palisades, dit Mad.

– Jette-moi du haut des Palisades, dit Coco.

– Jette-moi du haut des Palisades, dit Baz.

Nzuzi claqua une fois des doigts.

Je jetai les cendres… dans une bourrasque de vent. Fusionnant avec la mini-tornade, les cendres de Bruno Victor Benucci Jr nous revinrent droit dans la figure, accueillies par trois gros mots, deux claquements de doigts et un silence de Baz qui formèrent un glorieux chœur de grossièretés.

– Est-ce qu'un peu de lui est arrivé à destination ? demanda Baz en changeant Coco de bras.

Chacun de nous tentait d'épousseter Papa de son manteau et de son visage.

– Je ne crois pas.

Mad attrapa une pierre de la taille d'un pamplemousse et cracha dessus pour faire fondre la neige.

– Tiens, dit-elle. Mets-en un peu là-dessus.

– Un peu de quoi ?

– Un peu de ton père.

Je saupoudrai une pincée de cendres sur la partie mouillée, moitié neige fondue, moitié Mad fondue. Elle recouvrit entièrement la pierre avec un amas de neige et tassa bien.

Hé, Papa. Ça va là-dedans ?

Oui, Vic. On se gèle les miches, mais ça va.

Je jetai Papa du haut de la falaise, de cent vingt mètres de hauteur, dans l'Hudson, où il resterait pour toujours et à jamais. Dormant. Comme le caillou sous le *Ling*. Comme nous tous, en fait.

Coco secoua ses mitaines.

– Qui a faim ?

MAD

Il était tard à notre retour à la Serre n° 11, cet après-midi-là. Baz était du soir au Cinema 5, il ne rentrerait que vers minuit. Comme nous n'avions rien avalé depuis les muffins médiocres du *Rainbow Café* le matin, tout le monde se rua sur notre butin hebdomadaire de chez Babushka. Il consistait essentiellement en tranches de charcuterie froides et fromages que nous stockions dans un vieux meuble à tiroirs derrière la serre, réfrigérateur de fortune durant les mois les plus froids.

Je décidai que demain serait le jour J : le jour de l'Opération visite à Jamma. Depuis l'arrivée de Vic, j'avais consciencieusement ignoré toutes les sections pertinentes de mon Madifeste à cet égard, celles qui louaient la loyauté, la famille et le souvenir de ses origines. Je resterais à la serre ce soir pendant que Baz travaillait, je ferais une bonne nuit de sommeil et je disparaîtrais le lendemain matin.

Baz se rendit à son travail et, comme souvent, je fus tentée de tout lui dire – Jamma, oncle Les, tout. Mais après avoir envisagé toutes les issues possibles à cette conversation, je n'en trouvai aucune qui ne se termine pas par une confrontation ; et si oncle Les avait bu (ce qui, ces jours-ci, était plus que probable), Baz se prendrait forcément des coups, ou pire, Baz donnerait les coups. Je ne l'avais encore jamais vu faire preuve de violence, mais on avait tous nos limites. Oncle Les se chargerait de trouver celles de Baz. Alors, je ne dis rien quand il quitta la serre.

Zuz repassait encore et toujours le même album de Journey pendant que nous mangions et discutions des lieux restants sur la liste du père de Vic.

– D'accord, dit Coco qui fixait la Lettre d'Adieu pour l'exhorter à nous révéler ses secrets les plus enfouis. Donc on doit encore trouver les « briques fumantes de notre premier baiser », ce qui... Bruno, sans déconner ? Super-indice, mec.

Coco s'était mise à appeler le père de Vic par son prénom.

– On a aussi « le puits aux souhaits », et le sommet d'un « roc » à la noix.

Elle leva les yeux vers Vic, occupé à se mettre des gouttes dans les yeux sur le canapé.

– Victime ? Une idée ?

Vic secoua la tête, Coco continua à spéculer, Zuz dansa, et la situation tourna sur elle-même encore et encore, comme le disque rayé qu'elle était.

Comme le disque rayé que *nous* étions.

Quasiment rien ne se produisit ce soir-là et tout le monde alla se coucher avec le sentiment très particulier de n'avoir rien accompli. L'un dans l'autre, ce n'était pas très grave. On ne comptait plus les nuits où notre tête collective s'était écrasée sur l'oreiller sans avoir rien fait, et ce n'était pas grave parce que, de toute façon, il n'y avait rien à faire.

Le Madifeste disait : *Quand il n'y a besoin de rien, ne rien faire c'est déjà faire quelque chose. Quand il y a besoin de quelque chose, ne rien faire c'est ne rien faire.*

Le chauffage bourdonnait paresseusement. Mais le truc, c'était que quelqu'un avait besoin de moi. Et j'avais déjà beaucoup trop fait durer.

– Mad ? demanda Coco.

– Quoi ?

– Tu me racontes une histoire ?

– Je ne suis pas trop d'humeur, Coco.

Je me concentrai sur les ronflements de Zuz, fermai les yeux et essayai de m'approprier un peu de sa paix intérieure. D'ici, j'apercevais Vic, ses écouteurs dans les oreilles, et je me demandai s'il écoutait le même air d'opéra que la dernière fois, celui qu'il m'avait fait écouter sur le chenal au Poisson rouge.

Coco se racla la gorge.

J'ouvris les yeux.

– Quoi, Coco ?

– Rien. Mercredi.

Je me tournai sur le dos, tirai le duvet sur ma tête et là, dans les ténèbres de ma suprême et extrême conscience, je vis Jamma, dans son lit, les yeux au plafond, un Coca-Cola sur sa table de nuit. Je n'aurais vraiment pas dû attendre aussi longtemps…

Coco se racla encore une fois la gorge.

– Bon sang, quoi, Coco ?

– Je ne peux pas m'endormir sans histoire. Ou au moins… un genre de déclaration.

– Tu veux une déclaration ?

– Si ça ne te dérange pas.

Vic retira un écouteur. Zuz claqua des doigts une fois et se redressa dans son sac de couchage. Nous étions tout ouïe.

– D'accord, dis-je. Que dis-tu de ça… Alors Madeline mit un taquet à la petite fille qui empêchait tout le monde de dormir et tous se réjouirent. C'est mieux comme ça ?

D'abord, Coco ne dit rien, mais dans le clair de lune voilé de la serre, il me sembla déceler une moue déterminée.

– J'ai travaillé sur une, dit-elle.

– Une quoi ?

– Une déclaration.

Elle se racla une fois de plus la gorge et se mit à parler sur le ton de quelqu'un qui croit que le monde entier l'écoute.

– Et quand les gamins eurent tant besoin de quelqu'un, quelqu'un à aimer, quelqu'un en qui avoir confiance, ils se reconnurent les uns les autres, et ils se nommèrent les Kids of Appetite et ils vécurent, ils rirent et ils virent que cela était bon.

Un long silence suivit la déclaration de Coco, mais je ne sus pas exactement de quelle longueur, car il n'y avait tout simplement aucun moyen de calculer une telle chose.

– Qu'est-ce que vous en pensez ? demanda Coco. Je sais que Vic n'est qu'un Chapitre et tout, mais… Je ne sais pas, après aujourd'hui, c'est comme si on était un vrai *gang*, non ? Comme les *Greasers*, hein, Mad ? Dans *Outsiders* ? Je me suis dit qu'il nous fallait un nom.

Zuz claqua des doigts une fois.

– Les Kids of Appetite, poursuivit Coco. Vous comprenez ? Les gamins d'appétit en quelque sorte, parce qu'on a toujours la dalle, et on est toujours chez Babushka, ou au Napoleon, ou à *White Manna*, et les magouilles à Foodville, avec les pots de glace. Et puis aussi, vous savez, on est affamés de vie, de rire et tous ces trucs. Double sens, tout ça. Kids of Appetite.

Je me redressai à mon tour et me dégageai de mon duvet.

– On a compris, Coco. C'est complètement ingénu, ton truc.

Les boucles rousses de Coco volèrent dans la pénombre.

– Ça veut dire quoi, ce mot de mercredi ?

– Arrêtez, prévint Vic.

Une colère irrationnelle qui bouillonnait au creux de mon estomac monta dans ma gorge jusqu'à mon visage, mon front, et maintenant j'avais les cheveux en feu. Comme il était curieux d'être en pleine possession de mes facultés dans un tel moment, et de comprendre que ce qui m'énervait n'était pas ce qui m'énervait pour de vrai. Je n'étais pas en colère contre Coco, pas vraiment. Alors contre *qui* ?

– Ça veut dire que ce n'est pas du tout aussi intelligent que tu le crois.

La minuscule silhouette de Coco se tenait toute droite, le bas de son corps encore dans son sac de couchage, comme un poivron à moitié farci.

– Tu es jalouse parce que tu n'y as pas pensé en premier, c'est tout. Pour une fois, c'est *moi* qui ai fait une déclaration. Une déclaration pas du tout ingé*nulle* !

Zuz claqua des doigts deux fois.

J'enfilai mes chaussures et me dirigeai vers la porte.

– J'en ai ras le bol de cet endroit.

– Ça tombe bien, renchérit Coco, parce qu'il en a ras le bol de toi. Tellement ras le bol qu'il va te vomir.

Au fond de la serre, Vic s'était hissé sur un coude, écouteurs à la main. Je mis mon manteau, mon bonnet et seulement alors, je m'aperçus que j'avais embarqué *Outsiders*. Plus qu'un livre, c'était devenu un membre, un appendice. Je sortis en claquant la porte derrière moi et empruntai le sentier givré. Dans ma tête se bousculaient des myriades d'images de Jamma, avachie dans sa propre crasse, ou pire, pleine d'hématomes, ou pire…

Vers le chenal, la voix suraiguë de Coco retentit.

– Et on a vécu, et on a ri, Mad !

Elle avait dû sortir la tête par la porte parce que sa voix résonna dans tout le verger. Je priai en silence pour que Gunther n'ait pas laissé une fenêtre ouverte.

– Et on a vu que cela était bon ! hurla-t-elle. On a vu que c'était vraiment bon, mercredi !

Dans son cours d'eau, Harry Connick Jr Jr nagea paresseusement dans ma direction quand je traversai le pont. Ses yeux globuleux semblèrent me dire : *Qui es-tu, Madeline Falco ?*

– Lâche l'affaire, Junior.

Mais il ne m'écouterait pas. Ce poisson ne lâchait jamais l'affaire.

- 5 -
TRANSFORMATIONS INTÉRIEURES
(ou : La formidable énigme des extrêmes contraires simultanés)

SALLE D'INTERROGATOIRE N° 3
BRUNO VICTOR BENUCCI III ET SERGENT S. MENDES
19 DÉCEMBRE // 17 H 34

– Je peux voir la liste de ton père ? demande Mendes.

Je sors la Lettre d'adieu de Papa de mon sac rangé sous la chaise, et la lui tends.

On frappe à la porte, l'inspecteur Ron passe la tête à l'intérieur.

– Du nouveau ? lance Mendes en glissant la lettre de Papa dans son dossier.

– Ça ne va pas te plaire, répond l'inspecteur.

– Bon sang, Ron, je te promets, encore une introduction de ce genre, et…

– Elle n'est pas chez elle. Elle n'est pas à son travail. Je tombe systématiquement sur sa boîte vocale, qui, comme je l'ai déjà dit, est pleine.

– Merde, crache Mendes.

Je garde les yeux sur le dossier où Mendes a glissé la Lettre d'adieu de Papa. Je n'aurais jamais dû la lui donner.

– Au pire du pire, continue Ron, on lui parlera quand elle appellera pour faire le point ce soir.

– Continue quand même. Interroge les voisins, les collègues, etc.

L'inspecteur Ronald acquiesce mais s'attarde sur le pas de la porte.

– Tu as besoin d'autre chose ? demande Mendes.

– Je peux te parler dehors une minute ?

Elle se lève et disparaît – en emportant avec elle son dossier – et pour la première fois depuis des lustres, je me retrouve seul.

D'une poche latérale de mon sac, j'extraie mon bien le plus précieux : une photographie de Mad. C'est une photo qui possède de multiples qualités, mais ce que je préfère, c'est qu'il n'existe aucune perturbation, aucun dérangement, aucun obstacle, entre mes yeux et Mad. Je n'ai pas besoin de faire mine de regarder quoi ou qui que ce soit d'autre, parce qu'il n'y a rien et personne d'autre à regarder.

Il n'y a que Mad. Assise au bord d'un trottoir, quelque part.

– Qu'est-ce que c'est ?

Mendes me scrute depuis le seuil.

– Rien. Vous pouvez me rendre la lettre de Papa, s'il vous plaît ?

Elle traverse la pièce d'un pas rapide, pose le dossier sur la table et s'assied.

– Bien sûr. Dès que j'en aurai fait des copies.

– Et si je ne veux pas que vous fassiez de copies ?

– Moi qui croyais que tu voulais coopérer.

…

…

Je sors mon mouchoir pour éponger mes fuites.

– Quelle heure est-il ?

Elle regarde sa montre avec un soupir.

– 17 h 40. Bon, écoute, Vic. Tu n'as pas la moindre idée d'où pourrait être ta mère ?

Je secoue la tête, plie et replie le tissu bleu en un carré serré.

Mendes m'observe, vaguement curieuse.

– Parce que nous n'arrivons pas à la joindre. On a été très souvent en contact. Elle a appelé chaque soir ces quatre derniers jours pour savoir s'il y avait du nouveau. Toujours juste après minuit. Est-ce que tu saurais pourquoi ?

Je ne réponds pas.

– Elle est morte d'inquiétude. Et vu les heures de ses appels, à mon avis, elle ne dort plus.

– Bon, qu'est-ce que vous voulez que je vous dise ? Je ne sais pas où elle est.

– D'accord.

– C'est vrai.

– D'accord, répète Mendes en sirotant son café. Simplement, j'ai deviné énormément de frustration chez toi aujourd'hui – au sujet de la perte de ton père, ton sentiment de perdre ta mère aussi. Je sais que ça a été difficile pour toi ces derniers temps, mais c'est important que tu saches à quel point ta mère tient à toi, et à quel point elle s'inquiète. C'est tout.

Les observateurs silencieux ont tendance à être des penseurs bruyants.

Soudain une pensée particulière éclate dans le ciel qui ne se méfiait pas : *Si Maman est tellement inquiète, pourquoi tous les appels de l'inspecteur Ronald finissent-ils sur sa boîte vocale ?*

(Cinq jours plus tôt)

VIC

Rocket Man d'Elton John tournait en fond sonore.

Assise de l'autre côté de la table, Coco tenait ses cartes en éventail devant son visage, juste sous ses yeux. Ses pieds se balançaient au rythme de la musique, à quelques centimètres au-dessus du sol.

– Tu as des as ? demandai-je.

Elle secoua la tête.

Je tirai une nouvelle carte.

La nuit dernière, après le départ de Mad, le sommeil avait été fuyant. J'avais gardé mes écouteurs quelque temps pour laisser les sopranos volantes faire leur travail. Mais en vain. À un moment, Baz était rentré en charriant avec lui une odeur de pop-corn moisi. S'il avait remarqué le duvet vide de Mad, il n'en avait rien dit. Et au moment où j'avais commencé à me demander si je parviendrais à trouver le sommeil un jour, c'était lui qui m'avait trouvé. À mon réveil ce matin, Coco battait les cartes sur la table.

Baz était sorti tôt pour prendre le petit déjeuner avec Rachel, ce qui, d'après Coco, sentait la rupture matinale.

– Il préfère jeter ses copines le matin, avait-elle expliqué en étalant les cartes au hasard sur la table. Il dit que c'est impossible de hurler devant des pancakes, apparemment c'est scientifiquement prouvé. Moi je lui ai dit qu'on ne devait pas avoir la même conception de la science, mais que s'il me ramenait des pancakes avec supplément sirop d'érable, je serais d'accord sur tout et n'importe quoi.

Baz avait laissé un mot pour que nous le retrouvions à Foodville à midi afin de parler du troisième lieu sur la liste de Papa. Quand j'avais demandé à Coco où était passé Nzuzi ou si elle savait où Mad était allée la nuit dernière, elle avait distribué les cartes et dit que je devais gagner les réponses « à la loyale ».

Trois jeux de Pêche plus tard…

– Tou as des deux poule moi ? demanda Coco.

– Pardon ?

– Des deux. Tou as des deux ?

– Pourquoi tu parles comme ça ?

Ses jambes arrêtèrent de se balancer.

– Comment ça ?

…

– Non, je n'ai pas de deux.

Elle tira une carte dans la pioche, la glissa dans son éventail et se remit à me fixer. Je connaissais bien le courage des enfants et leur manque de dialogue interne. Ils disaient souvent tout haut ce que la plupart des adultes pensaient tout bas. D'un côté, c'était admirable. De l'autre, j'étais terrifié de sortir en public, sachant qu'au moins un gosse serait mu par ce courage.

...

Coco continuait à me fixer au-dessus de ses cartes et même si je ne doutais pas une seconde qu'elle était remplie à ras bord du courage des enfants, elle n'avait toujours pas posé de questions sur mon visage.

– Tu as des sept ? demandai-je.

– Tou bioches.

– Bon, qu'est-ce qu'il y a ?

– Qu'est-ce que tu veux dire ?

– C'est quoi cet accent ?

Coco abattit ses cartes sur la table et se leva pour attraper un pot de beurre de cacahuètes sur l'Étagère des choses improbables.

– J'ai travaillé mes accents récemment. Celui-là, c'est mon Norm.

Norm de chez Babushka ?

– Oui.

...

– D'accord, dis-je. Pourquoi ?

Elle plongea les doigts dans le pot et engouffra une énorme bouchée.

– C'est quoi déjà la phrase ? Une énigme enveloppée dans un mystère ou je ne sais quoi ?

Dans mon pays de Rien, je vis le livre de Frank le Petit Copain laissé ouvert sur le canapé du salon, comme si c'était chez lui. Il possédait plusieurs biographies de Churchill, la plupart affublées d'un marque-page abandonné quelque part dans le premier tiers du bouquin. Frank aimait rogner des tas de trucs sans jamais terminer le travail.

– C'est une phrase de Winston Churchill qui parlait du rôle de la Russie dans la Seconde Guerre mondiale.

– La Russie ! Tu vois ? Comme Norm.

...

– Churchill disait que la Russie était « un rébus enveloppé dans un mystère au sein d'une énigme ».

Coco pinça les lèvres, la bouche pleine de beurre de cacahuètes.

– T'es un sacré intello, toi, hein ?

Je suis un futur entrepreneur en location de voitures.

– Bah, de toute façon, reprit-elle en reposant le pot, c'est moi le rébus enveloppé dans le mystère au sein de chépaquoi.

Étant donné que j'étais en train de jouer aux cartes avec une gamine de onze ans, dans une serre, attendant que notre ami conclue sa rupture matinale devant une assiette de pancakes, pour pouvoir parler du troisième lieu sur cinq où mon défunt père voulait que l'on disperse ses cendres, je me dis que nous étions tous des rébus enveloppés dans des mystères au sein de chépaquoi.

Coco s'enfonça dans son siège et, en quelques minutes, acheva sa troisième victoire écrasante contre moi.

– Je n'arriverai jamais à te battre, tu es au courant ?

Elle sourit et distribua les cartes une quatrième fois.

– Je sais.

– Bon, et si tu me disais où est allée Mad ?

Elle ouvrit ses cartes en éventail et même si je n'avais jamais eu de sœur, c'était, selon moi, exactement le genre d'interaction que l'on pouvait avoir avec une sœur. Un comportement légèrement pénible, combiné à des facéties légèrement hilarantes.

– Écoute-moi bien, Victime. Je suis du Queens, OK ?

– Tu l'as déjà dit.

– Dans le Queens, on ne se raconte pas de bobards, OK ?

– OK.

– Alors voilà la vérité : je ne sais pas où est allée Mad. Mais elle va revenir. Elle revient toujours.

– Tu veux dire qu'elle l'a déjà fait ?

Le vinyle d'Elton s'arrêta. Coco bondit de sa chaise pour escalader le canapé. Elle retira Elton John de la platine et le remplaça par un vieux disque de Sugarhill Gang.

– Relax, Vic. On a tous nos trucs, tu vois ? Mad, elle lit *Outsiders*, elle raconte des histoires qui déboîtent et parfois elle s'en va. C'est un de ses trucs. Mais elle revient toujours.

Coco revint à table, reprit ses cartes et se remit à me fixer.

– T'as des dix ? Pas d'entourloupe.

Enfouis-moi dans les briques fumantes de notre premier baiser.

Nous restâmes dans la onzième allée de Foodville à disséquer l'indice une bonne heure au moins. Baz arriva directement de son rencard matinal, visage impassible, stoïque, en camouflage émotionnel. Impossible de savoir comment s'était passée la rupture, ni si l'affirmation de Coco concernant le pouvoir apaisant des pancakes se vérifiait ou non. Pour ma part, je n'avais pas été impliqué dans beaucoup de ruptures, étant donné qu'une rupture nécessitait d'avoir été au départ avec quelqu'un.

Jusque-là, je n'avais pas tellement eu l'occasion d'être au départ avec quelqu'un.

Mais bon, hein.

J'avais un surMets de la mort et une coupe de cheveux « cool mais pas au sens traditionnel du terme » jadis arborée par le jeune et magnifique Rob Lowe, donc tout allait bien.

Nzuzi nous rejoignit aussi et Coco et Baz firent comme si sa courte absence de ce matin n'avait rien d'inhabituel, mais je ne pouvais m'empêcher de me poser des questions sur le timing de son départ, si proche de celui de Mad.

Après un séchage total sur le troisième indice, Baz suggéra de passer au quatrième : *Noie-moi dans notre puits aux souhaits.*

– Le centre commercial, non ? dit Coco.

Nzuzi claqua une fois des doigts.

– Quoi ? demandai-je.

– Il y a un puits aux souhaits là-bas, je crois ? Dans l'espace restauration.

Je n'avais pas le moindre souvenir d'un quelconque puits dans l'espace restauration du centre commercial, ni aucune idée sur la signification d'un tel endroit dans la vie de mes parents. Au final, je n'avais pas d'autre alternative que de me convaincre que Papa et Maman devaient avoir vécu un moment spécial (dans un centre commercial à la con) dont je n'avais jamais eu connaissance. Perplexe, je finis par accepter que oui, peut-être, le centre commercial était une possibilité.

Alors nous nous mîmes en route.

Nous fîmes un rapide crochet par *White Manna*. Coco étant interdite d'entrée pour une durée illimitée, j'attendis dehors avec elle pendant que Baz et Nzuzi commandaient. Ils ressortirent avec un sac de hamburgers de classe internationale que nous partageâmes sur les deux kilomètres qui nous séparaient du centre commercial. (Baz ôta le pain de ses burgers, en accord avec sa philosophie anti-pain.)

Avant, j'admirais ces jeunes comme j'admirais *La Danse*, de Matisse : ils étaient fantastiques, mystiques, et même s'ils étaient bien réels, je ne pouvais pas me contenter de sauter dans leur tableau. Je pouvais les observer, m'interroger à leur sujet, imaginer comment ils étaient. Mais je ne pouvais pas les *vivre*. À présent, j'y étais, je vivais *La Danse* depuis l'intérieur du cercle – *dans* leur tableau. Mais il était incomplet. Sans Mad, c'était comme si je lui avais simplement pris sa place dans la Danse. Ce qui me posait un vrai problème, étant donné que j'avais atrocement envie de danser avec elle.

Le trajet à pied fut particulièrement violent : même sous le bonnet bleu, ma Sodapop cinématographique avait du mal à s'acclimater à la température.

Et je manquai de me faire écraser par un assez gros camion de marchandises.

Voici ce qui se passa : j'aperçus Roland (la brute aux chaussures dépareillées) et sa petite bande sur le trottoir d'en face. Avant qu'ils nous voient à leur tour, je suggérai aux autres un petit détour par une ruelle. Baz accepta et, au moment où j'allais traverser pour pénétrer dans la ruelle, il m'attrapa par le sac à dos pour m'écarter du trajet d'un camion de marchandises qui passait.

– De rien, dit Baz quand je le remerciai. Dr James L. Conroy dit que l'une des choses les plus importantes dans l'écriture, c'est d'accroître les enjeux.

– C'est le type qui a écrit un livre sur comment écrire un livre, c'est ça ?

– Lui-même. Et le fait que tu manques de te faire écrabouiller par un camion de marchandises, ça accroît assurément les enjeux.

Il en rigola tout le temps de la traversée. Je le suivis en épongeant mes fuites et en me demandant s'il était possible de se sentir absolument à l'aise en compagnie de quelqu'un qui voyait toujours tout sous un angle littéraire.

Arrivés au centre commercial, nous étions gelés jusqu'aux os. Sans enlever nos manteaux, nous nous dirigeâmes droit vers l'espace restauration. Un gamin me pointa du doigt en demandant à sa mère ce qu'avait mon visage. Voilà. Le courage des gamins. Mes yeux tombèrent instantanément sur mes boots. J'aurais voulu dire des tas de trucs, ce que Papa me disait pour me réconforter après ce genre de remarques, des comparaisons avec Matisse, la beauté de l'asymétrie, et tout le reste. J'aurais voulu dire des tas de trucs à ce gamin.

Mais je ne dis rien.

Alors, soudain – un miracle – les bras de *La Danse* apparurent.

1. Baz passa un bras autour de mes épaules.
2. Coco passa un bras autour de ma taille.
3. Nzuzi jeta un regard noir au gamin et à sa mère.

– Les gens sont des blaireaux, chuchota Coco à mon oreille. Et je te dis ça, alors que je viens du Queens.

Les larmes menacèrent de couler, mais c'était un bon genre de larmes. Nous marchâmes comme ça, bras dessus bras dessous, en ne dépassant pas moins de quatre stands proposant de goûter gratuitement à des charcuteries aux odeurs bizarres, plantées sur des cure-dents. Personne, pas même Coco, n'accepta.

✕

Tout comme au Petit Salon et puis aux Palisades, un sentiment palpable d'anticipation flottait dans l'air. Contrairement à ces derniers lieux, en revanche, l'anticipation semblait construite de toutes pièces. Pour commencer, le puits aux souhaits était une abomination capitale. Planté au milieu de l'espace restauration, c'était un arrangement minable de carrelage turquoise et d'enduit blanchâtre et rugueux. Le bassin devait faire trois mètres de diamètre et en son centre, une eau brouillée dégoulinait d'un robinet par la bouche, les oreilles, les naseaux et le postérieur d'une… – le penseur de cœur qui était en moi avait du mal à en croire ses yeux – licorne.

– Qu'est-ce que c'est que cette grosse mercredi de mercre… ?

– Coco…

– Non mais, Baz, sérieusement. Ce truc a l'air d'avoir, genre, une diarrhée surhumaine de l'espace. Eh, wahou ! Il y a des gens qui jettent du *vrai* argent dedans ! Vous y croyez, vous ?

Nzuzi claqua deux fois des doigts.

La vitesse à laquelle Coco changeait de sujet me donnait le vertige. Nzuzi semblait être le seul à parvenir à la suivre.

– Les gens… chuchota Coco en secouant la tête. Quelle bande de blaireaux.

Nzuzi claqua une fois des doigts.

Baz inclina la tête vers mon sac, et même si tout ça ne me disait rien qui vaille, c'était maintenant ou jamais. Je pris une pincée de Papa.

Je savais rationnellement que même si nous n'étions pas au bon endroit, même si, plus tard, nous découvrions que Papa parlait d'un autre puits aux souhaits, je pourrais toujours l'y disperser aussi. Ce n'était pas comme si je manquais de cendres. Il restait, littéralement, plein de Papa. Mais l'irrévocabilité de le mettre au *mauvais endroit pour toujours* – et surtout dans *ce* mauvais endroit – me rendait malade.

Parce que Papa ne reposerait pas en paix.

Il reposerait en *pièces.*

La corne de la licorne pointait droit sur ma poitrine. J'essayai d'imaginer mes jeunes parents heureux ici, se moquant de cette licorne débile. Je voulus laisser cette image prendre racine dans mon âme, une nécessité pour pouvoir barrer ce lieu sur la liste de Papa avec l'esprit libre.

– Noie-moi dans notre puits aux souhaits, dis-je.

– Noie-moi dans notre puits aux souhaits, répéta Coco.

– Noie-moi dans notre puits aux souhaits, dit Baz.

Au moment où j'allais jeter les cendres de Papa entre les sabots de la licorne, Nzuzi claqua deux fois des doigts. À l'écart de la monstruosité turquoise, il désigna quelque chose.

Coco s'approcha.

– Euh… Victime ? Il est mort quand, ton vieux ?

– Le 2 décembre 2013. Pourquoi ?

– « Bienvenue au Puits commémoratif Barbara Tetterton, érigé en mai 2014. »

…

…

Coco toussota et tapota le dos de Nzuzi.

– Ben purée, c'était carrément moins une. Bien joué, Zuz.

Je sentis Papa au creux de main. J'avais été si près de le jeter dans cette monstruosité kitsch pour toujours et à jamais. Le silence s'abattit un moment sur nous tandis que nous observions l'incroyable licorne phallique et l'eau qui se déversait de tous ses orifices. De manière très appropriée, elle était le cœur de cet espace restauration qui pompait dans ses veines la malbouffe, poulet en sauce et vieux sandwich.

Ce centre commercial était un sacré câlin latéral.

Coco dit :

– Je me demande ce qu'il faut faire de son vivant pour que le centre commercial du coin construise une licorne explosive en votre honneur. Barbara Tetterton, le plus gros rébus enveloppé dans un mystère au sein de chépaquoi du monde.

Nzuzi claqua une fois des doigts.

Je me sentis tout à coup très las. Plus que le manque de sommeil, c'était l'impression d'une journée gâchée, et la perspective d'autres journées gâchées, qui me faisait mal aux os, au cœur et au cerveau. Je remis Papa dans l'urne, remis l'urne dans le sac et suivis les autres. Sur le chemin de la sortie, Coco n'accepta pas moins de quatre échantillons gratuits de charcuterie aux odeurs bizarres, plantés sur un cure-dent.

MAD

Baz dormait profondément, sa poitrine se soulevait et s'abaissait à un rythme paisible et régulier. Il serrait dans ses bras une batte de baseball, comme si c'était un bébé. Zuz ronflait, mais ça ressemblait plus à des grésillements de radio. Coco était dans sa position de sommeil habituelle : la figure contre le sac de couchage, fesses en l'air, les jambes repliées sous la poitrine.

Je me glissai jusqu'au canapé pour observer Vic. Il avait ses écouteurs, et même s'il était manifestement endormi, ses paupières étaient mi-closes, comme une porte de garage bloquée. On voyait le bas de ses iris, ce qui me donna envie de m'asseoir et d'attendre qu'il entre en phase de sommeil paradoxal, juste pour voir à quoi ça ressemblait.

Mais il y avait une chose qui ne pouvait pas attendre.

Je retirai l'un de ses écouteurs et regardai ses pupilles se dilater alors que les portes de garage terminaient leur ascension.

– Comment tu fais ça ? murmurai-je.

– Comment je fais quoi ?

Les ronflements de Baz s'arrêtèrent brusquement.

Je m'immobilisai, un doigt sur la bouche. Baz se retourna et serra un peu plus la batte contre lui. Il prit une grande inspiration, la retint une seconde, et au moment où je crus que tout allait bien, il se mit à marmonner. Ça arrivait de temps en temps, que Baz parle dans son sommeil, toujours dans une autre langue, mais je n'avais pas besoin de comprendre les mots pour entendre la terreur dans sa voix.

Je ne sais pas à quoi il rêvait, mais ça le terrifiait, et moi avec.

Il finit par se calmer, et quand ses ronflements reprirent le dessus, je susurrai à l'oreille de Vic :

– Suis-moi. Prends ton sac.

Vic rangea son iPod, enfila son manteau et me suivit jusqu'à la porte. Si je devais être honnête avec moi-même, il fallait bien avouer qu'il m'avait manqué. Juste un peu. Le surMets, les gouttes pour les yeux, sa façon de regarder tout le monde exactement de la même manière, comme si toute l'humanité était sur un pied d'égalité. Enfin… oui. Il m'avait manqué.

Le froid et le silence régnaient à l'extérieur. Nos chaussures foulèrent doucement le bois du pont avant de passer sous le grillage. Devant le cimetière, je pensai aux heurts, aux milliers de lumières rouges et à l'inévitabilité des unités correspondantes.

– On va à l'ancienne maison de tes grands-parents, l'informai-je.

– D'accord.

– Tu as dit qu'ils vivaient dans le coin. Ça m'a donné une idée.

Vic trottina pour me rattraper.

– Quelle idée ?

– Tu verras.

Il me suivit sans rien dire. Je ne sais pas à quoi je m'attendais… une question ou deux, peut-être. J'avais pensé qu'il me demanderait au moins comment je savais quelle direction prendre. Mais il ne dit pas un mot et garda la tête baissée.

Je passai mes cheveux d'un seul côté en marchant. Je m'en étais beaucoup plus occupée ce soir que d'habitude. Le rasage, le bonnet, la longueur… mes cheveux n'avaient pas tellement besoin qu'on s'occupe d'eux, et tant mieux parce que l'entretien ne m'intéressait pas plus que ça. Mais… oui, pour une raison que j'ignorais, ce soir-là… je les avais entretenus.

Je jetai un regard en coin à Vic en me demandant s'il avait remarqué, et plus important, en me demandant pourquoi je m'en souciais. Je m'allumai une cigarette.

– Tu ne devrais pas fumer, tu sais, dit-il, exactement comme la fois au bord de l'eau avec Harry Connick Jr Jr et l'opéra étourdissant.

Tire.

Souffle.

Réchauffe.

– C'était quoi le morceau que tu m'as fait écouter l'autre fois ? demandai-je. La dernière fois que tu m'as soûlée parce que je fume, je veux dire ?

– Le *Duo des fleurs*. C'était le préféré de mon père. C'est le mien, maintenant.

C'est le mien, maintenant. Plus que sa chanson préférée, on aurait dit qu'il l'avait gagnée. Ce truc lui appartenait, dans sa totalité.

– Ma chanson préférée s'appelle *Coming Up Roses*, dis-je. D'Elliott Smith. Tu la connais ?

– Non.

Décevant, mais pas surprenant. La musique, c'est plus que subjectif : c'est imprévisible. C'est le navire qu'un marin aperçoit à l'horizon, tandis qu'un autre non.

Le Madifeste disait : *Fumer dans le froid fait ressortir l'existentialiste qui est en vous.*

– C'est drôle, cela dit, dit Vic.
– Quoi donc ?
– Que nos deux chansons aient une fleur dans leur titre.

Les semelles de nos chaussures s'enfonçaient doucement sur le trottoir dans la nuit des rues de New Milford. Notre respiration marchait avec nous, un souffle libérait un petit morceau d'âme dans l'air, une inspiration aspirait un petit morceau de cœur dans nos gorges – souffle, inspire, souffle dans la nuit froide.

– À quoi rêvait Baz, à ton avis ? demanda Vic, tranchant le silence frissonnant.
– Aucune idée. Pas sûre de vouloir le savoir.

La rivière Hackensack sur notre gauche était invisible, mais nous sentions sa présence. Comme un feu lointain, elle se rappelait à nous dans les odeurs, dans les bruits, dans l'air qui semblait être un nuage. Et puis, Vic s'arrêta, et je m'arrêtai, et nos yeux se croisèrent. Un calme nouveau envahit l'air froid. Je n'avais pas la moindre idée de ce qui se passait.

– On y est, murmura-t-il.

J'écrasai mon mégot par terre en regardant autour de moi.

– Ah. Oui.

Un petit pavillon aux murs marron et bordures de brique se dressait devant nous. Une fenêtre éclairée et un mince filet de fumée qui s'échappait tranquillement de la cheminée constituaient les uniques signes de vie à l'intérieur. Même dans le noir, on voyait que son entretien avait été négligé au fil des années : à chaque coin les gouttières pendaient comme des bras ballants, et tout, de l'énorme arbre à l'agonie sur la pelouse jusqu'à l'éclairage tordu sous le porche, venait confirmer l'atrophie architecturale du lieu.

– Tu te demandes sûrement pourquoi je t'ai amené ici, dis-je.

J'attendis une fraction de seconde, mais Vic ne réagit pas. J'aurais aussi bien pu être en train de lui montrer une vieille brosse à dents, ou un de ces faux certificats qui garantissent l'authenticité de l'autographe d'une célébrité.

– Donc, repris-je, j'ai pensé à ce troisième indice. *Enfouis-moi dans les briques fumantes de notre premier baiser*. Au Napoleon, tu as dit que tes parents s'étaient mis ensemble jeunes, non ? Tu as dit « ridiculement jeunes ». Donc, s'ils se sont embrassés pour la première fois au lycée, ce n'est pas comme s'ils avaient un endroit où aller ni rien, ce qui signifie qu'il existe une bonne chance pour que ça se soit passé chez leurs parents. Et quel genre de briques fument ?

Je désignai la cheminée qui s'effritait et ses petites volutes de fumée sur le toit.

– Ça aurait pu se produire au lycée, rétorqua Vic. Ou en… colo, ou autre.

– Peut-être. Ou peut-être que ça s'est passé ici. Peut-être là-haut, sur ce toit.

La vérité c'était que j'avais un plan, un plan dans lequel j'expliquais les détails de mon raisonnement à Vic, ses yeux brillants devenaient encore plus brillants, il me remerciait profusément de mes déductions géniales et j'inclinais la tête en touchant le bord de mon bonnet.

– Comment tu as su où ils habitaient ? demanda Vic.

Au fond de ses yeux, je lus une autre question : *Où étais-tu ?*

– J'ai fait des recherches.

– Genre Google ?

Je ne répondis pas.

– Qui vit ici maintenant ? demanda-t-il en se tournant vers la maison.

– Une vieille dame. Elle est sourde comme un pot.

– C'est Google qui t'a dit ça ?

Je poussai un soupir. J'aurais bien voulu revenir quelques minutes en arrière pour recommencer toute cette explication.

– J'ai fait semblant de vendre des magazines.

– Hein ?

– J'ai frappé à sa porte, j'ai fait semblant de vendre des abonnements à des magazines. J'ai sonné une douzaine de fois, elle n'a rien entendu. J'ai failli défoncer la porte en frappant avant qu'elle réponde. On ne risque pas de se faire prendre. La seule question, c'est comment on monte là-h…

Vic posa un pied sur la pelouse.

– Vic, attends.

Mais il traversa la neige d'un pas décidé jusqu'à l'énorme arbre aux branches pourries qui ployaient sous le poids de l'hiver cruel. Il resserra les bretelles de son sac comme s'il s'attaquait à la façade d'une gigantesque falaise dans l'intention de l'escalader, la vaincre, la gagner. D'un mouvement incroyablement leste, il bondit pour s'accrocher à la branche la plus basse, se hissa dessus à la force de ses bras comme un super-héros mince et agile. Je gardai un œil sur la fenêtre éclairée en priant pour que la vieille dame soit aussi sourde que ce matin, avant de me précipiter vers l'arbre. Vic continuait son ascension à quatre ou cinq branches au-dessus. *Faites qu'il ne tombe pas, faites qu'il ne tombe pas,* me répétai-je sans cesse.

– Vic ! m'exclamai-je dans un murmure. Fais *très* attention, OK ?

Après un dernier coup d'œil vers la fenêtre, j'attachai mon manteau autour de ma taille et me hissai à mon tour, branche après branche, avec une aisance toute relative. Au-dessus, Vic avait atteint la dernière branche et observait nerveusement le bord du toit, à un bon mètre de distance.

Tout à coup – *comme ça* – il bondit, franchit facilement l'espace et atterrit sur le toit avec un choc sourd. Je soufflai dans mes mains pour les réchauffer et continuai de monter jusqu'à ce que ce soit mon tour de sauter. Regarder quelqu'un franchir un trou d'un mètre à cette hauteur s'avéra bien plus facile que de le faire moi-même. De là où j'étais, ce mètre avait tout l'air de trente mètres.

– Tu n'es pas obligée, dit Vic tout bas, de l'autre côté. En fait. Ne le fais pas, s'il te plaît.

Je pris une inspiration, retins un souffle ému – et sautai.

VIC

En un rien de temps nous découvrîmes une brique lâche dans la cheminée. Puis une autre. Et encore une autre. Mad les sortit une à une et, à chaque fois, j'eus un petit coup au cœur. Les briques révélèrent un espace d'au moins trente centimètres carrés, comme une cave miniature.

Et dans cette cave : une boîte.

Elle était là comme si c'était sa place, comme si, à force de vivre parmi les briques, elle avait fini par croire qu'elle était une brique. Je la sortis de la cheminée en évitant de penser aux rêves qu'avaient pu avoir mes parents la dernière fois qu'ils l'avaient touchée.

Enfouis-moi dans les briques fumantes de notre premier baiser.

Soudain, la boîte se mit à ressembler à un cercueil.

Je posai mon sac sur le toit et la boîte en fer, délicatement à côté de moi. Mad s'assit de l'autre côté de la boîte.

C'était une boîte minuscule. *Ergo* Mad s'assit de cette façon :

1. Extrêmement proche.
2. Les genoux sous le menton.
3. Coupe de punk inclinée dans ma direction. (J'avais envie de poser la main sur le côté rasé de son crâne pour caresser sa peau. À mort. Je ne sais pas du tout pourquoi.)
4. De l'autre côté de sa tête, ses cheveux blonds tombaient en vagues. Ils étaient différents – pas nécessairement mieux ou pires. Simplement un peu plus… conscients de leur existence, ou quelque chose dans ce goût-là. Ils cascadaient sous son menton et s'écrasaient à peine à trente centimètres de ses Nike peinturlurées. Je voulais me laver dans ces cheveux. Ces cheveux pouvaient me purifier.
5. Les yeux scintillant littéralement au clair de lune, des yeux si gris qu'ils redéfinissaient le monde.

– Je ne compte pas t'embrasser ni rien, précisa Mad.

Je suis un futur entrepreneur en location de voitures.

– Quoi ? dis-je.

– Tu me regardes comme si tu croyais que j'allais peut-être t'embrasser. Je ne vais pas t'embrasser.

Je déglutis avec difficulté en me concentrant sur ma réponse bi-syllabique.

– D'accord.

– Enfin… je ne sais pas si c'était ce que tu attendais ou non.

– Non.

Elle acquiesça.

– Il y a des garçons qui croient que je suis ce genre.

– Je n'ai pas cru que tu étais ce genre.

– Mais tu ne me connais pas.

Même si ça tranchait comme un couteau, je me surpris à être satisfait. Mad avait une façon de parler si réfléchie, je parvenais presque à en entendre tout le mécanisme : ses lèvres, sa langue et ses dents qui opéraient ensemble. Elle parlait si doucement, toutes ces petites phrases, juste pour moi. Les yeux, les phrases, les cheveux – toutes les pièces qui constituaient l'unité Mad me stupéfiaient. Elles étaient entrées dans mon cerveau pour s'installer confortablement dans des fauteuils, comme chez elles.

– Mad, je te connais suffisamment pour savoir que tu n'irais pas embrasser n'importe qui sur un coup de tête.

Elle sourit et je me sentis réchauffé de l'intérieur.

Je baissai les yeux sur la boîte et me sentis refroidi de l'intérieur. Le corps humain est une machine mystérieuse, capable de ressentir une quantité extraordinaire d'émotions – souvent contradictoires – en même temps. Mais tout comme les coïncidences, ce n'est pas aussi improbable qu'il y paraît. Étant donné que nous sommes des êtres complexes, les probabilités mathématiques qu'une seule unité vive des choses multiples sont assez élevées.

Papa parlait de ça tout le temps.

Il appelait ça les extrêmes contraires simultanés.

…

…

Mad jeta un coup d'œil à la boîte en fer entre nous, fit ce geste de rejeter ses cheveux pour les passer du côté à son dos, et se mit à chanter :

– « *I'm a junkyard full of false starts; and I don't need your permission to bury my love under this bare lightbulb*[1]. »

– Ça vient d'où ? demandai-je.

…

– Ma chanson préférée. *Coming Up Roses.*

Elle chanta encore un peu, alors que mon absence de cerveau et de pensée de cœur se généralisait.

J'étais dans tous mes états.

– J'aime bien, dis-je.

La tête levée vers la lune, elle chanta d'une petite voix mielleuse et je fus transporté dans un autre monde, où les enfants étaient gentils, où personne ne montrait jamais du doigt et où tout le monde dansait, restait éveillé jusque tard à se raconter des histoires, boire du chocolat chaud avec des marshmallows, et vivait dans des serres remplies d'amis uniques.

– « *While the moon does its division,* chantait Mad, *you're buried below. And you're coming up roses everywhere you go*[2]. »

Elle posa la main sur la boîte entre nous.

– C'est qui le chanteur, déjà ? demandai-je, les yeux sur sa main en essayant de rassembler mon courage pour la toucher.

– Elliott Smith.

Allez, Benucci. Sois le Cheval de course. Dans un élan de courage peu commun, je tendis la main vers la boîte… au moment où Mad retirait la sienne.

---

1. « Je suis une décharge pleine de faux départs; et je n'ai pas besoin de ta permission pour enterrer mon amour sous cette ampoule nue. »
2. « Alors que la lune opère sa division, toi tu es enterrée en dessous. Et les roses s'épanouissent où que tu ailles. »

Telle était la volonté du monde.

Ses chaussures dérapèrent sur les tuiles quand elle glissa vers la cheminée pour s'y adosser, genoux sous le menton, face à moi. J'observai toutes ses pièces se mouvoir comme un tout, en me disant que certaines machines étaient plus mystérieuses que les autres.

– Alors, dit la machine la plus mystérieuse. Comment tu fais pour dormir avec les yeux ouverts ?

Je regardai encore la boîte qui semblait bousculer l'ordre des choses, comme une troisième personne avec nous sur ce toit. Notre conversation était sporadique, même pour moi. Parler, puis réfléchir, puis ne plus parler, puis chanter.

Je regardai Mad dans les yeux.

– On se pose toutes les questions maintenant ?

– Que veux-tu dire ?

– Je veux dire que depuis le début on répète qu'on ne va pas poser telle ou telle question, mais…

– Certes.

– Certes. Donc. Est-ce qu'on pose toutes ces questions maintenant ou pas ?

– Pourquoi pas. Allons-y.

– Bien. On fait un échange.

– C'est-à-dire ?

– On fait un échange. De questions. Mais chacun doit accepter la question avant de donner la réponse.

– D'accord. C'est quoi ta question ?

Les yeux de Mad souriaient étrangement. Elle savait ce que je voulais lui demander, je voulais savoir où elle était allée, pourquoi elle était partie. Et je crois qu'elle me l'aurait dit. Mais j'avais le sentiment que même si elle avait accepté de me le dire, elle n'en avait vraiment pas envie. Et je ne voulais certainement pas me comporter comme ça avec Mad. Je ne voulais certainement pas être celui qui la forcerait à faire ce qu'elle ne désirait pas.

Je voulais que ses envies restent intactes.

– À part à cause du vortex de Hinton, dis-je, pourquoi aimes-tu *Outsiders* à ce point ?

Le sourire dans ses yeux se modifia. C'était un sourire qui disait merci.

– Tu acceptes la question ?

Elle acquiesça.

– Oui. En échange, tu me diras comment tu fais pour dormir les yeux ouverts ?

– Oui. Mais toi d'abord.

Mad passa les dix minutes suivantes à parler d'*Outsiders*. Pas de théories, pas d'analyses. Uniquement, purement et simplement un enthousiasme de fan. Au clair de lune, j'observai ses lèvres qui remuaient avec une élégance discrète tandis qu'elle faisait l'éloge de l'histoire, des personnages et du cadre. Apparemment, les meilleurs personnages dans *Outsiders* plaçaient la loyauté avant tout. Et je me rappelais ce qu'avait dit Coco. Si le « truc » de Mad, c'était de partir, son autre truc, c'était de revenir. Alors je me dis que, peut-être, pour Mad, la loyauté c'était de revenir. Elle récita ses phrases préférées dont l'une parlait d'être si réel qu'on en effrayait les gens. Mad voulait être réelle comme ça. Je comprenais, je crois. Durant nos nombreuses conversations sur l'art, Papa me demandait toujours de regarder au-delà du « joli », comme il disait. Il m'avait appris que le plus important n'était pas la beauté, mais ce qui stimulait la beauté, ce qui frémissait juste en dessous de la surface. *Ne regarde pas les couleurs qui sont là, Vic*, disait-il en me montrant divers tableaux de Matisse dans mon livre. *Regarde les couleurs qui n'y sont pas.* Papa appelait ça « le frémissement sous la surface », selon lui on le trouvait dans les livres, dans la musique, dans l'art et dans à peu près tout. À écouter Mad décrire la réalité terrifiante des personnages de son livre, je me dis qu'elle devait probablement comprendre le frémissement sous la surface.

Ses cheveux cascadaient, ses lèvres éclaboussaient, son cœur chantait. Elle parla des joies de la fiction et du plaisir de se noyer *dans* la fiction et je m'imaginais me noyer avec elle. Je voulais faire partie de tous ces trucs qui étaient ses trucs.

Je voulais aller à Singapour et l'emmener avec moi.

...

Je voulais ses lèvres...

Simplement les goûter. Poser mes lèvres sur les siennes, tout autour des siennes. Je voulais mettre ma langue aussi. Je voulais sentir sa bouche mouillée et les bords tranchants de ses dents. Je n'avais jamais embrassé personne. Pour des raisons du genre fuites et yeux secs, embrasser était difficile. Pour des raisons du genre sourires compatissants aussi. Et aussi, pour des raisons du genre ado sur le pont. Mais bon sang. J'en avais envie. Avec Mad, j'en avais vraiment envie.

– D'accord, à ton tour, dit-elle. Comment tu fais pour dormir les yeux ouverts ?

Je sortis mon mouchoir pour essuyer mes fuites.

Sur le trottoir d'en face, un lampadaire éclairait un pick-up garé dans une allée. Il avait l'air isolé, seul en scène. À la bordure du cercle de lumière, sur la pelouse, se tenait un nain de jardin. Seul dans le noir.

– « L'expression, pour moi, ne réside pas dans la passion qui éclatera sur un visage ou qui s'affirmera par un mouvement violent. »

...

– C'est une citation ? demanda Mad.

– Henri Matisse.

Elle acquiesça comme si c'était parfaitement logique, comme si, bien sûr, cette citation de Matisse expliquait comment je faisais pour dormir les yeux ouverts. Ce n'était pas le cas, mais pour une raison qui m'échappait, chaque fois que je pensais au fait d'avoir Moebius, je pensais à cette phrase. Et je n'en aimais que plus Matisse. Elle cristallisait en fait mon opinion selon laquelle nous – vous savez, Matisse et moi – aurions été bons amis.

– J'ai le syndrome de Moebius.

Alors, je plongeai dans ces mots que j'avais lus, ces mots que j'avais entendus, ces mots que j'avais pensés... sans jamais les dire tout haut. Menton sur les genoux, assise contre les briques, Mad m'écouta avec attention.

– C'est un trouble neurologique congénital rare qui entraîne une paralysie faciale, dis-je. Ça touche entre deux et vingt personnes sur un million à peu près, donc... je suis quelqu'un de chanceux. Mais il y a beaucoup de gens qui ont des formes plus sévères de Moebius. Certains ne peuvent pas du tout bouger leur bouche. D'autres ont des problèmes aux mains, aux bras ou aux pieds. J'ai de la chance. Dans un sens.

Je levai le mouchoir orné du monogramme de Papa.

– J'ai du mal à déglutir. Je ne peux pas sourire. Je ne peux pas bouger les yeux sur les côtés. Je ne pleure qu'en de rares occasions. Je ne peux pas cligner des yeux, ce qui me les assèche à un point pas possible, d'où la Visine. J'ai fait de l'orthophonie quand j'étais petit, ça m'a beaucoup aidé. Avant ça, on avait du mal à comprendre quand je m'exprimais. Je ne peux pas fermer les lèvres autour du bord d'un verre, donc j'ai dû m'entraîner pour boire sans en mettre partout. Et pour répondre à ta question, je ne peux pas fermer les paupières quand je dors. Enfin pas entièrement. Il existe des opérations chirurgicales pour résoudre ça, mais... je ne sais pas. J'ai toujours été comme ça.

Parfois, on dit la vérité et tout va mieux. D'autres fois, la vérité reste suspendue dans les airs comme un nuage de brouillard autour de jolis mensonges. J'espérais que Mad puisse me voir à travers le brouillard. J'espérais qu'elle entende la vérité, qu'elle voie que j'essayais d'être vrai avec elle – aussi réel que le plus réel des personnages d'*Outsiders*. Alors que j'étais en train d'espérer tout ça, Mad s'écarta de la cheminée pour poser les genoux sur les tuiles devant elle. Elle avait ce regard, comme si... je ne sais pas... comme si elle en voulait plus. Mais qu'elle était quand même satisfaite. Avide. Téméraire. Sauvage. Contentée. Heureuse. Triste.

C'était un regard d'extrêmes contraires simultanés. Je voulais vivre dans ce regard. C'était un regard qui m'absorberait entièrement si je le laissais faire.

– Tu comptes ouvrir ce truc, ou quoi ? demanda-t-elle en saisissant la boîte.

– C'est ta question suivante ?

– Oui.

Je souris avec les yeux en espérant qu'elle le remarque.

– J'accepte ta question.

Elle me tendit la boîte.

– Et toi, c'est quoi ta question suivante ?

– Je veux une photo de toi, dis-je sans hésitation. Sans personne d'autre dessus.

Elle plissa les yeux.

– Ce n'est pas une question.

– Est-ce que je peux avoir une photo de toi ? Sans personne d'autre dessus ?

– Ça fait deux questions. Et la deuxième est plutôt…

Elle s'interrompit, poussa un soupir et me dévisagea. Encore. Et encore.

– Quoi ? demandai-je.

– Rien.

– Quoi ?

Je décelai un sourire sur son visage pourtant impassible. Et je fus content de ne pas avoir encore ouvert la boîte.

– Repose ta question, dit-elle en se rapprochant.

Si près que je sentais son souffle sur mon nez. Si près que je sentais certains influx nerveux dans les régions inférieures de mon corps, un renflement dans le canon de pont de mon USS *Ling*.

– Est-ce que je peux avoir une photo de toi sans personne d'autre dessus ?

…

…

– J'accepte de répondre à ta question. Mais toi d'abord, dit-elle en tapotant la boîte sur mes genoux. Sésame, ouvre-toi.

Le cœur battant la chamade, j'appuyai sur le loquet pour ouvrir la boîte. À l'intérieur, il y avait un paquet de cigarettes. Inutile d'être un grand fumeur pour se rendre compte qu'elles étaient très vieilles.

– Malin, dit Mad en sortant le paquet.

– Qu'est-ce qu'il y a de malin ?

– Enfouis-moi dans les briques *fumantes* de notre premier baiser. (Elle désigna la cheminée puis prit une fine cigarette.) Double sens. Je peux ?

Je lui pris le paquet.

– Je ne savais pas que mes parents fumaient.

Mad alluma la cigarette antique, inspira et s'étrangla.

– Oh la la, elles sont horribles.

Je reposai la boîte pour prendre l'urne dans mon sac. Je sortis une pincée de Papa, que je fourrai dans le paquet de cigarettes quasiment vide. Après réflexion, j'en pris une deuxième pincée que je jetai dans la cheminée.

– Je pare à toutes les éventualités, dis-je en me rasseyant exactement au même endroit.

Je voulais me rapprocher d'elle, mais j'étais un câlin latéral et mon triste fardeau existentiel consistait à rester un gros lâche.

…

…

– Les souvenirs sont aussi infinis que l'horizon, dit-elle.

Je levai un verre invisible.

– À Sylvia et Mortimer.

Mad leva sa cigarette.

– Que leurs souvenirs demeurent éternellement horizontaux.

Au milieu de nos éclats de rire, le clair de lune – ou peut-être Mad – me donna envie de dire quelque chose. Alors je le dis. J'invoquai des mots tout nouveaux, des mots simples, et les jetai dans l'air glacial.

– Mes parents me manquent.

– Moi aussi.

– Mon père savait faire rire ma mère comme personne. Maintenant, elle rit comme tout le monde. Frank n'est pas à elle. Ils n'ont pas été faits l'un pour l'autre. Maman dit qu'on ne peut pas baser une relation sur des préférences littéraires, mais elle et Papa aimaient exactement les mêmes bouquins, alors si ça, ce n'est pas une preuve. Cet abruti de Frank ne comprendrait pas vieux-nouveaux même avec les sous-titres. Il adore les haricots verts en boîte. Tu y crois, à ça ? Quel genre d'adulte, majeur et vacciné, adore les haricots verts en boîte ? Ça le tuerait de manger des haricots verts frais une fois de temps en temps ? Et ses gosses sont affreux. Ils ont un groupe qui s'appelle l'Orchestre des Zâmes perdues – Zâmes avec un Z, s'il te plaît. Et ils sont odieusement sournois.

– Dans quel genre ? demanda-t-elle.

– Dans n'importe quel genre. Dans tous les genres. Ils sont sournois dans bien trop de genres pour que je puisse l'expliquer, d'accord ?

– D'accord.

...

Nous regardâmes la lune, le pick-up dormant de l'autre côté de la rue, et le nain de jardin.

...

Mad écrasa sa cigarette et me lança :

– Ça veut dire quoi à ton avis ?

– Ça veut dire quoi quoi ?

– Être un vieux-nouveau. C'est clairement un truc sympa, comme une qualité subtile et indéfinissable.

– Clairement.

– Définissons-la.

J'adorais le fait qu'après avoir mis mon cœur complètement à nu, Mad voulait parler de ça. Elle ne proposait pas de solutions, n'offrait pas d'excuses, pas de pitié. Ce n'était pas parce qu'elle n'écoutait pas, c'était plutôt… parce qu'elle écoutait, justement.

– Toi d'abord.

Elle toussota.

– OK. Alors. Ça veut peut-être dire se sentir vieux mais se rappeler comment c'est d'être jeune.

– Ou d'être jeune, mais de comprendre comment c'est d'être vieux. Comme avoir une âme ancienne.

– Ou alors un état d'esprit utopiste dans lequel on se dit que même après avoir tout vu, tout entendu, tout fait, on peut toujours trouver de la nouveauté quelque part.

– Ou peut-être que ce n'est qu'un nom, dis-je. Sylvia et Mortimer Altneu.

– Sylvia et Mortimer. Vieux-Nouveaux.

– Les extrêmes contraires simultanés.

Mad haussa un sourcil.

– Les contraires quoi ?

Cette fois-ci, je réfléchis bien à ce que j'allais dire. Je voulais être clair.

– Il y a beaucoup de choses qui sont deux choses en même temps.

Je désignai un côté de son crâne, où les vagues déferlaient sur ses genoux.

– Mad a les cheveux longs.

Puis je pointai l'autre côté de son crâne, rasé de près.

– Mad a les cheveux rasés. Tu vois ? Également vrais. Extrêmement contraires. Simultanément.

– Les extrêmes contraires simultanés, répéta-t-elle.

Elle eut un petit éclat de rire qui me donna l'impression que ma mission sur Terre était accomplie.

– Un rébus enveloppé dans un mystère au sein d'une énigme.

– La plus merveilleuse des énigmes, conclut-elle.

Mad se pencha sur le côté, plus près, son visage à quelques centimètres du mien. Elle plongea ses yeux dans les miens et mes entrailles se transformèrent en lave en fusion. Elle me faisait oublier l'inoubliable.

Je ne sais pas.

Je la voulais. Mais pas comme ça. Ou pas *uniquement* comme ça.

Je voulais Mad dans *tous* les comme ça.

Et j'essayais d'imaginer ce qu'elle voyait quand elle me regardait de si près.

– « *While the moon does its division*, chanta-t-elle, *you're buried below. And you're coming up roses everywhere you go.* »

Cette chanson réussissait ce que toute bonne chanson tente d'atteindre. Elle me donnait l'impression qu'elle parlait de *moi*. Mad m'attrapa le poignet. Fort. Mais délicatement aussi. Et je la laissai faire.

Elle le tourna dans sa main pour révéler l'intérieur.

Et je la laissai faire.

Elle remonta ma manche pour découvrir ma peau glacée.

Et je la laissai faire.

Elle regarda mon visage, puis mon poignet, elle examina mes cicatrices, et à la lumière du croissant de lune, elles eurent l'air plus tristes que d'habitude. Irréguliers et incertains, tels étaient mes petits sentiers qui ne menaient nulle part. Les limites de mon seuil de tolérance à la douleur avaient de nombreuses fois été repoussées. Par les ongles, surtout. Le papier cartonné, les cartes de crédit, les cartons… jamais par une lame.

J'y avais pensé, cela dit. De quoi ça aurait l'air, ce que ça ferait.

Mais je m'étais toujours arrêté à la pensée.

– Ta mère est au courant ? demanda Mad.

Sacrée question. Elle visait tout droit, droit jusqu'à ma tête, tout droit jusqu'à tous les endroits qui comptaient.

– Oui, répondis-je. Avant, on parlait de tout. Elle m'a demandé si je me faisais mal volontairement. J'ai dit oui, mais jamais trop fort.

Sans lâcher mon poignet, Mad releva la manche de son manteau.

Elle n'avait pas de petits sentiers. Mais elle avait des bleus. Foncés. Qui ne menaient nulle part.

– Ceux-là sont récents, murmurai-je.

Je ne sais pas pourquoi j'avais murmuré. Il fallait seulement que ce soit murmuré. Si les miens étaient manifestement auto-infligés, les siens ne l'étaient manifestement pas.

– Qui t'a fait ça ?

Elle se contenta de hausser les épaules. J'avais envie de la prendre dans mes bras, de la serrer contre moi. Je n'en fis rien. Nous continuâmes à nous tenir les poignets, à quelques centimètres l'un de l'autre, sous un ciel illuminé, laissant la lune opérer sa division, comme dans sa chanson, laissant tous nos problèmes être enterrés, immergés dans les briques du premier baiser de mes parents, sur le toit de la maison de mes grands-parents jadis très tactiles, à présent défunts, après avoir accompli la troisième tâche sur la liste des volontés de mon père, noyés dans l'effrayante réalité de l'instant.

– Tu peux, chuchota Mad.

– Je peux quoi ?

– Tu peux avoir une photo de moi sans personne d'autre dessus.

Je suis un Super Cheval de course.

- 6 -
LE BUS, LA CLOCHE ET LES DEUX CHAMBRES ROUGES
(ou : ce n'était pas son putain de jus d'orange)

SALLE D'INTERROGATOIRE N° 2
MADELINE FALCO ET INSPECTEUR H. BUNDLE
19 DÉCEMBRE // 18 H 01

– Madeline Falco, dis-je tout haut. Madeline. Madeline. Madeline. C'est bizarre de dire son nom tout haut. On l'entend tellement souvent dans la bouche des autres, mais combien de fois on entend son propre nom prononcé par sa propre voix ?

Bundle fait la grimace, on dirait un petit carlin.

– Madeline…

– Vous voyez ? je l'interromps en pointant le doigt. Là. Je l'entends *tout* le temps. Mais ça sonne différemment quand c'est sa propre voix, c'est moi qui vous le dis. Madeline… Madeline… Mince, c'est bizarre quand même.

– D'accord, c'est bizarre.

– C'est quoi votre prénom, Bundle ?

Il soupire et j'entends presque un *on s'en fout* derrière.

– Herman, dit-il. Herman Bundle.

Je souris un peu.

– Vous voyez ? Alors, c'est comment ?

– C'est comment *quoi* ?

– De dire votre nom à voix haute. C'est cool, non ?

– C'est ridicule.

– Herman Bundle… je répète d'une voix rêveuse. Vous avez une idée de sa signification ?

Il secoue la tête.

– Et le tien ?

– Je ne sais pas ce que veut dire Madeline, mais Mad, ça veut dire fou en anglais, et Falco vient de l'italien. Ça veut dire « faucon ». Ce qui fait de moi un faucon fou. Un vrai nom de super-héros.

Un type roux en costume tout froissé entre dans la pièce avec une tasse de café et un journal.

– Salut, Ron, dit Bundle en mettant l'enregistreur sur pause.

Le fait que ce type s'appelle Ron, qu'il ait ces cheveux d'un roux plus que vif et que son costume ait l'air de ne pas avoir été lavé depuis des semaines, c'est trop pour mon cerveau fan de Poudlard.

– Laissez-moi deviner, dis-je à Ron. Votre père est fasciné par les prises de courant.

Il pose sur moi un regard de perplexité lasse avant de se gratter la tête, et ses cheveux semblent grésiller de partout. Ce type est encore plus un Weasley que Bill. Ou bien était-ce Charlie ? Celui qui est allé en Roumanie étudier les dragons.

Ron se tourne calmement vers Bundle.

– *Quoi qu'il en soit…* J'ai pensé que tu aurais besoin d'un café, ou autre.

L'inspecteur Bundle lève les yeux au ciel et grogne.

Ron s'esclaffe.

– C'est bien ce que je pensais. Je reviens.

Juste avant de sortir dans le couloir, il se tourne vers moi.

– Tu sais que vous puez ? Toi et ton copain là-bas. Vous puez l'œuf pourri.

Après le départ de Ron, Bundle m'adresse un sourire narquois.

– Quoi ?
– Je te l'avais dit.
– Et moi qui croyais que nous étions en train de devenir amis.
– Les amis se disent quand ils puent la merde. Et ils se disent aussi *pourquoi* ils puent la merde.
Je bois une gorgée d'eau.
– Tout doux. Ne gâchons pas la fin de l'histoire.
Je repose le verre et appuie sur l'enregistreur.

(Quatre jours plus tôt)

MAD

– Tu mens, dit Coco, les yeux sur la crème glacée.
Elle se tourna vers Baz, la lèvre inférieure tremblante.
– Il ment, hein ? Pas d'entourloupe.
Baz était trop mort de rire pour dire quoi que ce soit, entourloupe ou non.
– Je ne mens pas, dit Vic. Je l'ai vu dans *60 Minutes*. Ou… sur *CNN* ou je ne sais plus quoi. Dans les listes d'ingrédients, « arômes naturels » ce n'est pas forcément une bonne chose. Le castoréum, par exemple, c'est la sécrétion anale du castor. Dans la nature, ils s'en servent pour marquer leur territoire, mais apparemment ça sent la vanille et la framboise, donc on l'utilise comme…
– Ne le dis pas, intervins-je.
– … additif alimentaire.
Zuz claqua deux fois des doigts.
Très lentement, comme si la poignée du congélateur était reliée à un détonateur, Coco ouvrit la porte. Une brume glaciale nous enveloppa. Elle sortit un pot de menthe-chocolat et passa les ingrédients en revue.

– … « arômes naturels ».

Elle en attrapa un autre, puis un autre et encore un, lisant chaque fois les ingrédients, avec chaque fois un petit gémissement suraigu.

– Euh… Vic ? dis-je. Je crois que tu as cassé Coco.

– C'est impossible, marmonnait Coco, les yeux sur une glace à la cerise.

– Désolé, s'excusa Vic, les yeux sur ses bottes.

Coco claqua la porte du congélateur, au bord des larmes.

– Tout ça c'est de la mercredi, lança-t-elle en croisant les bras. De toute façon, j'en ai rien à faire. J'aime les glaces plus que je hais le secret anal de castor.

– Sécrétion, corrigea Vic.

Plus personne ne put se retenir. J'étais pliée en deux, Baz parvint à s'arrêter de rire pour glisser que cette scène figurerait *définitivement* dans son livre.

Je finis par lever la main.

– D'accord, d'accord. Bon, tout le monde se calme. J'ai des déclarations à faire.

Le Madifeste disait : *Plus on retarde des excuses, plus il est difficile de les présenter.*

Coco, qui m'avait ignorée toute la matinée, me lança un regard noir.

– Je déclare que je me suis comportée comme une idiote de première catégorie la dernière fois, dis-je. Je déclare que, dorénavant, nous serons connus sous le nom de Kids of Appetite car c'est officiellement, irrévocablement et sans appel un nom de gang qui déchire tout, et j'étais suprêmement jalouse du fait que Coco y ait pensé la première.

– Kids of quoi ? demanda Baz.

– Ah oui, c'est vrai, dis-je. Tu n'étais pas là. Coco a décidé de nous appeler les Kids of Appetite.

– Tu ne peux pas… Mad, tu as sauté la déclaration, dit Coco qui se racla la gorge avant de reprendre. Et ils se nommèrent les Kids of Appetite et ils vécurent, ils rirent et ils virent que cela était bon.

Baz semblait retenir un sourire.

– Tu as piqué ça dans la Bible.

– Pas du tout.

– Mais si. *Et Dieu vit que cela était bon.* C'est dans toute l'histoire de la Création.

– Oh, alors il n'y a que Dieu qui a le droit de voir que quelque chose est bon ? Pour info, moi je vois que des trucs sont bons tout le temps, hein. En fait, parfois je vois même que des trucs sont *hyper* bons.

– Je crois qu'on s'éloigne du sujet, coupai-je.

De la poche de mon manteau, je tirai la touche finale de ma déclaration, la cerise sur le gâteau de mes excuses.

– Je déclare que nous, les Kids of Appetite, nous allons fièrement, bruyamment et éternellement porter ces bracelets, car ils sont le signe extérieur de notre transformation intérieure.

Je tendis un bracelet à Baz, puis à Zuz, puis à Coco et gardai celui de Vic.

Deux jours plus tôt, j'avais passé la nuit entière à coudre le coton et broder les trois lettres blanches et simples : KOA. Ils étaient plus larges que la plupart des bracelets, comme des manchettes, dix ou douze centimètres de largeur au moins, suffisamment longs pour couvrir tout le poignet et même un peu plus. C'était un détail crucial. L'idée m'était venue en repensant au jour où j'avais vu pour la première fois les entailles de Vic, sur le pont du chenal au Poisson rouge.

Je tendis le bracelet à Vic en essayant de parler avec mes yeux. *Tiens, ça devrait les recouvrir.* Si je ne pouvais pas soigner ses blessures, je pouvais au moins les dissimuler. Quand il me rendit mon regard, des vagues de frisson me parcoururent exactement comme la veille sur le toit. Je lui souris, passai tous mes cheveux d'un côté, et puis je me tournai vers les autres.

– Je déclare que nous, les Kids of Appetite, sommes une famille.

Les bras de Coco se levèrent vers moi. Je sentis une onde d'air et de cheveux et, sans attendre, elle se serra fort contre moi pour me faire un câlin. On n'entendait pas grand-chose sous les sanglots, mais je suis quasiment certaine qu'elle me remerciait.

Tout le monde enfila son bracelet et Baz leva le poignet.

– Ainsi soit-il.

Coco se mit à taper dans ses mains en psalmodiant en rythme :

– *Kids... of... App-e-tite. Kids... of... App-e-tite.*

Avec Vic, je résumai aux autres ce qui s'était passé la veille : l'accomplissement du troisième élément de la liste et le sens des *briques fumantes*. Nous discutâmes du numéro quatre de la liste – *Noie-moi dans notre puits aux souhaits* – et ils me racontèrent leur excursion infructueuse au centre commercial et la statue de licorne diarrhéique de Barbara Tetterton.

– Au Petit Salon, ils se sont fait une promesse indélébile, dit Baz. Sur le toit, c'était leur premier baiser. Le fil conducteur, c'est que ce sont tous des lieux personnels.

– Qu'est-ce que les Palisades ont de si personnel ? demanda Coco.

– Sylvia et Mortimer Altneu, murmura Vic.

Il leur expliqua la plaque commémorative sur le banc des Palisades, en mémoire des Altneu, et la traduction de Altneu en *vieux-nouveaux*.

– Mes parents disaient qu'ils s'aimeraient jusqu'aux « vieux-nouveaux ». Et regardez, ajouta-t-il en sortant la Lettre d'adieu de son sac. La signature.

Une énergie palpable, que tout le monde semblait ressentir, flottait dans l'air. Comme si la Lettre d'adieu était une carte au trésor et que nous venions de découvrir la croix rouge.

– OK, dis-je. Il faut prendre le problème à l'envers.

– C'est-à-dire ? demanda Baz.

– Au lieu d'essayer de trouver un puits aux souhaits, Vic, est-ce que tu te rappelles d'autres endroits qui auraient une signification spéciale pour tes parents ? Peut-être leur premier rendez-vous, ou le lycée, ou...

– Et là où ils se sont mariés ? dit Coco.

VIC

Coco nous informa qu'elle aurait encore besoin d'environ onze minutes de plus pour choisir son parfum de glace (tant pis pour les *arômes naturels*). Selon elle, cela nous permettrait d'« être quittes », puisque c'était elle qui avait trouvé l'indice.

Ergo Mad sortit fumer une cigarette.

Ergo je la suivis.

Assis tous les deux au bord du trottoir, elle alluma sa cigarette à mon grand désarroi. Je voulais que la Terre garde Mad aussi longtemps que possible. Or, tant historiquement que scientifiquement, ses habitudes de fumeuse contrecarraient mes plans.

– On ne trouvera jamais le puits aux souhaits, tu sais, dis-je.

– Continue dans cet esprit, Victime.

– Ce que je veux dire, c'est qu'on ne va pas le trouver à l'église où mes parents se sont mariés.

– Comment tu le sais ? demanda Mad.

Je lui répondis que ce n'était qu'un pressentiment, mais la vérité c'était que, depuis la mort de Papa, j'avais passé des heures à observer les photos de famille. Je devais être le seul ado à pouvoir décrire avec précision la robe de mariée de sa mère. Ainsi que le gâteau, les fleurs, les témoins, les demoiselles d'honneur, et oui, même l'église. (St. Bart's sur Bridge Street.) J'avais tout mémorisé. Si Papa n'était pas mort, je n'aurais certainement jamais examiné ces photos des heures durant, et par conséquent je n'aurais jamais su que St. Bart's était faite de vieilles pierres et possédait une immense porte rouge parcourue en son milieu d'une fissure, comme si c'était la seule église du monde à avoir été foudroyée.

Mais il était mort et moi je savais toutes ces choses.

Je savais aussi qu'il n'y avait pas de puits aux souhaits. Je n'y étais jamais allé, mais les photos étaient très complètes et riches en détails. Cela dit, je n'avais pas de meilleure proposition. Et puis de toute façon, une partie de moi avait envie de voir cette église. Si la liste de Papa était un plan, St. Bart's correspondait à l'épicentre, ou quelque chose comme ça.

– Oh-oh, fit Mad.

Un groupe d'ados se dirigeait vers nous à pas lourds et décidés. L'un d'eux portait des baskets Asics : une violette, une noire. Roland et compagnie, la clique du pont. Impossible de les esquiver, cette fois. Je gardai la tête baissée tandis qu'ils approchaient, en faisant de mon mieux pour ignorer la salve de « Oh la la », « C'est quoi ce monstre ? » et « Matez ça, les mecs ».

Tant de pieds, tant de mots.

Les moqueries persistèrent quand ils nous dépassèrent pour entrer dans le magasin. Et au moment où je crus que j'allais enfin pouvoir relever la tête, Mad hurla :

– Hé !

– Attends. Mad. Qu'est-ce que tu fais ?

Elle se leva, épousseta son jean.

– Venez voir deux secondes !

– Mad, non, s'il te plaît.

Trop tard. Mené par Roland et ses Asics dépareillées, le groupe se déversa lentement de Foodville jusque sur nos genoux. Et tout à coup, Mad se métamorphosa totalement. Elle sourit comme une sirène et passa la main dans ses cheveux comme aiment les garçons. Comme *moi* j'aimais.

Je ne sais pas. C'était un timing assez merdique pour mon vieux canon de pont.

– Salut, beauté, dit Roland.

Impossible de me rappeler son surnom. Il me semblait que ça avait un rapport avec des céréales. Ou un rappeur, ou un truc du genre.

– Ouais, salut, dit Mad avec ce même sourire de sirène. Comment tu t'appelles déjà ?

J'avais du mal à reconnaître sa voix, si haut perchée et aguicheuse.

– Moi, c'est Roland, mais mes potes m'appellent le Pops.

Ah oui, voilà. *Le Pops*. Très original.

L'un de ses acolytes croisa les bras.

– Mad parle au Pops !

– Mad parle au Pops ! renchérirent les autres.

Ainsi se comportaient les garçons.

C'était la raison pour laquelle j'étais un alien.

Mad me désigna alors que je gardais la tête baissée ; je me demandais s'il était possible de faire rentrer mon corps entier dans mes boots.

– Tu vois ce type ? demanda-t-elle. C'est Bruno Victor Benucci III.

– Et alors ? dit le Pops.

– *Alors*, répéta Mad, Bruno Victor Benucci III est le fils de lady Doris Benucci et de feu le grand Bruno Victor Benucci le Second. Ça te rappelle quelque chose ?

Le Pops consulta ses laquais et répondit d'un fervent :

– Euh… non.

– Eh bien, poursuivit Mad, Bruno Victor Benucci le Second était un cadre de premier plan des Northern Dancers.

– Les quoi ?

– Les Northern Dancers, c'est à-dire nos amis du Nord, tu vois, bim, bam, boum…

Elle claqua des doigts et effectua quelques gestes erratiques des mains et des coudes.

L'un des laquais dit :

– Mec.

Ce que le Pops confirma vigoureusement d'un signe de tête agrémenté de :

– Mais de quoi tu parles, toi ?

– Je parle, reprit Mad, de la *mafia*.

L'effet fut immédiat. Le Pops scruta la rue comme si Al Capone allait débarquer à tout moment pour lui braquer un automatique sur la tempe.

– Merde, franchement, murmura-t-il.

– Merde, franchement, en effet, monsieur Pops, dit Mad. Après, moi, ce que vous faites, ça ne me regarde pas. Mais je voulais juste que tu saches à qui tu te mesures.

Les Asics dépareillées s'approchèrent lentement de moi. Roland, « le Pops », s'agenouilla à mon niveau.

– Désolé, franchement. Je savais pas que t'étais de la partie. Dis, euh… dit-il en se raclant la gorge avec des regards nerveux autour de lui. Tu pourrais glisser un mot en ma faveur aux Northern chépakoi ?

– Dancers, rectifia Mad.

Seigneur, je pourrais l'épouser.

Le Pops acquiesça avec enthousiasme.

– Dancers, c'est ça. Si tu peux faire ça, franchement, ça serait trop bien, monsieur Benucci. Et bien sûr, t'inquiète pas pour les autres au bahut, plus personne va se foutre de toi maintenant.

Je le regardai droit dans les yeux, en le défiant de détourner le regard.

– Et pourquoi se foutrait-on de moi, au juste ?

Sa pomme d'Adam remonta.

– C'est vrai. Enfin, je veux dire, évidemment, aucune raison. Je voulais juste dire que… j'ouvrirai l'œil pour toi. C'est tout.

Il essuya la sueur qui perlait à son front.

– Alors. Tu vas le faire ? Parler de moi ?

Papa était le champion absolu quand il s'agissait de trouver les avantages des inconvénients. Et il avait fait de son mieux pour me l'apprendre. À cet instant, je bénissais mon visage impassible de criminel impitoyable et, pour une fois, mon incapacité à sourire était bienvenue.

– Je prendrai en compte ta requête, dis-je en haussant les épaules. C'est le mieux que je puisse faire.

Avec un large sourire, le Pops me serra la main et mena son armée d'abrutis dans Foodville. Dès qu'ils furent hors de vue, nous éclatâmes de rire.

– Je crois que tu n'as plus à te soucier de ces types, nota Mad.

– Grâce aux Northern Chépakoi.

– Grâce aux Northern Chépakoi.

…

…

– Comment tu fais ? demanda-t-elle.

– Quoi donc ?

– Pour supporter ce genre de personnes ?

À bien y réfléchir, le premier souvenir que j'avais de m'être fait emmerder remontait au CP. Mark Quelquechose, avec ses grandes oreilles. Il y eut beaucoup de Mark à partir de là – des gosses qui se moquaient des autres avant qu'on puisse se moquer d'eux. Je crois que je n'ai jamais trop compris pourquoi il fallait que tout le monde se moque de tout le monde.

– Je suis habitué aux brutes, dis-je. Mais les brutes ne semblent jamais s'habituer à moi.

Elle s'alluma une autre cigarette, souffla la fumée dans l'air glacé et, une fois de plus, je souhaitai qu'elle arrête.

Sur le trottoir d'en face, se tenait un couple très séduisant. Main dans la main, ils m'observaient mais détournèrent très vite la tête.

…

…

– Parfois je me dis que c'est mieux que la pitié.

Mad retira un bout de filtre de sa langue.

– Quoi ?

…

Ça m'arrivait souvent de débattre avec moi-même. La plupart du temps sous la douche, mais ça pouvait se passer ailleurs. Je n'étais pas certain que ce soit très normal, probablement pas. Mais bon, hein. Je choisissais un camp et je me disputais de manière totalement absurde. Et quand il s'agissait de déterminer le plus humiliant entre la moquerie et la pitié, voici ce que j'en concluais : la moquerie était généralement irréfléchie mais intentionnelle, tandis que la pitié était réfléchie mais non intentionnelle.

J'entendais encore les éclats de rire, je sentais toujours le dégoût brut du Pops et de son gang ridicule.

La moquerie tranchait dans le vif.

Je levai la tête vers le couple séduisant sur le trottoir d'en face, leurs yeux braqués droit devant eux pour éviter à tout prix de me regarder.

La pitié tranchait dans le vif.

Alors lequel tranchait le plus profond ? Bon, d'accord, la moquerie, définitivement. Mais la vraie question c'était : *Qu'est-ce que j'en ai à foutre ?* C'était comme se demander si on préférait se faire frapper la tête par une batte en bois ou une batte en métal. Quoi qu'il arrive, on finirait par terre de toute façon, et les propriétés physiques de l'objet incriminé seraient bien la dernière de nos préoccupations.

– Vic ?

– Quoi ?

– T'étais parti, mec.

Je toussotai.

– Tu devrais vraiment arrêter de fumer, tu sais.

Mad écrasa sa cigarette en me fixant de ses yeux de feux d'artifice, avec dans le regard, l'inverse exact, quel qu'il soit, de la pitié et de la moquerie. Sa beauté matinale me souffla. C'était une beauté tout à fait différente de sa beauté nocturne. Je ne sais pas. Mad possédait de nombreuses beautés, certaines semblaient réagir au passage des heures de la journée. Et toutes me donnaient envie de faire des choses que je n'avais jamais faites avant.

Il y avait pas mal de choses que je n'avais jamais faites avant.

MAD

Une quinzaine de minutes de marche séparaient Foodville de St. Bart's. Je passai la majeure partie de ce temps à observer Coco manger sa glace à même le pot, et plus d'une fois, je la surpris à admirer son bracelet KOA du coin de l'œil, ou à tenir son poignet d'une manière pas du tout naturelle pour que les passants puissent le voir. Baz insistait beaucoup pour ne jamais attirer l'attention sur nous, par conséquent, au lieu d'annoncer sur la place publique notre nouveau statut de gang attesté, Coco indiqua tout bas à Vic que les gens « avaient intérêt à piger » que les Kids of Appetite, plus qu'un gang un peu tumultueux, étaient carrément un gang qui « n'avait aucun scrupule ».

Je n'avais pas la moindre idée d'où cette gamine tirait tout ça, mais il fallait reconnaître que c'était un sacré spectacle.

L'église, qui se dressait un peu en retrait de la route, était entourée de buissons et d'arbres morts, de choses enveloppées par les mains glaciales de l'hiver et qui n'attendaient que d'être libérées. Le sol semblait sanctifié mais creux, comme si l'église était le membre amputé d'un organisme jadis florissant. Structure en pierre ancienne, St. Bart's était, en gros, un triangle géant démarrant d'une base large et s'élevant du sol comme un sapin de Noël dessiné par un gosse. Le toit était sévèrement incliné, sauf d'un côté, où un clocher piquait le ciel. Plus on s'approchait, plus la vue était enchanteresse, belle et pittoresque au cœur de l'hiver.

Sur le parking qui avait été salé, le seul véhicule en vue était un car de voyage bleu fatigué avec une inscription en rouge sur le côté : LES OIES DE DIEU. Dessous, sur toute sa longueur, on avait peint ce qui devait initialement être une oie mais avait fini par ressembler plutôt à un avion poilu.

Je caressai le long cou de l'oie en passant.

– Je déclare ce bus le plus hideux de la Terre.

Zuz claqua des doigts une fois.

Après la pelouse enneigée, nous arrivâmes à la porte de l'église, mais juste avant de l'ouvrir, Coco se plia en deux, les mains sur les genoux, et se mit à gémir.

– Ça va, Coco ? demandai-je.

– Je me sens pas trop bien.

Baz leva les yeux au ciel.

– Je t'avais prévenue qu'il ne fallait pas manger tout le pot.

Coco secoua la tête.

– C'est à cause des arômes naturels.

Je ne pus retenir un sourire. Vic poussa la lourde porte rouge et passa la tête à l'intérieur.

– Il y a des bancs. Elle pourra s'allonger.

– *Ooooooh*, geignit Coco. Je crois que le secret anal de castor m'a donné des hémorroïdes.

Je gloussai.

– Curieusement, c'est possible que ce ne soit pas la première fois que quelqu'un prononce cette phrase.

– Coco, dit Baz en secouant la tête, on a déjà parlé de ça. Ce qui t'arrive est ta faute.

Ils avaient en effet déjà discuté tous les deux de son manque de contrôle dès qu'il s'agissait de consommer de la crème glacée. Ce n'était pas la première fois qu'elle se rendait malade, ce qui gonflait tout le monde car personne ne surjouait la détresse aussi bien que Coco.

– Eh, dis-je en pensant que si j'arrivais à la faire rire, ça désamorcerait la situation. Vous croyez que quand on a des hémorroïdes dans l'espace, ça fait des astéroïdes ? Hémorroïdes de l'espaaaace !

Je levai les deux bras en secouant les mains pour l'effet théâtral.

Coco posa une main sur son front et rejeta tragiquement ses cheveux en arrière.

– Continuez sans moi, dit-elle. Je n'y arriverai pas.

Exaspéré, Baz la souleva dans ses bras tandis que Vic et moi tenions la porte.

L'intérieur de St. Bart's était vieux et froid : dans l'énorme salle, le haut plafond formait une arche sous la pointe du toit, les bancs étaient de bois sombre, des vitraux et des peintures d'hommes en bures emplissaient chaque recoin, et la poussière recouvrait tout. Le temps et l'homme ne semblaient pas avoir de prise sur cet endroit qui restait fidèle à lui-même hier, aujourd'hui, et pour l'éternité, amen. Incroyablement vieux-nouveau.

– Extrêmes contraires simultanés, dis-je.

Vic retira son bonnet, inclina la tête en arrière jusqu'à ce que le bas de sa coupe de Sodapop cinématographique touche son sac à dos. Je levai la tête à mon tour sur une fresque représentant le paradis et l'enfer avec leurs anges et leurs démons respectifs.

– Extrêmes contraires simultanés, confirma-t-il.

Après avoir installé Coco sur l'un des bancs, Baz marcha jusqu'à l'autel pour s'agenouiller dans l'ombre d'un grand crucifix. Zuz s'approcha d'une peinture de trois mètres de haut qui représentait un saint blanc et rondouillard. Quant à moi, je suivis Vic le long des bancs jusqu'à une porte fermée sur laquelle une plaque indiquait OFFICE. C'était curieux, en un sens, cette touche de modernité au milieu de ce monde d'ancienneté. Nous approchâmes une chaire à l'avant de l'église. Baz avait les yeux clos, les mains jointes, et ses lèvres remuaient à la vitesse d'une fervente prière. De l'autre côté de la pièce, une ouverture menait à un escalier plongé dans l'obscurité.

– Peut-être qu'en hauteur on verra le puits aux souhaits, dis je en me dirigeant vers la porte.

L'air peu convaincu, Vic m'emboîta le pas. Comme si l'église avait besoin d'en rajouter dans l'ambiance mystérieuse de mauvais augure, les marches de bois craquèrent l'une après l'autre sous nos pieds. On se serait cru dans un épisode de *Scooby-Doo*. Nous gravîmes le reste quatre à quatre.

– Hé, murmurai-je dans l'obscurité d'encre.

– Hé, répondit Vic.

– Il y a une porte, là.

– D’accord.

– Pourquoi on chuchote ? demandai-je.

– Je chuchote parce que tu chuchotes.

– Ah oui. OK, bon, je vais ouvrir la porte.

– Attends, chuchota Vic.

– Quoi ?

– Je ne sais pas… Attends, c’est tout.

– D’accord.

Personne ne parla l’espace d’une seconde. Le silence qui suintait dans l’air comme de la vapeur rendait la cage d’escalier noire encore plus noire.

– Ça va ? demandai-je.

– Oui. C’est juste un peu bizarre d’être ici. Tu peux ouvrir la porte maintenant.

– Tu es sûr ?

– Oui.

La porte donnait dans une pièce au sol abîmé, en haut du clocher. Instinctivement, je levai les deux mains pour me protéger du soleil. Vic, lui, gardait la tête baissée pour épargner ses yeux. J’essayai de m’imaginer à quel point ce devait être douloureux de ne pas pouvoir cligner à cet instant. Une fois habituée à la lumière, j’observai les alentours : des murs de pierre circulaires s’élevaient autour de nous jusqu’à un dôme au-dessus de nos têtes. De larges ouvertures étaient disposées tous les mètres et demi environ, et accrochée au centre, trônait une cloche massive et rouillée. Ça me rappelait les photos de la Liberty Bell de Philadelphie, une relique, comme si des décennies s’étaient écoulées depuis la dernière fois qu’elle avait sonné. Devant l’une des lucarnes, je me sentis comme une sentinelle en faction en haut d’un château fort, attendant des nouvelles de batailles lointaines.

– Tellement jolie, dit Vic.

Il observait la vue en se protégeant toujours les yeux, mais avec moins d’empressement.

La vue, me dis-je. *Il parle de la vue*. Je me surpris à être déçue de cette constatation. J'avais espéré qu'il parlait de moi.

Le silence retomba une minute. Il n'y avait rien à dire, la vue parlait d'elle-même. Elle parlait d'adorables champs et d'arbres dans leur mort hivernale. Elle parlait des quelques lapins et oiseaux qui restaient dans le coin durant les derniers mois de l'année. Elle parlait de couches de neige étincelante qui s'étendaient sur des kilomètres comme des couvertures ou comme de la crème de marshmallow. J'avais envie de me glisser sous ces couettes et j'avais envie d'avaler mon poids en crème. J'avais envie de faire partie de cette conversation hivernale.

Je dirais : *J'ai peur.*

De quoi ? demanderait l'hiver.

J'ai peur pour Jamma, et pour moi. J'ai peur pour notre avenir, peur que nous n'en ayons pas. J'ai peur de devenir tellement de personnes que je ne serais jamais moi-même. Ça te suffit, l'Hiver ? T'es content, sale petit fouineur de merde ?

Les yeux sur le panorama, à observer cette conversation hivernale dont je ne ferais jamais partie, je m'aperçus que j'avais envie d'interrompre le continuum.

Comme s'il lisait dans mes pensées, Vic dit :

– Là.

Derrière moi, près de la cloche géante, il agrippait la corde effilochée des deux mains. À cet instant précis, quelque chose se passa dans ses yeux… je n'aurais su l'expliquer. C'était comme si Vic était une page blanche, moi un stylo, et qu'à tout moment, je pouvais écrire toute mon histoire sur son visage. Et là où il n'y avait pas de sourire, moi j'en verrais un. Et dans mon cœur, où régnait la peur, je sentirais peut-être la vibration du courage. Et dans les champs, où les lapins, les oiseaux et la lande duveteuse poursuivaient leur insaisissable conversation, je sus exactement comment interrompre le continuum.

Je saisis la corde et souris à Vic.

Je souris *pour* Vic.

Le Madifeste disait : *Les cloches font du bruit.*

VIC

J'avais fait un peu de programmation informatique. (C'était avant que je ne trouve le réconfort dans les chiffres. Je n'étais pas encore très doué en programmation informatique. Mais j'étais très doué pour utiliser une calculatrice pour faire la programmation à ma place. J'étais même un champion absolu.) Si l'on considère qu'une personne dort en moyenne 8 heures par jour, cela fait 960 minutes d'éveil, ou 57 600 secondes d'éveil par jour. Si l'on considère qu'une personne cligne des yeux en moyenne toutes les 5 secondes, ça nous fait 11 520 clignements par jour. Si l'on considère que chaque clignement dure en moyenne 0,1 seconde, ça nous fait 1152 secondes par jour à cligner des yeux, soit 19,2 minutes. Si l'on multiplie ça par 7 jours par semaine, fois 52 semaines par an, fois l'espérance de vie moyenne d'un homme de 78 ans, ça nous fait un total de 90 85,44 heures dans la vie d'un homme passées à cligner des yeux.

378,56 jours, selon les calculs informatiques.

54,08 semaines.

1,04 *année* à cligner des yeux.

L'homme moyen passe un peu plus d'un an de sa vie éveillée les yeux fermés.

J'avais passé des années à être contrarié, amer, à cause de mes différences. Quand je me regardais dans le miroir, je ne voyais que de l'abstrait. Aucune splendeur cachée. Je ne comprenais pas comment trouver les avantages de mes inconvénients. Je ne voyais pas la beauté qui frémissait sous la surface.

Pas encore.

Mais Papa, si.

Voilà pourquoi il m'avait offert la calculatrice, au départ.

Mad lâcha la corde et se boucha les oreilles. Je fis de même en regrettant d'avoir laissé mes lunettes de soleil à la maison. La cloche résonna fort depuis ce petit clocher de pierre, par-delà les champs enneigés et à travers Hackensack. Voici ce que je m'imaginai : une nuée d'oiseaux qui se multipliaient, envahissaient les rues de la ville en répétant les deux mêmes notes, encore et encore.

Ding-dong ! Ding-dong ! Ding-dong !

Mad s'approcha d'un pas.

À quelques centimètres de moi à présent, ses yeux gris clignèrent. Et clignèrent encore. Et encore. Je l'observai, sans être interrompu par des désagréments tels que des fermetures intempestives de paupières. Exactement comme Papa me l'avait appris : je trouvai les avantages de mes inconvénients.

La cloche sonnait.

Les oiseaux chantaient.

Et toujours, Mad se rapprochait.

…

…

Cela faisait un bout de temps que je m'étais résigné à l'éventualité de passer ma vie entière sans que personne, jamais, m'embrasse. *Ergo* tous mes hochements de tête et mes réponses lapidaires. Surtout en compagnie des uniques, des intelligentes, de celles que je trouvais jolies. (Si les films et les magazines étaient une quelconque autorité sur la question, il y avait une sacrée divergence entre celles que *je* trouvais jolies, et celles que tout le monde trouvait jolies. Mais bon, hein.) Et puis, il y avait Mad : unique, intelligente, mon genre de jolie.

En effet, je n'avais jamais écarté du royaume des possibilités la réalité d'une vie sans embrasser personne.

Mais il semblait que ces derniers temps, mon royaume ne cessait de s'accroître.

Le temps ralentit. Je profitai de quelques millisecondes de plus sans ciller. Les mains blanches et roses de froid de Mad avaient l'air de verre tout juste soufflé. Les cheveux jaunes, le bonnet jaune, les yeux gris, le manteau arc-en-ciel : Mad était un chevalet. Mad était un feu d'artifice. Mad était une étoile explosant dans l'espace, explosant à mon visage, un extrême contraire simultané de premier ordre.

Ses lèvres remuèrent. Il y avait des mots, mais on n'entendait rien avec la cloche.

– Quoi ? dis-je.

Elle répéta, lentement cette fois, en accentuant chaque syllabe pour que je puisse lire sur ses lèvres.

– Je vais t'embrasser maintenant, disaient ses lèvres.

Mon royaume des possibilités explosa. Ou implosa. Ou un autre mot qui n'aurait pas encore été inventé mais qui signifiait : voler en éclats ou se fracasser à un niveau cosmique, interstellaire et multigalactique.

Mes lèvres répondirent :

– D'accord.

Et comme en miroir, nous nous tournâmes l'un vers l'autre.

Vers.

Quel mot.

Lèvres froides et humides dehors. Lave en fusion dans mes veines. Paralysé, incapable, timide, cérébralement impuissant. Don Juan, Casanova merveilleux dans mon cœur. Tous les sourires que j'avais tant convoités se répandirent de mon corps à celui de Mad. Et je sentis ses dents, je sentis sa langue, je sentis ses lèvres sur les miennes. Et quand je levai la main pour caresser le côté rasé de sa tête, je sentis ses innombrables et minuscules cheveux, la peau de son cuir chevelu, sa cicatrice, et *merde, Ling, on n'est pas si semblables après tout*. Et jamais je ne m'étais senti si semblable à mon père, qui me manquait et qui m'avait appris à penser avec mon cœur.

Cent choses auxquelles mon cœur pensa tandis que j'embrassais Mad dans le clocher :

1. Je suis un Super Cheval de course.
2. Je suis un Super Cheval de course.
3. Je suis un Super Cheval de course.
4. Je suis un Super Cheval de course.
5. Je suis un Super Cheval de course.
6. Je suis un Super Cheval de course.
7. Je suis un Super Cheval de course.
8. Je suis un Super Cheval de course.
9. Je suis un Super Cheval de course.
10. Je suis un Super Cheval de course.
11. Je suis un Super Cheval de course.
12. Je suis un Super Cheval de course.
13. Je suis un Super Cheval de course.
14. Je suis un Super Cheval de course.
15. Je suis un Super Cheval de course.
16. Je suis un Super Cheval de course.
17. Je suis un Super Cheval de course.
18. Je suis un Super Cheval de course.
19. Je suis un Super Cheval de course.
20. Je suis un Super Cheval de course.
21. Je suis un Super Cheval de course.
22. Je suis un Super Cheval de course.
23. Je suis un Super Cheval de course.
24. Je suis un Super Cheval de course.
25. Je suis un Super Cheval de course.
26. Je suis un Super Cheval de course.
27. Je suis un Super Cheval de course.
28. Je suis un Super Cheval de course.
29. Je suis un Super Cheval de course.
30. Je suis un Super Cheval de course.
31. Je suis un Super Cheval de course.
32. Je suis un Super Cheval de course.
33. Je suis un Super Cheval de course.

34. Je suis un Super Cheval de course.
35. Je suis un Super Cheval de course.
36. Je suis un Super Cheval de course.
37. Je suis un Super Cheval de course.
38. Je suis un Super Cheval de course.
39. Je suis un Super Cheval de course.
40. Je suis un Super Cheval de course.
41. Je suis un Super Cheval de course.
42. Je suis un Super Cheval de course.
43. Je suis un Super Cheval de course.
44. Je suis un Super Cheval de course.
45. Je suis un Super Cheval de course.
46. Je suis un Super Cheval de course.
47. Je suis un Super Cheval de course.
48. Je suis un Super Cheval de course.
49. Je suis un Super Cheval de course.
50. Je suis un Super Cheval de course.
51. Je suis un Super Cheval de course.
52. Je suis un Super Cheval de course.
53. Je suis un Super Cheval de course.
54. Je suis un Super Cheval de course.
55. Je suis un Super Cheval de course.
56. Je suis un Super Cheval de course.
57. Je suis un Super Cheval de course.
58. Je suis un Super Cheval de course.
59. Je suis un Super Cheval de course.
60. Je suis un Super Cheval de course.
61. Je suis un Super Cheval de course.
62. Je suis un Super Cheval de course.
63. Je suis un Super Cheval de course.
64. Je suis un Super Cheval de course.
65. Je suis un Super Cheval de course.
66. Je suis un Super Cheval de course.

67. Je suis un Super Cheval de course.
68. Je suis un Super Cheval de course.
69. Je suis un Super Cheval de course.
70. Je suis un Super Cheval de course.
71. Je suis un Super Cheval de course.
72. Je suis un Super Cheval de course.
73. Je suis un Super Cheval de course.
74. Je suis un Super Cheval de course.
75. Je suis un Super Cheval de course.
76. Je suis un Super Cheval de course.
77. Je suis un Super Cheval de course.
78. Je suis un Super Cheval de course.
79. Je suis un Super Cheval de course.
80. Je suis un Super Cheval de course.
81. Je suis un Super Cheval de course.
82. Je suis un Super Cheval de course.
83. Je suis un Super Cheval de course.
84. Je suis un Super Cheval de course.
85. Je suis un Super Cheval de course.
86. Je suis un Super Cheval de course.
87. Je suis un Super Cheval de course.
88. Je suis un Super Cheval de course.
89. Je suis un Super Cheval de course.
90. Je suis un Super Cheval de course.
91. Je suis un Super Cheval de course.
92. Je suis un Super Cheval de course.
93. Je suis un Super Cheval de course.
94. Je suis un Super Cheval de course.
95. Je suis un Super Cheval de course.
96. Je suis un Super Cheval de course.
97. Je suis un Super Cheval de course.
98. Je suis un Super Cheval de course.
99. Je suis un Super Cheval de course.

100. Je suis un putain de Super Cheval de course.

Nous redescendîmes l'escalier dans la pénombre. Mon cerveau en surchauffe passait d'une pensée à l'autre comme un chimpanzé excessivement enthousiaste saute de branche en branche.

Voici ce que je savais : nous nous étions embrassés.

Voici autre chose que je savais : j'aurais voulu que nous soyons encore en train de nous embrasser.

Mad voulait-elle la même chose ? Avait-elle au moins apprécié ? Allait-elle m'embrasser à nouveau un jour ? Probablement pas. J'étais probablement nul. J'embrassais probablement comme un futur entrepreneur en location de voitures qui portait des costumes chics et adorait les biographies de Winston Churchill. Mais peut-être pas. Peut-être que je me sentais comme un Super Cheval de course parce que *j'étais* un Super Cheval de course. Peut-être ci, peut-être ça, probablement, probablement pas, de branche en branche le chimpanzé excessivement enthousiaste se baladait pour l'éternité.

C'est moi monkeyman, l'homme-singe.

Dans le sanctuaire, nous retrouvâmes Baz assis sur un banc, la tête de Coco sur ses genoux, et Nzuzi, assis derrière eux, qui regardait droit devant lui, comme devant un film.

– Qu'est-ce qui te fait rire ? demanda Baz.

Je me tournai vers Mad. Elle souriait.

Elle a aimé.

J'avais le cœur tellement plein qu'il allait exploser dans le ciel et créer un nouveau système solaire bizarre dont les habitants ne se nourriraient que d'amour, ne boiraient que de l'espoir et ne respireraient que de la joie.

Quelle galaxie incroyablement valable ce serait.

Baz désigna l'arrière de l'église.

– Madeline. Vic. Je vous présente le père Raines.

J'aperçus alors cet homme qui se tenait dans le coin. Même dans la pénombre, on distinguait ses yeux bleus, ses cheveux blancs clairsemés, sa soutane noire avec le col blanc. En fait, il avait l'air plutôt dans son élément. Comme si on l'avait planté là et qu'il avait poussé à partir de cet impitoyable sol de pierre.

Dans ma tête, je vis mon deuxième Matisse préféré : *La Desserte rouge,* aussi surnommée *Harmonie en rouge*. Dans le tableau, la table était rouge, les murs étaient rouges. Une femme se tenait près de la table rouge et, tout autour d'elle, des tiges et des branches semblaient croître à travers la rougeur, et même si c'était un peu étrange et troublant, ça semblait naturel, parce que la vie dans cette peinture avait évidemment poussé dans le rouge. Où d'autre ?

Le père Raines avait évidemment poussé dans l'église. Où d'autre quelqu'un comme lui aurait-il pu pousser ?

Il s'éclaircit la voix, son regard passant de Mad à moi-même.

– Je vois que vous avez rencontré notre vierge de fer, Iron Maiden.

Il pointa un doigt en l'air et l'espace d'un instant, je crus que, peut-être, « Iron Maiden » était un nom curieux pour désigner Dieu.

– La cloche, précisa-t-il. Je lui ai donné le nom de mon groupe préféré. Même si je dois admettre qu'il est fort dommage qu'elle ait été faite en fer, et non en bronze. Elle est plutôt rouillée.

– Votre groupe préféré, c'est Iron Maiden ? demandai-je.

– Disons plutôt leurs premiers albums, dit le père en soulevant sa soutane comme autant de racines, pour avancer tranquillement vers les bancs. Leurs derniers sont bons pour la poubelle, vous ne trouvez pas ?

Tout le monde regarda le vieil homme comme si c'était une pièce de musée. Ou plutôt non. On le regardait comme si c'était un prêtre avec un goût prononcé pour la discographie d'Iron Maiden. Et même si ça paraissait incongru, il y avait quelque chose en lui qui m'était totalement familier. Je n'aurais su dire quand ni comment, mais je l'avais déjà vu quelque part.

– C'est à vous le bus garé devant ? demanda Mad. Les Canards de Dieu ?

Les yeux du père Raines s'illuminèrent.

– Les *Oies* de Dieu est une mission. Chaque année en décembre, nous conduisons un petit groupe de sans-abris d'Hackensack dans le Sud pour la durée de l'hiver.

– Vous migrez, dit Mad.

– L'hiver septentrional est une bête cruelle pour les sans-abris, *surtout* pour les aînés. La Coalition nationale pour les sans-abris nous a mis en relation avec un programme de Tampa qui leur procure des logements subventionnés, ainsi qu'une assurance santé. Je ne peux peut-être pas réparer leurs vies, mais, en attendant, je peux au moins faire en sorte qu'ils ne meurent pas de froid. J'ai distribué des tracts dans les refuges de la ville pour inviter les sans-abris à assister à mon sermon de l'après-midi, dimanche prochain, après quoi nous organisons un pique-nique de charité pour récolter les fonds pour l'essence et les dépenses du voyage. Nous serons en route à 16 heures précises. La précision est un art qui se perd, vous ne trouvez pas ?

– Ça fait un sacré trajet, commenta Mad.

– J'emmène un paroissien avec moi et nous alternons la conduite toute la nuit. C'est plutôt agréable, en un sens. Enfin passons, poursuivit-il en levant les mains en l'air comme s'il laissait tomber ce qu'il allait dire. M. Kabongo m'a informé que vous étiez à la recherche d'un puits aux souhaits.

– Oui, dis-je en secouant la tête. Excusez-nous. On ne voulait pas vous faire perdre votre temps.

– Oh, vous ne me faites rien perdre du tout. C'est à l'arrière.

…

…

– Quoi donc ? demandai-je.

– Le puits aux souhaits. Quoique je suppose qu'il est gelé en ce moment.

…

Tout le monde se regarda un instant, jusqu'à ce que Baz se lève, soulève Coco et se tourne vers l'allée.

– Merci, mon père. Nous ne resterons pas longtemps.

Avec un hochement de tête, le père Raines contourna lentement les bancs, frôlant le mur d'une main en se dirigeant vers la porte marquée OFFICE. Tout à coup, je sus où je l'avais déjà vu.

– Je vous ai vu en photo, dis-je en le suivant.

Il s'arrêta juste devant la porte et fit volte-face, sa longue soutane se balançant doucement dans l'élan.

– Mes parents se sont mariés ici. Bruno et Doris Benucci. C'était il y a longtemps. Vous ne vous en souvenez sûrement plus.

Le prêtre m'examina de plus près, comme s'il essayait de déceler sur mon visage les traits de mes parents. (J'avais passé des heures à tenter de faire la même chose, en vain. Mes traits se suffisaient à eux-mêmes.)

…

– Doris voulait un mariage exotique, dit-il.

Le prénom de ma mère sonnait avec tant de naturel dans sa bouche, une familiarité qui trahissait l'expérience.

– Pardon ?

– On se souvient d'une foule de détails pour une foule de raisons. Dans mon cas, je me souviens de chaque mariage que j'ai prononcé. Votre mère disait qu'elle avait toujours voulu se marier au bord de l'eau, même si ce devait être dans un endroit minuscule comme Ocean Grove. Mais sa mère – votre grand-mère – ne l'entendait pas de cette oreille. Comment disait-elle, déjà ? Ah oui. « Une vraie église pour un vrai mariage. »

En l'écoutant, je me sentais comme un petit garçon armé d'une valise, marchant à l'horizon, alors que la frontière entre mes pays de Quelque Chose et de Rien s'amenuisait de minute en minute.

– Votre mère était radieuse, continua le père Raines. J'ai toujours trouvé que le bonheur d'une mariée est un bonheur contagieux, vous savez, et vu comme votre mère était heureuse, je suis quasiment certain que les invités en étaient tout étourdis. En tout cas, moi je l'étais. Juste avant que je débute le service, votre père s'est tourné vers l'assemblée et il a dit : « Que tout le monde nous suive ! » Il a saisi la main de votre mère et ils sont sortis par cette porte, dit-il en désignant la porte derrière Baz. Les convives étaient déconcertés, mais surtout curieux, je crois. Leurs deux raisons d'assister à ce mariage venaient de filer à l'anglaise. Que faire à part les suivre ? Avec votre grand-mère, nous les avons emmenés à l'extérieur et c'est là que nous avons vu vos parents qui se tenaient la main devant le puits aux souhaits. Ce jour-là, votre père a accompli un bel exploit. Il a trouvé un moyen de contenter aussi bien sa belle-mère que sa future femme. Ils se sont mariés à l'église, et ils se sont mariés au bord de l'eau.

– Il n'était pas sur les photos. Le puits aux souhaits, je veux dire.

Le père Raines sourit depuis les racines de ses pieds jusqu'à la plus haute branche de ses cheveux clairsemés. Il se baissa et murmura la fin de l'histoire.

– Vous n'allez pas me croire, mais à la minute où je les ai déclarés mari et femme, il s'est mis à pleuvoir. Comme si le Tout-Puissant avait voulu contribuer au vœu aquatique de votre mère. Toutes les photographies ont été prises à l'intérieur.

Il inclina la tête sur le côté avec un sourire qui ne cessait de s'épanouir sur son visage.

– Quoi ?

Le père Raines exhuma ses pieds-racines du sol, dit : « Vous leur ressemblez beaucoup », et s'enferma dans l'office.

En me retournant, je vis mes jeunes parents s'embrasser, rire, s'aimer, vivre. Je venais d'avoir mon premier baiser dans l'église où ils s'étaient mariés, ce n'était pas rien. Nous avions trouvé quatre des cinq lieux de la liste de Papa, ce n'était pas rien. Pour la première fois depuis sa mort, j'avais l'impression de faire partie d'une vraie famille, et ce n'était pas rien. Il devait y avoir des tas de choses à dire là-dessus, et sans la boule dans ma gorge, je les aurais dites. Mais mon sac à dos pesait une tonne, le sang ne cessait de battre dans ma tête et les réalités du présent me dissimulaient les miracles du passé.

Les réalités du présent :

1. Il existait probablement des centaines de petits puits aux souhaits dispersés un peu partout, des choses à propos de mes parents que j'ignorais et ne connaîtrais jamais.
2. Car même si je croyais les connaître par cœur, ils avaient eu une vie avant moi.
3. Et il semblait bien que la plupart des trucs cool s'étaient produits avant ma naissance.

MAD

Je suivis Vic dehors par la porte de derrière, à travers, dans et entre la neige tombante et la neige tombée. Un vrai blizzard de prépositions. Nous dépassâmes des arbres grêles, de hauts arbustes épineux, passâmes à travers un mur de lierre mal entretenu, pour finalement arriver au puits aux souhaits oublié – gelé, comme l'avait prédit le père Raines. Le puits ressemblait à un brasero, petit, rond, en pierre. Sous la surface de glace gisaient les pièces de monnaie, à l'abri jusqu'à mars, avril, ou dès que le froid déciderait du dégel.

Baz posa Coco à terre et tout le monde se tint la main en cercle autour du puits gelé. Avant de prendre la mienne, Vic s'agenouilla pour sortir l'urne de son sac à dos. Il se pencha au-dessus du puits et de tout son poids, il brisa la couche de glace d'un coup de coude.

Soudain, je me remémorai une photo du mariage de mes parents, Maman et Papa devant l'église. Papa la faisait basculer en arrière pour l'embrasser avec ardeur et le voile de Maman flottait au vent comme un drapeau blanc. J'essayai de me représenter à leurs côtés dans cette photo. Où me serais-je tenue ? Qu'aurais-je été en train de faire ? Je tentai de voyager au-delà de l'église, jusque dans le jardin secret du temps lui-même. Mais je n'y parvins pas. J'avais vu les photos, mais impossible de me représenter *dedans*.

C'était ce qu'était en train de faire Vic en ce moment. Il réconciliait le passé avec le présent. Il s'emparait de souvenirs manufacturés pour s'insérer à l'intérieur. Il voyait clairement ce qui aurait pu être.

Ce n'était pas le puits que Vic regardait. Il regardait le commencement heureux, pleinement conscient de la fin malheureuse.

– T'es en colère, Victime ? demanda Coco qui s'était manifestement remise de sa poussée de fièvre aux *arômes naturels*. Tu sais, souhaiter des mauvaises choses devant le puits aux souhaits, ça porte malheur.

– Coco, dis-je avec un « la ferme » télépathique.

– Quoi ?

– Ça va, dit Vic. Je ne suis pas en colère. C'est juste bizarre.

Sans cérémonie, il jeta les cendres dans le petit trou de glace et ce fut tout. Sans un mot, il accepta ma main d'un côté, celle de Zuz de l'autre et ainsi, unis autour du puits, nous restâmes immobiles dans le froid jusqu'à ce que l'un de nous trouve enfin les mots.

– Et ils se nommèrent les Kids of Appetite, dit Coco. Et ils vécurent, ils rirent et ils virent que cela était bon.

Avec Baz, je répétai :

– Et ils virent que cela était bon.

Si Vic prononça ces mots, je ne les entendis pas.

VIC

Je ne me réveillai pas dans le silence : ce fut le silence qui me réveilla. Depuis deux ans, je m'endormais avec mon iPod branché à côté de moi, ma berceuse opératique en mode *repeat*, et depuis deux ans, je me réveillais au son des sopranos volantes. Mais pas cette fois.

Je me retournai sur le canapé, retirai mes écouteurs et tapotai le dos de mon iPod. C'était l'un des plus vieux modèles, la batterie n'était plus ce qu'elle était. Mauvaise pioche pour moi, vu que j'avais laissé mon chargeur chez moi avec mon téléphone, ma brosse à dents et mes lunettes de soleil. Allongé dans le noir, je passais en revue la liste de ce que j'aurais emporté si je n'avais pas quitté la maison aussi précipitamment, quand j'entendis un petit *clic* à l'autre bout de la pièce.

La porte de la serre. Quelqu'un venait d'entrer ou de sortir. Je jetai un œil aux sacs de couchage : Baz, Nzuzi, Coco…

Mad était partie.

Je posai les pieds par terre. Pour la deuxième nuit d'affilée, mon nouveau pyjama me servait bien : sweat à capuche, surMets, boots. Sur la pointe des pieds, je contournai les sacs de couchage jusqu'à l'allée centrale, en évitant soigneusement les dalles branlantes, puis j'enfilai mon manteau et sortis.

Je suis vif et agile.

Je suis le guerrier furtif.

Je suis l'ombre, l'espion, habileté et discrétion.

Je passai devant la rangée de serres, sur le chenal au Poisson rouge où Harry Connick Jr Jr nageait sans but et sans préoccupation. De l'autre côté du pont, j'aperçus les semelles des Nike de Mad qui passaient sous le grillage. Je devais lui laisser au moins le temps de traverser la route, histoire de ne pas me faire griller. Je comptai jusqu'à dix puis m'élançai à plat ventre en priant pour qu'elle n'entende pas le grillage cliqueter, et me faufilai de l'autre côté.

Vif. Agile. Furtif. Habile.

Droit devant, Mad tournait dans la rue adjacente. Même un câlin latéral de mon acabit savait prendre quelqu'un en filature. (Cela dit, maintenant que j'avais embrassé Mad, mes câlins se tournaient un peu plus de face qu'auparavant.)

Elle emprunta la même rue que la veille quand nous étions allés à l'ancienne maison de mes grands-parents. Mais elle tourna dans la première rue perpendiculaire. Je la suivis sans bruit, à la dérobée, passant devant plusieurs maisons dont certaines m'étaient familières du temps où je me baladais pour éviter les jeux de billard incessants, les tic-tac du coucou et les pulsions sexuelles gériatriques.

Vif. Agile. Furtif. Habile. Espion. Discrétion.

J'avais l'impression étrange que les rues de New Milford se désintéressaient totalement des allées et venues nocturnes de leurs habitants. Comme si les pavillons, les rues, et les trottoirs aussi dormaient, et pas seulement ceux qui vivaient dedans et autour. La météo semblait le comprendre également : le vent soufflait plus fort, l'air était plus froid, la nuit plus sombre. Je relevai le col de mon manteau.

Excellentes conditions pour une opération sous couverture.

Mad ne se pressait pas. C'était une balade nonchalante, une promenade. Au bout de quelques rues, elle s'arrêta net et fit volte-face. À la dernière seconde, je plongeai derrière un bonhomme de neige en arrachant son nez de stalactite. J'attendis là, dans une cour inconnue, adossé contre ce qui serait l'entrejambe du bonhomme de neige si les bonhommes de neige avaient un entrejambe. Je comptai jusqu'à vingt pour ne pas sortir trop tôt et me faire choper. Ce bonhomme de neige était providentiel. Un bonhomme fait en neige.

Les bonhommes de neige sont des choses très littérales.

...

...

Je jetai un œil par-dessus son chapeau juste à temps pour apercevoir Mad, à un pâté de maisons de là, se diriger vers l'entrée d'une maison. Ébahi, je l'observai gravir les quelques marches du porche, ouvrir la porte et disparaître à l'intérieur.

La maison dans laquelle Mad venait de s'engouffrer paraissait complètement incongrue. Éloignée d'au moins vingt mètres de la chaussée, elle avait, sur chaque côté, au moins dix à quinze mètres d'espace libre. On aurait dit une maison de campagne et pas de banlieue. Dans l'une des pièces à l'avant du pavillon, une lumière vacilla et une ombre, peut-être celle de Mad, passa devant la grande fenêtre en saillie.

C'était maintenant ou jamais.

Je fis mes adieux au très littéral bonhomme fait de neige et suivis les empreintes de pas de Mad. Au porche, je bifurquai vers la fenêtre en saillie. Une fois là, mon pied droit s'enfonça dans un collecteur d'eau de pluie dissimulé par la neige. Je le secouai, contournai le collecteur et collai ma figure à la fenêtre recouverte par un rideau. Posté tout au bord, je jetai un œil dans la maison.

Vif. Agile. Furtif. Habile. Espion. Discrétion.

C'était un salon, ou cela en avait été un. Sol jonché de magazines et de canettes de soda, plateaux télé chargés d'assiettes en carton empilées sur des assiettes en carton, empilées sur d'autres assiettes en carton. Même tarif pour les murs : miroirs crasseux, cadres ébréchés, photos tellement poussiéreuses qu'on ne voyait plus qui y figurait. Un seul élément dans toute cette pièce semblait avoir été traité avec soin : un râtelier à fusils.

Je ne connaissais rien aux armes. Mais ça avait l'air d'être du lourd. Ce n'étaient pas des fusils de câlins latéraux. Deux, plutôt modernes, possédaient des lunettes de visée. Les deux autres ressemblaient à des antiquités. En revanche, tous brillaient de mille feux, ce qui me fit penser que… ça devait demander pas mal d'efforts de ne nettoyer qu'une seule chose dans une pièce aussi sale.

À côté du râtelier se trouvait une paire de ramures montées sur socle, qui, à mon humble avis, avait dû, un jour, appartenir à un cerf. Mais qu'est-ce que j'en savais, après tout. (Sur ce sujet, pas grand-chose.) C'étaient de longs bois pointus, qui s'entremêlaient avec la coordination chaotique d'une épaisse toile d'araignée.

Bois de cerf et fusils.

Pas mon genre de maison.

Mad entra dans le salon plongé dans l'obscurité, accrocha son manteau aux ramures et disparut dans une pièce adjacente. Elle reparut une seconde plus tard, armée d'une canette de soda et d'un paquet de chips. Je la vis traverser la pièce en planifiant stratégiquement chacun de ses pas afin d'éviter les boîtes de pizza et les mouchoirs usagés comme des mines antipersonnel.

Elle s'installa dans un fauteuil inclinable, braqua une télécommande sur la télé et une lumière bleutée illumina la pièce. Ensuite, une vieille dame entra à son tour dans le salon, une canette de Coca-Cola dans chaque main, dérangeant les détritus avec ses pantoufles.

– Salut, Jamma, dit la voix de Mad derrière la fenêtre.

Les vitres devaient être fines comme du papier : sa voix était un peu étouffée, mais je l'entendais assez bien.

La vieille dame s'assit sur le canapé sans répondre. Elle ouvrit les deux canettes en même temps avec une facilité déconcertante et se mit à boire une gorgée de chaque. Gauche, droite, gauche, droite, une agilité impressionnante au double décapsulage de Coca-Cola. Pétrifié, je les observai regarder la télé et boire du coca comme si c'était une soirée parfaitement normale.

Une troisième personne arriva alors dans la pièce, un homme, aussi échevelé que cette maison. J'eus un mouvement de surprise car il ressemblait avec une similitude troublante à mon Matisse préféré : *Autoportrait dans un T-shirt rayé* (ce qui, j'imagine, voulait dire que l'homme ressemblait à Matisse lui-même). Ses cheveux, clairsemés à l'avant, laissaient son front gagner du terrain. Il arborait une barbe broussailleuse, des sourcils arqués, de grandes oreilles, un grand nez, comme si les morceaux de son visage n'avaient pas su quand s'arrêter de pousser. Mais par-dessus tout, je remarquai ses grands yeux vides. Exactement comme sur le tableau de Matisse, ils avaient quelque chose de tout à fait terrifiant.

– Ras le bol de cette merde, dit l'homme en traversant la pièce tel un ours ivre.

Comme Mad et Jamma, je le regardai décrocher calmement un fusil du râtelier fixé au mur et asséner un grand coup de crosse dans l'écran de la télé qui se brisa dans une explosion d'étincelles, de fils électriques et de verre. L'homme se retourna, le fusil pendu à sa main gauche.

– Toi, dit-il en pointant un doigt sur Mad. Je te l'ai déjà dit, *bordel*, nan ? J'ai une partie de chasse tôt demain matin et j'ai pas besoin d'entendre cette putain de télé dans la baraque toute la nuit.

J'avais le corps entier anesthésié, et pas à cause du froid. Dans mon pays de Rien, j'imaginai la toile de cette scène. Ça s'intitulerait *Homme Autoportrait mettant fin à la télévision.*

Même Matisse ne serait pas parvenu à rendre ça beau.

– Alors ? dit l'Homme Autoportrait.

Mad se racla la gorge.

– Tu as raison. Pardon, oncle Les.

Je me détachai de mon corps et flottai jusque dans le ciel, d'où je vis Vic se tourner, trébucher, courir en direction de la serre. En chemin, il ramassa le nez en stalactite tombé au pied du bonhomme de neige, remonta son bracelet KOA, et prolongea ses petits sentiers qui ne menaient nulle part. « Pas trop profond », dit Vic en courant. Car cela faisait longtemps. Quand il arriva à la serre, il reprit son souffle devant la porte, l'ouvrit lentement pour ne réveiller personne. Il se dirigea vers l'Étagère des choses improbables, où il récupéra son vieux jean et, en évitant les traces de sang de porc séchées, il appuya le tissu sur sa nouvelle coupure, jusqu'à ce que le saignement s'arrête. Cela prit du temps, mais une fois terminé, il s'allongea sur le canapé. Cette nuit-là, son sommeil fut sporadique, ses rêves tortueux, pleins de sentiers douloureux, d'oncles aux yeux vides avec des bois qui leur sortaient du crâne, et de flots de Coca-Cola pétillant.

Il ne dormit presque pas.

MAD

Mon oncle possédait la mystérieuse capacité d'abandonner son ombre derrière lui. Il pouvait avoir quitté une pièce depuis plusieurs minutes, mais ce satané truc restait là, immobile, une couverture d'ombre dans une pièce déjà sombre. Les yeux sur la vieille télé qui n'était plus qu'une pathétique boîte en bois, je me demandai, une fois de plus, ce que j'allais faire.

– Viens, Jamma, dis-je en me soulevant du fauteuil. On va au lit.

Bon début. Coucher la grand-mère. À micro-problème, micro-solution. Cet esprit d'initiative était agréable.

Jamma but une gorgée de coca d'une main, puis de l'autre.

– Mais j'ai soif.

– Tu as toujours soif, dis-je en me penchant pour l'attraper sous le coude.

– Je n'ai pas besoin d'aide. Je suis vieille, mais forte comme…

– Forte comme un bœuf, je sais.

Les bras croisés, je l'observai en souriant se lever seule. C'était vrai : pour une femme de cet âge, elle était étonnamment forte. Nous fîmes une halte à la cuisine pour déposer un coca dans le frigo, puis une halte aux toilettes où je l'aidai à s'asseoir (avec, une fois de plus, pas mal de remontrances).

Jamma vivait déjà avec nous avant la mort de mes parents. Oncle Les n'était pas son fils, par conséquent, tout laissait à penser que sans moi, elle ne serait plus là. Mais nous n'avions pas d'argent pour lui trouver une maison de retraite décente et nous étions sa famille la plus proche. Oncle Les aurait pu la placer dans un établissement public qui ne coûtait presque rien, mais il ne l'avait pas fait. Et je savais pourquoi.

Jamma arrivait à s'en sortir toute seule quand il le fallait, mais quand j'étais à la maison, la culpabilité liée à mes absences m'envahissait et je me retrouvais à la materner probablement plus que nécessaire. C'était son esprit qui avait le plus besoin d'aide, et pour ça, moi je ne servais pas à grand-chose.

Je l'emmenai jusqu'à sa chambre et l'aidai à se mettre au lit. Elle déposa son autre coca sur la table de nuit et ramassa la paire de moufles qu'elle tricotait depuis la nuit des temps.

– J'ai presque fini.

Elle avait toujours presque fini, mais j'acquiesçai quand même avec un sourire.

– Elles vont être super chaudes, Jamma.

– J'ai toujours froid aux mains, tu sais. Et j'ai très soif.

C'était une lutte interne constante : quand j'étais là, je voulais être n'importe où ailleurs; quand j'étais n'importe où ailleurs, je voulais être là. Où que je sois, je me sentais coupable de ne pas être ailleurs.

Je m'assis sur le lit et reposai les moufles inachevées sur la table de nuit. Elle aimait que son oreiller soit retapé, alors je le retapai. Elle aimait poser sa tête pile au milieu de l'oreiller, alors je l'aidai à poser sa tête exactement au milieu.

– Comment ça se passe à l'école, Madeline ?

Sur son visage doux, je reconnus un peu de son ancienne personnalité là où, d'ordinaire, je ne voyais qu'un vague néant.

– Comment s'appelle cette fac, déjà ?

C'était son moment le plus lucide depuis des mois. Non seulement elle se souvenait que j'étais (censée être) à la fac, mais elle se rappelait aussi mon prénom. Le gros lot. Un jour avec, c'était quand Jamma reconnaissait mon visage quand j'entrais dans une pièce, mais ça… c'était un instant de lucidité plus que rare.

– Bergen Community, soufflai-je.

– Bergen Community. C'est charmant, ma petite.

Avec un signe de tête, je ravalai la boule dans ma gorge et me penchai pour l'embrasser sur le front. Curieusement, j'avais fini par m'habituer à être oubliée, ce qui rendait ce genre de moments – les moments où elle se souvenait – encore plus difficiles.

En sortant, je laissai la porte entrouverte, au cas où elle aurait besoin de quoi que ce soit. Ma chambre était en face, et même si elle n'avait jamais appelé une seule fois, je me sentais mieux en sachant qu'il n'y avait pas de barrière entre nous. Si elle avait besoin de moi, je le saurais. Je me glissai dans mes draps et allumai ma lampe de chevet. L'abat-jour rouge vif projetait sa couleur dans la pièce comme une peinture. J'essayai de lire mais mon esprit préféra penser à ma mère, quand elle chantait en cuisinant, en tenant la spatule comme un micro, ou quand nous décorions le sapin de Noël exactement de la même façon tous les ans. Je pensai à Papa, qui m'aimait à sa façon silencieuse. Je le sentais dans ses câlins, bien plus sonores que sa voix. Je pensai à Jamma avant que la démence ne s'installe – c'était la mère de ma mère, et elles étaient comme les deux doigts de la main, toujours à se jouer des tours ou à faire des messes basses dans la pièce d'à côté.

Nous étions une famille où tout le monde se connaissait.

Et maintenant, j'avais oncle Les. Le frère de Papa, bien qu'ils n'auraient pas pu être plus différents l'un de l'autre. Dans un diagramme de Venn où A = {Tuteurs légaux de Mad} et B = {Personnes qui s'en foutent totalement de Mad}, l'intersection = {Oncle Les}.

Oncle Les n'avait pas toujours été comme ça. J'avais des souvenirs de lui des années auparavant, des images dans ma tête qui prouvaient sa droiture. Mais ça n'avait plus d'importance maintenant. Maintenant, j'étais là. Maintenant, Jamma était là. Et là, maintenant, il n'y avait plus d'avenir.

Macro-problèmes.

J'éteignis la lumière rouge. Dans l'obscurité nouvelle, je me retournai et fermai les yeux. J'écoutai. De l'autre côté du couloir, j'entendis les petits cliquetis rythmés des aiguilles à tricoter de Jamma, qui œuvrait à ses moufles qu'elle ne finirait probablement jamais. De l'autre côté de mon mur – dans la chambre de mon oncle –, il y avait aussi des bruits. Des jurons étouffés, des voix brouillées, de temps en temps un gémissement, bas et profond. Il avait l'habitude de sangloter dans sa léthargie alcoolisée, avant de s'écrouler inévitablement par terre.

C'était ce qui marquait la fin de sa routine quotidienne.

Derrière la sécurité relative de mes paupières closes, je me remémorai un jour, bien avant l'accident, quand Maman et Papa étaient en vie et que tout existait encore. Ce jour-là, nous étions sortis de cours plus tôt pour cause de jour de formation des profs. Il était près de midi, ce qui signifiait que Papa et Maman étaient encore au travail, alors j'étais rentrée à pied. En approchant de la maison, j'avais entendu de la musique par une fenêtre ouverte, et aperçu la voiture d'oncle Les dans l'allée, ce qui était bizarre puisqu'il ne nous rendait que rarement visite. Sous le porche, je reconnus la voix de Joan Baez, la chanteuse préférée de ma mère. Le volume était à fond. J'entrai, et là, je reçus une leçon : une leçon sur l'immensité du monde et sur ma propre insignifiance, une leçon sur la vitesse à laquelle la vérité pouvait changer, et à quel point j'en savais peu sur les gens que j'aimais.

Oncle Les était dans notre cuisine, en slip beige. Il me tournait le dos : un grain de beauté sur son omoplate gauche, la sueur luisante sur sa peau. Il buvait du jus d'orange à même la bouteille au-dessus de l'évier. À cause de Joan Baez, il ne m'avait pas entendue arriver. À l'instant où j'allais lui demander ce qu'il fichait là, une voix avait retenti – la voix de Maman, depuis la chambre à coucher. Elle n'avait dit que « Lester », mais c'était plus que suffisant. J'étais sortie de la maison sans y retourner jusqu'au dîner, alors qu'on m'attendait depuis longtemps, que Joan Baez avait été réduite au silence, et que personne ne se tenait en slip dans notre cuisine, à boire du jus d'orange directement à la bouteille comme si c'était *son* putain de jus d'orange.

Ce n'était pas son putain de jus d'orange.

De l'autre côté du mur, j'entendis mon oncle s'effondrer par terre, achevant ainsi sa routine quotidienne. Il ne sut jamais que je savais. Maman ne le sut jamais non plus. Et ça m'allait très bien comme ça. Au moins, elle était morte sans avoir conscience que je savais le pire à son sujet. Et au moins, oncle Les se sentait trop coupable pour placer Jamma dans un établissement merdique. Mais la même question subsistait, encore et toujours.

J'ouvris les yeux dans l'obscurité.

– Qu'est-ce que je vais faire ?

L'obscurité répondit, comme toujours, par un silence total.

– 7 –
LES NOMBREUX CRÉTINS DE LA BANLIEUE DU NEW JERSEY
(ou : Sois le Cheval de course)

SALLE D'INTERROGATOIRE N° 3
BRUNO VICTOR BENUCCI III ET SERGENT S. MENDES
19 DÉCEMBRE // 18 H 48

La *Femme au tabouret* de Matisse.

Voilà à quoi me fait penser cette pièce.

…

– Vous aimez l'art, sergent Mendes ?

Elle sirote son café, se recule sur sa chaise.

– Oui.

– Vous saviez que Matisse et Picasso étaient amis ? Ou disons… pas tout à fait amis, mais… ils se poussaient l'un l'autre à l'excellence.

– Je l'ignorais.

– Tout à l'heure, en lisant mon dossier, vous avez dit que j'étais obsédé par l'art abstrait. Vous savez pourquoi ?

Elle secoue la tête.

– J'aime l'art abstrait parce que c'est le seul endroit où le laid et le beau peuvent signifier la même chose. Et plus c'est choquant, totalement différent, inconnu – je sors mon mouchoir pour éponger mes fuites –, mieux c'est.

Parfois, on ne sait pas expliquer ce qu'on ressent ni pourquoi, jusqu'à ce qu'on en parle. J'ai toujours su que j'adorais Matisse. Et comme l'art ne requiert pas de pourquoi, je n'en ai jamais vraiment déterminé la raison. Jusqu'à maintenant.

– Papa m'a emmené au MoMA, le musée d'art moderne, dis-je. J'y ai vu mon premier Matisse. Ça s'appelait *Femme au tabouret*. Je me suis assis dans cette salle, dans ce musée, et j'ai regardé cette toile pendant plus de deux heures.

– À quoi elle ressemble ?

– C'est juste une femme assise sur un tabouret dans une pièce grise. Avec une table. Matisse a commencé sa toile dans les tons bleus et verts, mais il a fini par presque tout recouvrir en gris. Sauf ses jambes. Il a laissé ses jambes bleues et vertes. Papa disait toujours : « Ne regarde pas les couleurs qui sont là, Vic. Regarde les couleurs qui n'y sont pas. » Il disait que ça « frémissait sous la surface ». Que si on regardait d'assez près, on pouvait voir des couleurs dans la vraie vie que personne d'autre ne voyait, des couleurs qui existaient, mais qui étaient recouvertes. C'est vraiment quelque chose, quand on considère que Matisse était un Fauve.

– Un fauve, répète Mendes.

Je ne sais pas si c'est une question ou non. Je décide que si.

– Le fauvisme, c'est un style de peinture qui trouve sa valeur intrinsèque dans la couleur. Les peintres fauves pensaient que les couleurs elles-mêmes étaient des symboles, plus que de simples descripteurs physiques. Donc vous voyez, c'est ce qui rend la *Femme au tabouret* si remarquable.

– Comment ça ?

– Si Matisse considérait que c'était la couleur qui primait dans un tableau, pourquoi tout recouvrir ? Je crois que ça montre qu'il comprenait le frémissement sous la surface, probablement mieux que personne. Matisse savait *exactement* ce qu'il faisait.

...

–Vic, je crois qu'on s'éloigne un peu du...

– Vous êtes déjà allée au MoMA ?

Mendes pousse un soupir, regarde sa montre.

– En fait non, jamais. Mais je suis allée plusieurs fois à la Frick Collection. Et au Metropolitan.

– Donc vous avez déjà vu ces gens qui observent une excellente peinture ou sculpture et qui restent des heures, les mains croisées devant eux, ou une main sous le menton, les yeux plissés, en hochant la tête et en faisant « Hmm », comme s'ils comprenaient vraiment, comme si le tableau avait vraiment une signification profonde, et puis soudain – *pouf!* – ils en ont vu suffisamment, et ils passent à une autre œuvre. Ils comprennent la technique, le talent, la créativité, mais ils ratent ce qu'il y a en dessous. Je ne sais pas comment font ces gens. Comment on peut simplement hocher la tête, dire « Hmm », et passer à autre chose.

– Ton père s'est assis avec toi ?

– Pardon ?

– Tu as dit que ton père t'avait emmené au musée. Il a regardé le tableau pendant deux heures, lui aussi ?

– Il est resté un moment. Je ne sais pas. Il y avait une œuvre multimédia dans l'autre salle. Un violoncelliste, je crois, qui jouait devant une photographie géante. C'était bien, mais ce n'était...

– Pas Matisse, termina Mendes.

J'acquiesce.

– Pas Matisse.

...

...

– Papa aime... *aimait* la peinture. Mais il aimait encore plus la musique. Vous avez déjà entendu le *Duo des fleurs* ?

Mendes secoue la tête.

– C'est dans un opéra.

– Je ne savais pas que tu aimais l'opéra.

– Pas vraiment. Je me contente de...

– Hocher la tête, dire « Hmm », et passer à autre chose ?

Je souris de l'intérieur.

– La seule fois où j'ai vu Papa pleurer, ça n'avait rien à voir avec le cancer. C'était il y a des années, bien avant qu'il tombe malade. J'étais à l'arrière de la voiture, juste assez grand pour apercevoir ses yeux dans le rétroviseur. Il passait le *Duo des fleurs* en boucle. Il ne savait pas que je pouvais le voir. Et il pleurait. J'ai détesté ça.

J'enfonce mes ongles dans mon poignet. Je veux que ça fasse mal. Le souvenir de Papa a toujours été très proche, mais parfois, il arrive que je le sente me glisser des doigts.

– Victor…

Mendes pose les deux coudes sur la table, les mains jointes devant son visage.

– Quand tout ça sera fini, j'aimerais te présenter quelqu'un. Ça pourrait… t'aider, tu sais ? De parler de tout ça à un professionnel.

À cet instant, on frappe à la porte.

Mendes soupire et baisse les mains.

– Entrez !

L'inspecteur Ronald passe la tête dans la salle et lui fait signe de le rejoindre dans le couloir. Ils chuchotent quelques secondes. Je n'entends pas grand-chose à part « On essaye encore ». Mendes recule un peu et regarde Ronald comme si elle ne découvrait qu'à l'instant sa présence.

– Donc tu me fais venir uniquement pour me dire que tu n'as rien. Bon sang, Ron… bon, d'accord. Où est le lieutenant Bell ?

– Dans son bureau, il me semble.

Mendes ordonne à Ron de rester avec moi pendant qu'elle va parler au lieutenant. Une fois seul avec l'inspecteur Ron, je pose le front sur la table, un peu à cause de l'épuisement, mais surtout pour ne pas avoir à lui parler. Il fait les cent pas une minute, puis s'arrête au bureau et feuillette mon dossier.

– Et le Rockefeller Center, t'en penses quoi ?

Je soulève la tête.

– Quoi ?

Il se penche au-dessus de mon dossier et saisit la liste de Papa. J'avais presque oublié que c'était Mendes qui l'avait.

– « Lâche-moi depuis le sommet de notre roc », lit-il. L'étage panoramique du Rockefeller Center, il s'appelle bien Top of the Rock, non ?

Ses yeux se dirigent sur la porte avant de revenir vers moi. Il reprend :

– J'y suis allé l'an dernier. Meilleur panorama de la ville, sans conteste. Surtout à cette période de l'année.

...

Putain de merde.

...

Le sergent Mendes réapparaît, fait sortir Ron dans le couloir, referme la porte sur lui et se rassoit.

– Désolée.

Elle ajoute quelque chose mais je ne l'entends plus. Je me rends dans mon pays de Rien, où je suis rejoint par mes jeunes parents, épanouis, amoureux, qui se tiennent sur la terrasse d'un gratte-ciel, la ligne d'horizon de New York derrière eux.

Le sommet du Rockefeller Center. Le Top of the Rock.

Peut-être que l'inspecteur Ron n'est pas un caniche pur race. Peut-être qu'il a un peu de cheval de course en lui, après tout.

(Deux jours plus tôt)

VIC

– Deux jours, dis-je.

– Techniquement, elle n'est partie que depuis deux *nuits*, répondit Coco en scrutant le menu comme si nous n'allions pas nous contenter de manger ce que Margo voudrait bien nous apporter. Ça ne fait qu'un jour et demi, c'est rien. Eh, Zuz. Tu crois que ces frites au pepper jack contiennent du secret anal de castor ? Pas d'entourloupe.

Nzuzi claqua une fois des doigts.

Coco poussa un soupir en refermant le menu du Napoleon.

– Mad avait raison, Vic. Tu m'as cassée.

Je regardai les frères Kabongo assis en face de moi. Hier matin – le lendemain du soir où j'avais vu l'*Homme Autoportrait mettant fin à la télévision* –, Nzuzi avait disparu. Il n'était revenu qu'à l'heure du déjeuner.

Mais bon, hein.

Ce que fabriquait Nzuzi ne me regardait pas.

– Purée, c'est quoi le phosphate tricalcique ? demanda Coco qui lisait le dos d'une petite bouteille.

Elle la retourna et lut :

– « Assaisonnement tout usage – bio. » *Phosphate tricalcique*, ça ne sonne pas très « bio » à mon avis.

Elle se mit à inspecter la bouteille de ketchup tandis que nous attendions patiemment la manigance culinaire que nous avait concoctée Margo aujourd'hui.

J'avais passé toute la journée de la veille à hésiter entre raconter ou ne pas raconter ce que j'avais vu à Baz. La partie de mon cerveau qui pensait avec son cerveau avait donné son accord, pour les raisons suivantes :

1. Mon esprit ne parvenait pas à effacer l'image de l'oncle de Mad, incroyable copie de l'*Autoportrait* de Matisse. (Pour tout dire, cette image me donnait envie de conseiller à Baz d'apporter sa batte de baseball.)

2. Ces bleus sur les poignets de Mad – ceux qu'elle m'avait montrés sur le toit de l'ancienne maison de mes grands-parents – prenaient tout leur sens à présent. Je connaissais maintenant *l'origine* de ces bleus. Et par conséquent, ils étaient de ma

responsabilité. Parce qu'on ne peut pas simplement laisser couler ce genre de merde.

3. Alors que je nourrissais un dégoût météorique pour Frank le Petit Copain et sa mentalité fais-l'autruche-et-porte-ton-costume-comme-pyjama-s'il-le-faut (sans parler des fruits pourris de ses entrailles, Klint et Kory), je n'avais jamais craint que Frank le Petit Copain fasse du mal à ma mère ou à moi. Mais si cela avait été le cas, et que quelqu'un d'autre ait été au courant, j'aurais espéré qu'il prenne notre défense.

La partie de mon cerveau qui pensait avec son cœur, en revanche, avait voté contre, pour une seule et unique raison :

1. Apparemment, Mad n'en avait pas parlé à Baz. *Ergo* elle avait envie que cela reste secret. Et je voulais que ses envies restent intactes.

Mais : ça ne suffisait pas.

Donc : j'allais lui raconter.

Et si Mad m'en voulait d'avoir révélé son secret, je survivrais. Honnêtement, si c'était ça la conséquence, ça m'allait.

– *Bonjour, mes petits gourmands*[1].

Pendant qu'elle déclamait sa phrase absurde, Margo posa les deux mains sur les épaules de Baz avec une lueur particulièrement intense dans les yeux.

– Je vais vous chercher vos sodas *illico presto*... et ton eau, Mbemba. Ah, je crois que vous allez être ravis aujourd'hui.

– Pourquoi ? T'as encore des bananes alcooliques en feu ? demanda Coco.

– J'ai bien peur que le vieux collecteur de graisses soit en pénurie de rhum. Il va falloir attendre la prochaine cargaison pour les bananes

1. En français dans le texte

flambées. Non, cette fois j'ai quelque chose d'un peu plus sain. Mes mondialement renommés… wraps de laitue !

L'annonce de Margo se heurta à un copieux silence.

– Désolée, souffla-t-elle. On est toujours confrontés à cet excédent de laitue.

– Nous serons ravis de les manger, dit Baz.

Margo Bonaparte le fixa du regard un instant et puis, sorti de nulle part, elle dit :

– Comment va Rachel ?

Elle sembla regretter immédiatement car ses yeux tombèrent au sol. Elle marmonna qu'elle devait surveiller les plats ou quelque chose dans ce genre, et disparut. Coco sortit un crayon et se mit à griffonner sur une serviette.

– Donc c'est un Chapitre précédent ? demandai-je.

Baz ôta sa casquette de baseball des Trenton Thunder et la posa sur la table.

– Qui ?

– Margo.

– Qu'est-ce qui te fait croire ça ?

– Un truc que Mad a dit quand je vous ai rencontrés. Je lui demandais comment vous faisiez pour l'argent, et elle a dit que vous aviez des Chapitres précédents en ville pour vous aider. Topher t'a proposé des tatouages gratuits, Norm a l'air d'être prêt à vous céder son magasin tout entier. On dirait que chaque Chapitre veut vous donner plus qu'une histoire. Enfin bon. Vous ne payez jamais Margo. Et elle ne demande jamais à être payée. Donc j'ai pensé que…

– Le camion de marchandises.

…

– Pardon ?

– Il y a quelques jours, tu as failli te faire écraser comme un insecte par ce camion de marchandises. Tu sais pourquoi je t'ai tiré en arrière ?

Je n'avais pas envisagé le fait que Baz puisse avoir besoin d'une raison particulière pour me sauver la vie.

– C'est parce que tu ne faisais pas attention, dit-il. Tu n'as pas vu ce qui arrivait sur la route, mais moi si. J'ai vu le camion. Alors je t'ai tiré en arrière.

– D'accord.

Il but une gorgée d'eau.

– Baz, je ne comprends pas.

– Tu n'as pas à comprendre.

Merde. Je m'étais fait avoir comme un bleu.

– Regarde, reprit-il. C'est très simple. Il y a un tas de gens dans ce monde – dans cette ville – qui ne font pas attention. Ils ne voient pas arriver les camions de marchandises.

– Mais toi, oui ?

Il hocha la tête.

– Souvent. Donc pourquoi ne pas agir ? La plupart du temps, les gens se mettent en retrait, haussent les épaules et regardent les choses se produire. Des choses affreuses. Je le sais d'expérience. Mais moi, j'en ai marre de hausser les épaules. J'en ai marre de ne rien faire. Et puis, les histoires me seront utiles.

Je ne pus m'empêcher d'entendre la voix de mon père dans les paroles de Baz.

Fais quelque chose, Vic.

...

À l'instant où j'ouvrais la bouche pour lui raconter ce qui se passait pour Mad, Coco dit :

– C'est *parfait*, Zuz. Bien joué.

À côté de moi, son crayon à papier virevoltait furieusement tandis que Nzuzi, penché au-dessus de la table, donnait son approbation d'un signe de tête. J'observai la gamine écrire, le visage figé par la concentration. Cette pauvre gosse avait eu plus que son compte de tragédies. Inutile d'en rajouter. Je sirotai mon Sprite en décidant que ça attendrait le moment où Coco ne serait plus dans les parages.

Margo revint les bras chargés d'un plateau débordant de laitue iceberg et de bols contenant steak, riz, haricots verts frais, chou-fleur, choux de Bruxelles et un genre de sauce à l'arachide.

– Mercredi ! s'exclama Coco. Je vais devoir réviser quelques-unes de ces paroles.

Nous nous jetâmes sur la nourriture et, en un rien de temps, la table ne fut plus qu'un chaos de serviettes et d'assiettes nettoyées jusqu'à la dernière miette. Coco se remit à ses griffonnements en demandant de temps en temps à Nzuzi quelle phrase il préférait. Il prenait très au sérieux ce qu'elle écrivait et réfléchissait soigneusement avant de donner sa réponse non verbale.

– C'est du lourd, celle-là, Baz, déclara Coco sans lever la tête. Ça peut même faire un hit.

– Ah oui ? dit Baz en m'adressant un clin d'œil avant de se tourner vers Coco, l'air sérieux. Ça parle de quoi ?

– Hin-hin. Il faut attendre que ce soit terminé. Mais je vais te dire. Si tu me donnes mille dollars, tu peux la mettre dans ton bouquin.

– Mille dollars, rien que ça ?

Coco acquiesça.

– Et encore c'est donné, mon vieux.

– Et pour sept dollars ?

– Coupons la poire en deux... disons quatre cents.

Baz rigola et répondit qu'il devait y réfléchir.

– Comment as-tu eu l'idée d'écrire un livre ? lui demandai-je.

– Ma mère.

– Elle écrivait aussi ?

Baz jeta sa serviette dans son assiette vide, croisa les bras et eut un mince sourire.

– Je te parlerai peut-être d'elle un jour. Pour le moment, disons simplement que mon livre est un peu son héritage. Comme l'urne de ton père.

J'avais été tellement préoccupé par la situation de Mad que, pour la première fois depuis que j'avais trouvé la lettre de Papa, je n'avais pas pensé une seule seconde à la liste.

– Il est peut-être temps que tu t'en ailles, dit soudain Baz.

J'étais en train de tenter de retirer un bout de chou de Bruxelles coincé entre mes dents. Je regardai Coco, puis Nzuzi, avant de comprendre que c'était à moi qu'il s'adressait.

– Quoi ? dis-je en laissant le chou vivre sa vie.

– Tu devrais peut-être t'en aller.

Je me sentais comme si le père Raines m'exhortait à forniquer.

– « Lâche-moi depuis le sommet de notre roc », récita Baz. J'imagine que tu ne sais toujours pas ce que ça signifie, et ce n'est pas grave. Ce que je veux savoir, c'est quand y as-tu songé pour la dernière fois ?

…

Personne n'allait droit au but aussi bien que Baz Kabongo. De temps en temps, cette franchise était rafraîchissante, mais savoir qu'il pouvait poser n'importe quelle question à n'importe quel moment me mettait perpétuellement à cran.

– J'y pense beaucoup, dis-je.

C'était un mensonge et nous le savions tous les deux. Ces derniers temps, mon cerveau n'avait pensé à rien d'autre qu'à *Madmadmadmadmadmadmadmadmadmad*.

– Et toi, quand y as-tu songé pour la dernière fois ?

Je regrettai immédiatement ma question, sachant pertinemment ce qu'il allait me répondre. Ce que n'importe qui d'autre que moi aurait répondu.

– Ce n'est pas mon père, dit Baz. Je t'aime bien, Vic. Tu es le bienvenu parmi nous aussi longtemps que tu le souhaites. Je ne te demande pas de partir, je ne dis pas non plus que je veux que tu partes. Mais le marché c'était que j'allais t'aider, pas le faire pour toi. Donc je vais le répéter. Peut-être que tu devrais t'en aller.

– Pour aller où ?

– Chez toi, Vic.

Avant que nous quittions le Napoleon, Margo passa son numéro à Baz pour la centième fois en lui demandant de l'appeler. Il le fourra dans sa poche en répondant qu'il essaierait.

Dehors, nous nous mîmes en marche vers New Milford et dépassâmes Foodville sur le chemin. Coco émergea de ce qui l'occupait depuis un bout de temps pour mendier une glace. Baz dit que le budget était trop serré, et Coco rétorqua en l'accusant de parler comme une mère au foyer.

– Je ne comprends toujours pas pourquoi tu ne me laisses pas en voler, tout simplement, dit-elle.

– Tu connais ma règle, répondit Baz.

– Quelle règle ? demandai-je.

Coco poussa un soupir plus gros qu'elle.

– Baz a une règle sur le vol. Ne vole pas si *tu* peux te le payer, ne vole que si *eux*, ils peuvent se le payer, et un autre truc de mercredi. Je me souviens plus.

Baz expliqua :

– Ne vole pas si *tu* peux te le payer, ne vole *que* si *eux* ils peuvent se le payer, et ne vole jamais ce dont tu n'as pas besoin.

Le silence s'abattit sur notre groupe quelques secondes durant lesquelles Foodville passa comme une tortue sur notre droite.

– Désolée, dit Coco au bout d'un moment, mais ça sonne quand même comme si tu voulais qu'on vole.

Nzuzi claqua une fois des doigts.

– Tu vois ? renchérit Coco. Ton propre frère est d'accord. Pourquoi ne pas dire seulement « Ne vole que ce dont tu as besoin » ?

Nzuzi claqua une fois des doigts.

– C'est pareil, dit Baz.

– Bah, il y a une phrase pas claire, et une claire. C'est comme dire « Interdit de *pas* frapper Victime dans les parties », ce qui, je suis désolée, sonne comme si tu voulais que je frappe Victime dans les parties.

Tout le monde rigola mais je n'écoutais qu'à moitié. Je m'approchai de Baz alors que derrière nous, Coco retournait à son écriture.

– Baz, je voudrais répondre à ce que tu as dit…

– Es-tu amoureux de Mad ?

La question aurait dû me déstabiliser, mais je me sentais surtout soulagé que quelqu'un d'autre ait remarqué. La neige craquait sous nos pas. Je dis :

– Peut-être.

– Tu n'as jamais été amoureux avant ? demanda Baz.

– Je l'ai cru. Des tas de fois. Mais Mad est… différente.

Une image : deux boussoles, une désignant l'est, l'autre l'ouest. L'amour de Papa et Maman était planétaire. Où qu'ils aillent, ça ne changeait rien. Tant qu'ils étaient en vie, ils finiraient toujours par se retrouver au même endroit ensemble. Pour un penseur de cœur comme moi, c'était une notion capitale. Et je me rendis compte que même si j'avais l'impression de m'éparpiller dans toutes les directions, ma boussole indiquait toujours la direction de Mad.

– Elle a des ennuis, dis-je.

Coco était suffisamment loin derrière nous et complètement absorbée par ses écrits.

– Mad a des ennuis, Baz. Elle a besoin d'aide.

L'expression de Baz était indéchiffrable. Il marchait en regardant droit devant lui.

– Que veux-tu dire ?

– Il y a deux nuits de ça, je me suis réveillé au moment où elle sortait. Je l'ai suivie. Elle a un oncle. Et il y avait une vieille femme aussi. Elle habite dans une maison pas très loin du verger.

…

– Je sais.

Je manquai de trébucher.

– Tu sais ?

– Oui.

…

…

– Hum. OK.

– Nzuzi est allé voir si elle allait bien hier matin.

– Je ne comprends pas. Donc Mad t'a raconté ?

Baz secoua la tête.

– Il y a plusieurs mois, Nzuzi l'a suivie, exactement comme toi. Il m'a réveillé cette nuit-là pour m'emmener jusqu'à la maison et me montrer.

– Qu'est-ce que tu as vu ?

– Elle regardait la télévision. Avec une vieille femme. C'était sale, mais ça semblait aller.

– Et son oncle ? Tu l'as vu ?

Maintenant que la conversation était lancée, il me paraissait urgent qu'il comprenne bien. Il fallait que Baz voie le même tableau que moi : *Homme Autoportrait mettant fin à la télévision*. Le problème, c'était qu'on ne pouvait pas forcer quelqu'un à rester devant une peinture.

Baz secoua de nouveau la tête.

– Il n'y avait pas d'oncle.

– Il y a bien un oncle, Baz.

Je voulais arracher le tableau du mur et lui coller en pleine figure.

– Et il est affreux. J'ai peur qu'il lui fasse du mal.

Baz ne dit rien pendant plusieurs minutes, mais quand il rouvrit la bouche, je perçus dans sa voix le même conflit qui m'avait torturé deux jours durant.

– D'accord, dit-il. On ira ce soir. Quand Coco dormira.

Je hochai la tête, un tout petit peu soulagé.

Coco et Nzuzi accoururent derrière nous.

– Fini !

On était bien à deux kilomètres et demi de la chaleur de la serre, il gelait littéralement.

– Fini quoi ?

Coco fit un signe de tête à Nzuzi qui, à mon grand étonnement, se mit à faire le beatbox.

– Yo, yo. Ahin, commença tout bas Coco à intervalles rythmiques. On est des wrapeurs… de laitue. On est des rappeurs… l'es-tu ?

Le beatboxing régulier de Nzuzi se complexifia quand Coco se mit à faire des rimes :

On est les Kids of Appetite, on est là pour durer
On fait des wraps de laitue depuis pas mal d'années
Ça croque et c'est sain et c'est un peu doux
Balance les légumes, ta viande on s'en fout
C'est d'la laitue pas du pain, mec, de quoi tu t'plains ?
Ça déchire et si t'es pas content, mec, mange tes mains
Tu veux savoir qui on est mais fais pas trop l'malin
J'te réponds dans une seconde mais là c'est le refrain

On est des wrapeurs... de laitue
On est des rappeurs... l'es-tu ?

Pas coca, pas cola, j'suis Coco ça m'suffit
Dans le Queens Machine j'suis la reine des bandits
Lui c'est Baz, c'est un vieux mais pas un con
Et Victime, le prends pas pour un pigeon
Mon pote Zuz, il drop des vérités, comme un roi
Ce type parle autrement, t'entends pas ? Tant pis pour toi
Mad est pas là donc tu sais c'qui t'reste à faire
Lâche un message après l'bip ou alors va en enfer

(Bip !)
On est des wrapeurs... de laitue
On est des rappeurs... l'es-tu ?

J'crois qu'on t'a donné une leçon
J'crois qu'on t'a bouffé ton son
Alors écoute, crétin (t'es un crétin, pas qu'un peu)
Une fois, deux, trois, infiniteux
Moi j'prêcherai mon sermon contre vents et marées

Car j'sais ce qui est bon même les yeux fermés
Voilà le secret, approche, écoute bien, c'est la vérité
Si tu cherches un truc dément le midi à dévorer
Les KOA approuvent la laitue au déjeuner

On est des wrapeurs... de laitue
On est des rappeurs... l'es-tu ?

Les rues de New Milford n'avaient pas idée de ce qui les avait frappées. Et pendant que nous rappions la chanson de Coco une fois, deux, infiniteux, j'allai dans mon pays de Rien et j'y vis les nombreux crétins de la banlieue du New Jersey qui se terraient dans leurs sous-sols, attendant patiemment la fin de notre hymne.

Ils allaient devoir attendre longtemps.

✕

Une fois à la serre, Coco mit un sacré bout de temps à s'endormir. Énergisée comme elle l'était par le succès de son dernier hit, elle implorait Baz de lui raconter une histoire depuis son sac de couchage. *Ergo* il céda et raconta l'histoire de la Bible où Moïse conduit les Israélites hors d'Égypte. Coco l'interrompit deux fois pour lui suggérer des idées de titres pour son livre (*La Colonne de feu* et *La Bible 2 : Le jugement dernier*). Nous redescendions le mont Sinaï quand elle se mit à ronfler. Alors, Baz dit à Nzuzi de rester avec Coco, que nous allions voir comment allait Mad, mais que nous serions vite revenus.

Je quittai le verger avec Baz, dans la nuit capitalement glaciale, pour *agir.*

Mon câlin latéral interne tremblait vigoureusement.

– Les Mets sont nuls au baseball, tu es au courant ? dit Baz.

Je venais de ramper sous le grillage où mon surMets s'était accroché. Baz avait sauté par-dessus sans effort et m'attendait de l'autre côté avec sa remarque cinglante.

Comme si on ne me l'avait jamais faite.

– Oui. Je sais. Mais ils se rattrapent depuis quelques années.

Alors que nous marchions vers la maison de Mad, Baz montra sa casquette des Thunder et m'expliqua à quel point c'était passionnant de regarder jouer les jeunes espoirs des Yankees. Je songeai au printemps où Papa et moi avions décidé de nous intéresser aux Trenton Thunder. Comme cette équipe de ligue mineure était affiliée aux Yankees de New York, ses matchs nous donnaient de bons renseignements sur l'ennemi. Les matchs de ligue AA impliquaient moins de stratégies offensives, plus de paris et de hot-dogs défraîchis. Mais Papa disait toujours : « Le baseball c'est le baseball, Vic. C'est beaucoup mieux que de rester à la maison à se tourner les pouces. »

Avant, je détestais quand il disait des trucs comme « se tourner les pouces ». Maintenant, ça me manque.

Baz continua de parler des Thunder et des Yankees avec l'enthousiasme d'un vrai fan de baseball pendant encore quelques pâtés de maisons. Mais quand bien même, je n'avais que peu de tolérance pour une équipe qui préférait acheter des joueurs plutôt que de les faire évoluer.

Les Yankees étaient là pour *gagner à tout prix*. Les Mets, c'était plutôt le jeu qui les intéressait. Je détestais l'admettre, mais en un certain sens, les Mets aspiraient à l'entreprenariat en location de voitures. Mais ils avaient du cœur. Et ça, c'était le meilleur argument de vente pour deux véritables penseurs de cœur comme mon père et moi.

– Tu devrais penser à changer de camp, dit Baz.

Cette suggestion me ravit contre toute attente.

Les amis de Papa lui disaient toujours ça.

Arrivés chez Mad, je le conduisis jusqu'à la baie vitrée en saillie en l'avertissant pour qu'il ne marche pas dans le collecteur d'eau, comme moi la dernière fois. Baz retira sa casquette et colla sa figure contre la vitre pour distinguer la pièce. C'était toujours le chaos, mais légèrement moins qu'avant. La télé avait disparu, pas étonnant puisqu'elle avait été anéantie. Dommage. J'avais espéré pouvoir la montrer à Baz comme preuve que tout n'allait pas bien et que non seulement son oncle existait, mais qu'il était clairement dangereux.

Après quelques minutes de calme complet, nous fîmes le tour de la maison à la recherche d'autres fenêtres ou points de vue possibles. J'appréciais le fait que Baz n'était pas venu seulement pour m'apaiser. Du moins, je ne le croyais pas. Il avait l'air sincèrement inquiet. Mais je comprenais aussi ses hésitations. Notre présence ici, si justifiée soit-elle, était une trahison de la confiance que Mad nous accordait.

En vérifiant une fois de plus la fenêtre à l'avant de la maison, nous aperçûmes brièvement Mad. Elle portait des gants en caoutchouc et semblait faire le ménage, ce que mon cerveau en mode espion trouva hautement suspicieux.

Aucun signe de sa grand-mère. Aucun signe de son oncle.

Tout semblait en ordre.

Baz finit par insister pour que nous partions.

– Baz, attends, chuchotai-je.

– Quoi ?

...

– Où est ta casquette ?

Il porta instinctivement les mains à sa tête. Mais la casquette avait disparu. On la chercha partout, en faisant deux fois le tour de la maison, en vain. Baz ne cessait de répéter que ce n'était pas grave, mais le truc c'était que : si. La casquette menait directement à lui ; si Mad la trouvait, elle saurait qu'il était venu. Après plusieurs autres tours de la maison sans résultat, nous laissâmes tomber.

Le retour au verger fut silencieux. Personne ne parla de baseball. Personne ne parla de rien.

✕

Allongé dans l'obscurité, bien éveillé, j'attendais d'avoir la certitude que Baz et Nzuzi dormaient, tout en me détestant une fois de plus d'avoir laissé mon chargeur d'iPod à la maison. J'aurais bien eu besoin des sopranos volantes. Ces deux femmes étaient des championnes absolues dans l'art d'instiller le courage, et il se trouvait que mes stocks de courage baissaient dangereusement.

En quittant la maison de Mad, une partie de moi savait que la nuit n'était pas terminée. Une partie de moi allait y retourner.

Tellement de parties de moi.

Comme si les pièces d'un puzzle m'étaient venues petit à petit, tout au long de la journée. Une pièce : les bleus sur les poignets et les bras de Mad. Une pièce : les grognements de l'oncle de Mad. Une pièce : un fusil dans un écran de télé. Au début, je ne comprenais pas très bien pourquoi Mad ne cessait de retourner là-bas. Apparemment, son oncle était souvent trop ivre ou apathique (ou les deux) pour remarquer l'absence de sa nièce. Ils n'avaient visiblement pas de conversation à propos de la fac, de ses amis, ni même de « Mad, bon sang, mais où étais-tu passée ? ». Elle ne revenait certainement pas pour lui.

C'était forcément pour la vieille dame. Jamma, l'avait-elle appelée. J'aurais mis ma main au feu que c'était sa grand-mère, et ma tête à couper que c'était pour elle que Mad retournait là-bas.

...

La respiration de Baz était régulière, celle de Nzuzi aussi. Je me levai sans bruit. D'ici, je voyais leurs yeux fermés – ça me suffisait.

Je traversai l'allée centrale sur la pointe des pieds, attrapai mon manteau et sortis de la serre. Dehors, le vent nocturne transforma mes fuites en glace à l'eau. Je m'élançai dans le verger, sur le pont, et j'allais passer sous le grillage quand j'entendis un bruit. Un unique toussotement.

Je me pétrifiai.

...

...

Le buisson ou l'arbre le plus proche se trouvait à au moins dix mètres. Je n'avais nulle part où me cacher.

– Monsieur Maywood ? demandai-je d'une voix faiblarde.

Pas de réponse.

– Qui est là ?

…

…

…

Rien.

Rien que la nuit muette et enneigée.

J'essayai de me convaincre que ce toussotement était issu de mon imagination.

Sois le cheval de course, Benucci. Sois le cheval de course, mercredi !

Alors je passai sous la clôture et, pour la seconde fois cette nuit-là, j'accrochai mon surMets. Je m'arrachai du grillage et empruntai le chemin que nous avions pris un peu plus tôt, cette fois-ci en courant. Tout à coup, je sentis que j'avais trop tardé. Des idées horribles se fichèrent dans mon cerveau, la pire : le visage de Mad comme un écran de télé.

Son adorable coupe de cheveux d'extrêmes contraires simultanés.

Son sourire et sa voix quand elle chantait.

Sa personnalité.

J'accélérai.

Tellement vite.

Et je me retrouvai là. Au même endroit.

Sous la fenêtre en saillie à l'avant de la maison.

Mon pied droit s'enfonça dans quelque chose. Avec un juron, je le retirai du même collecteur d'eau de pluie couvert de neige quand soudain, je la vis : la casquette des Thunder. Soulagé, je la ramassai et la mis sur ma tête. Ça me faisait un élément de plus pour passer incognito (même si, vu que je n'avais rien pour passer incognito, ce n'était pas un élément de *plus*, mais un élément tout court).

Je contournai le collecteur et regardai par la fenêtre.

Mad avait fait le ménage, d'accord. Et elle s'était activée dans l'heure qu'avaient mis les Kabongo à s'endormir. Les magazines, les boîtes de pizza, les canettes et bouteilles, les assiettes en carton graisseuses, la poussière et la crasse – tout avait disparu. En fait, sans le râtelier au mur et les bois de cerf à côté, j'aurais pu croire m'être trompé de maison. J'attendis quelques minutes pour voir si Mad allait entrer dans la pièce avec un coca et s'affaler sur le fauteuil comme la dernière fois.

Toujours rien. Aucun signe de Mad, de Jamma, ni de l'Homme Autoportrait.

Plié en deux, je fis le tour du pavillon.

Vif. Agile. Furtif. Habile. Espion. Discrétion.

À l'autre bout de la maison, j'aperçus une lueur briller à une fenêtre. Faible, rouge, comme un phare dans la tempête. Le rideau était tiré, assez fin pour laisser passer la lumière, trop épais pour me laisser voir à l'intérieur.

J'arrivai sur une terrasse peuplée de meubles de jardin marron tout tachés, d'un barbecue, d'un tabouret de pierre et d'une table qui avaient l'air abandonnés depuis des décennies. On sortait sur la terrasse par une porte-fenêtre coulissante. Pas de rideaux cette fois, simplement de grands stores verticaux.

Ils n'étaient pas tirés.

La tête contre la vitre, j'observai en silence la facture et les couleurs d'une cuisine normale de la famille américaine moyenne : réfrigérateur beige, grille-pain métallique, micro-ondes noir, cuisinière marron. Et en silence, j'observai autre chose, quelque chose sous la surface.

Ne regarde pas les couleurs qui sont là, Vic. Regarde les couleurs qui n'y sont pas.

J'avais toujours soupçonné que les tableaux de Matisse étaient vivants, qu'ils m'examinaient autant que je les examinais. Je me demandais s'ils sentaient leurs propres couleurs, surtout celles qui avaient été recouvertes. Et je me demandais ce que ça avait dû coûter à Matisse, pour un Fauve comme lui, de recouvrir toutes ces couleurs vives, centimètre par centimètre, de couleurs ternes. Tant de retenue. Mais qui en valait la peine. Les silhouettes dans ses tableaux sentaient leurs couleurs, que nous les voyions ou non.

Dans mon pays de Rien, je perçus une pulsation vibrante, un éclat de couleur sous cette cuisine : du rouge.

Tellement de rouge.

Je posai la main sur la poignée et découvris que la porte n'était pas verrouillée.

✕

La température dans la cuisine beige-rouge n'était que légèrement supérieure au dehors.

C'est ainsi que je sus que j'étais à l'intérieur.

La moquette sentait le chat, la pizza froide et le produit de nettoyage.

C'est ainsi que je sus que j'étais dans le salon.

Des murs nus me regardaient, me chuchotaient des souvenirs lointains.

C'est ainsi que je sus que j'étais dans le couloir.

– Qu'en penses-tu ? demanda-t-elle dans un murmure, sur son lit, dans le noir, en chemise de nuit et pantoufles, deux canettes de coca sur sa table de nuit. J'ai enfin terminé mes moufles.

Elle tendit ses deux mains vers moi, admirant les moufles roses et moelleuses.

– J'ai chaud. J'ai enfin chaud.

C'est ainsi que je sus que je venais de rencontrer Jamma.

Un gémissement brisa le silence, un bruit d'animal, mais plus doux, plus désespéré, plus sourd.

C'est ainsi que je sus que Mad était là.

De l'autre côté du couloir, la porte était entrouverte. Je jetai un œil ; à l'intérieur, le rouge, la pénombre, la pièce au rideau tiré.

C'est ainsi que je sus que Mad avait des ennuis.

Assis par terre, l'Homme Autoportrait me tournait le dos. Plus que traînants, ses mots étaient intrinsèquement venimeux, comme s'il se détestait de les prononcer. Par l'ouverture, je le vis lever une large main ouverte et l'abattre avec force.

Un cri perçant. Et des sanglots.

– Personne ne t'a donné la permission de toucher cette photo, dit l'Homme Autoportrait en portant une bouteille à ses lèvres avant de vider ce qui en restait en quelques longues gorgées.

Mes jambes étaient la partie la plus calme de mon corps : elles se tournèrent, dépassèrent la chambre de Jamma, se rendirent dans le salon, passèrent devant les ramures où était accroché le manteau de Mad, et s'arrêtèrent devant le râtelier. J'arrachai de sa place d'honneur le fusil qui semblait le plus lourd, fis demi-tour et retournai calmement à la chambre rouge.

Je n'aurais jamais pu tirer sur quelqu'un. Même si le penseur de cœur en moi pouvait appuyer sur la détente, je ne suis pas certain que le penseur de cerveau en moi sache comment faire. Mais voici la conclusion à laquelle arriva mon cœur pratique : un fusil long et lourd comme ça faisait une excellente batte de baseball.

J'enfonçai la casquette des Thunder de Baz sur mes yeux et poussai la porte. Mes pieds avancèrent jusqu'à ce que je me retrouve juste derrière l'Homme Autoportrait. Assis sur Mad, il clouait au sol les bras et les jambes de ma Beauté froide, mon premier baiser, mon premier amour, mon premier tout. Je pensais à la proximité entre Mad et moi, au mot « ensemble », au vortex de Hinton, et à me sentir comme un *Je suis*, à sa voix douce et agréable qui chantait des histoires de décharges et de faux départs, à la capitalité des Altneu, aux extrêmes contraires simultanés, et à la comparaison de nos poignets sur le toit de la maison de mes défunts grands parents, tous ces bleus, et c'était la faute de l'Homme Autoportrait, sa faute, sa faute…

…

Ce fut rapide.

Comme si on avait appuyé sur le bouton d'avance rapide de mon corps. Je soulevai le fusil au-dessus de ma tête, l'abattis avec chaque atome de moi-même, et je vis mes deux peintures préférées de Matisse ne faire plus qu'une quand l'Homme Autoportrait s'écroula dans l'*Harmonie en rouge*.

Je lâchai le fusil.

– Je suis un Super Cheval de course, dis-je.

Et c'est ainsi que je sus.

- 8 -
COMING UP ROSES
(ou : Quand j'ouvris la porte)

SALLE D'INTERROGATOIRE N° 2
MADELINE FALCO ET INSPECTEUR H. BUNDLE
19 DÉCEMBRE // 19 H 13

Je vois encore le sang. Tout le sang, jaillissant comme d'un tuyau. Et ses yeux, éteints. Et les autres yeux aussi, allumés comme un brasier.

– Madeline, dit Bundle, siphonnant le reste de son café.

Je prends appui sur mon autre hanche.

– J'ai eu un chat qui s'appelait Justin.

– Pardon ?

– Pour mes douze ans, Papa a ramené un chaton à la maison. C'était une femelle, mais quand Maman a demandé comment on allait l'appeler, je n'arrêtais pas de dire « Appelons-la Justin ! ». Que dire ? J'avais douze ans, quoi. Alors on l'a appelée Justin. Quand Maman et Papa sont morts, je l'ai emmenée avec moi chez oncle Les.

– Madel…

– Mon oncle avait l'un de ces animatroniques, le poisson chantant. Vous voyez de quoi je parle ? Le poisson qui tourne la tête vers vous et se met à chanter quand vous passez devant ?

Même Bundle a compris que ça ne servait à rien d'essayer de m'interrompre. Il fredonne tout bas, et faux.

– *Take Me to The River*, dit-il. D'Al Green, c'est ça ?

– Oui, c'est ça. Je ne sais pas qui la chantait. En dehors de ce poisson.

Pendant un instant, le faible bourdonnement de l'enregistreur devient un grillon dans le silence. Moi je ne vois que les yeux : une paire éteinte, une paire en feu.

Bon sang…

– Justin le chat détestait ce poisson imbécile. Elle s'en méfiait, mais elle était trop curieuse pour le laisser tranquille. Elle grimpait sur le dossier du canapé pour pouvoir atteindre le mur. Elle le reniflait, lui donnait des coups de griffes… Je crois qu'elle hésitait entre lui sauter dessus, s'enfuir, ou le croquer. Ça rendait oncle Les complètement dingue. Il disait que si je ne pouvais pas maîtriser mon propre chat, il le ferait pour moi. Il faut que vous compreniez… enfin, ce n'est pas comme si oncle Les avait été horrible dès le début. Il était même assez gentil quand Jamma et moi avons emménagé. Triste, mais pas méchant. Il faisait des efforts, vous savez. Mais…

– Madeline, de quoi est-ce que tu me parles ?

Je vide mon verre d'eau. La coupure sur ma lèvre inférieure me pique encore, sans parler de la douleur qui bat dans mon dos et mes hanches.

– Un jour, quand je suis rentrée de l'école, Justin avait disparu. J'ai retourné toute la maison. J'ai fait toute la terrasse, le jardin, je suis allée jusqu'au bout du terrain. Derrière, il y avait une petite rigole qui passait. Je l'ai trouvée là, trempée, portée par le faible courant ; aucun moyen de savoir depuis quand elle était comme ça. Elle avait les yeux d'une poupée ou… d'une marionnette. Ils n'avaient pas l'air morts. On aurait plutôt dit qu'ils n'avaient jamais été vivants. Et puis, derrière moi, depuis une fenêtre ouverte dans la maison, j'ai entendu quelqu'un chanter.

Je m'essuie les yeux, je lève la tête vers Bundle et, doucement, je fredonne.

(Deux jours plus tôt)

MAD

Vic lâcha le fusil, qui tomba à terre.

– Je suis un Super Cheval de course, dit-il.

J'avais du mal à le reconnaître sous la casquette de Baz, mais de toute façon, j'avais du mal à voir quoi que ce soit. Mon œil était gonflé et presque complètement fermé. C'était comme si des bris de verre brûlants s'y étaient logés. Dans le brouillard, je me redressai et vérifiai le pouls d'oncle Les.

– Il est vivant.

Vic posa une main sur mon épaule.

– Ça va ?

Tout était flou et confus, je voyais tout à travers un rideau de douche moisi. Derrière moi, Vic dit quelque chose à propos d'appeler la police, et je ne compris que vaguement qu'il quittait la pièce. J'avais l'impression que toute ma vie serait comme ça à partir de maintenant, une suite de hasards nébuleux dans lesquels je ne pigerais jamais tout à fait ce que feraient ou diraient les gens. J'observai la respiration d'oncle Les, en haut en bas, dedans dehors – la vie demandait toutes les directions. Elle avait besoin de poussée et de traction, les extrêmes contraires simultanés. Il y avait une bouteille à ses pieds, et aussi soudainement que le flou s'était abattu sur moi, je tirai le rideau et tout redevint clair.

Je sortis de la chambre en courant. Ma hanche gauche, qui avait pris le plus gros du poids d'oncle Les, me lançait à hurler. Je fermai la porte et cherchai quelque chose pour la barricader. Il y avait une vieille armoire au bout du couloir. J'essayai de m'y adosser pour la faire bouger, mais sans succès.

Vic revint en courant.

– J'ai appelé les flics.

– Aide-moi.

– Je crois qu'on devrait s'en aller, dit-il, hésitant.

– Hein ? Non.

– Mad, je l'ai frappé. Et s'il était… Je ne sais pas. Et les flics vont poser des tas de questions.

Dans son lit, Jamma admirait ses moufles comme si le monde ne venait pas de dévier de son orbite.

– Hors de question que je la laisse ici. Aide-moi.

Vic retira la casquette de Baz pour la poser en haut de l'armoire et m'aida à pousser le meuble devant la porte de ma chambre. Et je ne sais pas si c'était la vue de Jamma, l'idée que nous venions d'appeler la police à cause de mon propre oncle, ou le fait que la situation était horrible depuis tellement de temps que j'en étais venue à oublier qu'on pouvait appeler la police, mais à cet instant, je sentis le peu de nourriture que j'avais ingurgité ce jour-là bouillonner dans mon estomac.

– Je vais vomir.

Je courus à la salle de bains, claquai la porte derrière moi, titubai vers les toilettes et vomis. Ensuite, je collai ma tête sous le robinet pour apaiser mon œil gonflé. Près du lavabo, il y avait une photographie encadrée : le catalyseur de la soirée. Je m'en emparai.

Il n'y avait aucune photo de mes parents dans cette maison. Oncle Les s'en était assuré. Je gardais ma boîte de photos à l'abri dans mon placard. Nous avions été une famille autrefois, avec des costumes d'Halloween faits maison, des vases brisés, des dents arrachées, des gâteaux pour le père Noël, des punitions au coin et des soirées cinéma… et maintenant, plus rien. Dès que je le pouvais, je passais du temps avec ce qui me restait : des photographies. Et aujourd'hui, j'étais tombée sur celle-ci. Je ne me rappelais pas quand elle avait été prise, car c'est ainsi que fonctionnent les familles. On vit avec ces gens, ils existent dans notre espace et nous dans le leur, et même si ce que nous faisons ensemble ne nécessite pas spécialement d'archives, parfois il y en a. C'est ainsi que nous étions là, sur cette photo, tous les trois heureux d'être ensemble, aux anges, assis, en train de faire quelque chose ou rien, ça n'avait vraiment pas d'importance.

J'adorais cette photo. Alors je l'avais mise dans ce cadre et posée sur le plan de toilette de la salle de bains. Je ne sais pas à quoi je pensais. Peut-être que ça ne dérangerait pas oncle Les. Mais j'aurais dû m'en douter. Je me remémorai le jour où j'étais rentrée plus tôt de l'école et l'avais trouvé en train de boire du jus d'orange qui ne lui appartenait pas. L'intonation coquine dans la voix de ma mère dans la chambre, et je sus... qu'ils s'aimaient. Mon oncle était tombé amoureux de la femme de son frère, et si sa mort donnait un prétexte à oncle Les pour se soûler jusqu'à perdre conscience, frapper cette fille qui vivait chez lui et ne cessait de lui rappeler un amour interdit, retirer toutes les preuves photographiques, effacer activement Maman de sa mémoire... moi je ne le laisserais pas l'effacer de la mienne.

Je reposai la photo sur le plan de toilette avec précaution.

Dans le miroir, j'essayai de me recoiffer un peu. Des bleus, des cicatrices, et un œil au beurre noir...

– « *I'm a junkyard full of false starts,* chantai-je dans un murmure, comme Elliott Smith, comme devait être chantée une chanson préférée. *And I don't need your permission to bury my love...* »

De l'autre côté de la porte : un énorme fracas.

– Vic ? dis-je tout fort.

Rien.

Respire. Dedans et dehors. *Respire.*

Dans ma tête, j'entendis la chanson de Vic, l'air d'opéra à la beauté étourdissante, et j'entendis ma chanson, *Coming Up Roses*, les deux entremêlées dans le plus glorieux medley de tous les temps. Quand j'ouvris la porte, le temps ralentit et je vis tout dans les plus nets détails.

Quand j'ouvris la porte, je regrettai de ne pas avoir fini ce que Vic avait commencé, ramassé le fusil et mis fin à la vie de mon oncle quand j'en avais encore l'occasion.

Quand j'ouvris la porte, je songeai à la vieille armoire et je sus d'où venait le fracas.

Quand j'ouvris la porte, je vis mon oncle maintenir Vic par derrière, ses bras puissants autour de son cou comme un python, étouffant le moindre espoir d'air ou de fuite. Ils se tenaient au milieu du salon tout propre, le visage de Vic était violet et, sur son cou, je distinguai une petite trace rouge vif, là où les bords tranchants de la bouteille brisée d'oncle Les avaient rencontré sa chair.

Quand j'ouvris la porte, je n'entendis que nos deux chansons qui flottaient dans la maison, comme des roses jetées au ralenti.

Je n'entendis rien d'autre.

- 9 -
COCA-COLA
(ou : C'est comme ça que ça se termine)

SALLE D'INTERROGATOIRE N° 3
BRUNO VICTOR BENUCCI III ET SERGENT S. MENDES
19 DÉCEMBRE // 19 H 46

Mendes tient son stylo entre le pouce et l'index, une main posée sur le dossier devant elle.

– Cet après-midi, tu as commencé à me parler en évoquant toutes les filles dont tu étais tombé amoureux. On a parlé d'art, de famille, et de tes problèmes personnels.

…

– Et alors ?

– Alors, qu'est-ce qui m'échappe ?

– Qu'est-ce que vous voulez dire ?

– Vic, tu me racontes cette histoire, et je suis ravie de t'écouter, mais tu essaies de gagner du temps. Et je veux savoir pourquoi.

…

– Quelle heure est-il ? je demande.

– C'est la deuxième fois que tu poses la question. Qu'est-ce que ça change ?

Sans me laisser le temps de trouver une réponse, Mendes se lève, fait le tour pour se poster derrière moi et se penche à mon oreille.

– Victor, je veux savoir ce que tu sais, murmure-t-elle. Pourquoi continuer à couvrir Kabongo ? Tu dis que tu étais dans la maison quand c'est arrivé... d'accord, très bien, je te crois. Mais ça suffit les conneries. Dis-moi ce que tu as vu.

...

– Vous savez ce qu'est un fauve dans le langage courant, mademoiselle Mendes ?

– Évidemment, une bête sauvage.

Elle répond comme si elle n'attendait que ma question.

– Je comprends, reprend-elle d'une voix pressante qui me chatouille l'oreille. Le frémissement sous la surface. Je comprends. Mais, Vic... tu n'es pas Matisse. On n'est pas dans l'art abstrait et tu n'es pas un Fauve. Tu ne peux pas rendre ça beau, peu importe la quantité de gris que tu jettes dessus. Tu sais ce que je crois ? Je crois que tu es un gamin qui a vu quelque chose de terrifiant.

Je me rends dans mon pays de Rien. Là, on ne parle presque pas, et toute beauté est abstraite. Là, les mamans ne changent pas et les papas ne meurent pas.

– Victor. Pourquoi Baz Kabongo a-t-il tué l'oncle de Mad ?

Je me rends dans mon pays de Rien, où les sopranos volent.

– Il ne l'a pas tué, mademoiselle Mendes.

(Deux jours plus tôt)

VIC

C'est comme ça que ça se termine. Il n'y a plus rien à quoi songer. Ma lumière rouge s'estompe, presque éteinte. Je suis séparé par les océans, éloigné de la magie du clocher, où j'ai défié les lois mathématiques et tout le reste en embrassant la plus merveilleuse fille que j'aie jamais rencontrée. Je suis seul à l'intérieur d'un cocon inversé. Tant de morts évitées d'un cheveu : cette glissade sur le rocher enneigé au point de vue Rockefeller, une chute brutale du haut des Palisades ; l'accident manqué avec le camion de marchandises ; toutes mes multitudes réduites à une seule, alors que je deviens le caillou fendant l'air, cliquetant sur le canon de pont et plongeant dans les eaux sombres de la rivière Hackensack. Je coulerai tout au fond et j'existerai là, à jamais, sans que personne le sache.

...

Mad se tenait dans l'encadrement de la porte de la salle de bains. Elle m'observait. Le temps n'existait plus, ni le son, ni la vitesse, ni la lenteur – n'existait que la séparation. L'Homme Autoportrait me maintenait par derrière, enfonçant l'instrument de la séparation dans ma gorge, creusant lentement un nouveau petit sentier, un sentier qui menait dans le noir, me tirait vers le fond...

Et, tout à coup... le son revint.

Deux claquements de doigts.

MAD

Zuz était sorti de nulle part.

Le premier coup atterrit droit sur la joue gauche d'oncle Lester et le fit reculer. Le tesson de bouteille lui tomba de la main. Libéré de l'emprise de mon oncle, Vic s'effondra sur le côté. La main ouverte, Zuz frappa oncle Lester en pleine figure une, deux, trois fois. Oncle Les répliqua, atteignant Zuz à la bouche, mais ça ne sembla pas le déstabiliser.

Je retrouvai l'usage de mes jambes pour courir près de Vic et l'aider. Je donnai un coup de pied à ce qui restait de la bouteille et qui atterrit à côté de mon manteau, par terre. Même dans la folie qui régnait, je trouvai cela extrêmement bizarre.

Que fait mon manteau par terre ?

Au-dessus, il y avait le râtelier : trois fusils, le quatrième resté dans ma chambre. À côté, à l'endroit où les précieuses ramures d'oncle Lester avaient été montées sur un socle, ne restait qu'un contour vide sur le mur que les années de soleil, de poussière et de crasse n'avaient pu entacher.

Les bois de cerf couleur ivoire avaient disparu.

Je retournai à la bagarre, oncle Lester tenta un dernier coup alcoolisé, ratant largement sa cible, Zuz ne répliqua pas. Il avait gagné et ils le savaient aussi bien l'un que l'autre. D'un geste décisif, il poussa oncle Lester dans l'obscurité du couloir et j'attendis le bruit du corps de mon oncle s'écroulant à terre. Il n'arriva jamais. Ce fut un son différent – un son terrible et infâme. Et oncle Les quitta les ombres en titubant, ses yeux éteints, pas des yeux agonisants ou morts, mais les yeux de quelque chose qui n'avait jamais été vivant, des yeux de marionnette, ou de poupée. J'avais déjà vu ce regard auparavant, impossible de me rappeler où.

Et je vis ces bois de cerf couleur ivoire sortir de sa bouche comme s'il les vomissait, leurs extrémités pointues empalant son crâne depuis l'arrière comme un cure-dent à travers un grain de raisin mûr. Le cure-dent remua très doucement, tandis que le sang jaillissait à la manière d'une bouche d'incendie cassée. Puis, centimètre par centimètre, les bois ressortirent par là où ils étaient entrés et disparurent avec un gargouillis écœurant.

Je vis oncle Les tomber à terre. Ces bois qu'il aimait tant, qu'il avait passé des heures à admirer au mur, jamais il n'aurait imaginé qu'ils causeraient sa perte.

Je vis ma grand-mère derrière lui, en pantoufles, le visage et la chemise de nuit éclaboussés de sang. Elle tenait les bois luisants de rouge à bout de bras, et quand ses yeux trouvèrent les miens, j'y découvris une flamme que je n'avais jamais vue. C'étaient des yeux anciens, primitifs, les yeux d'une mère protégeant son petit. Ils étaient lucides. Pendant un instant, son corps trembla de la tête aux pieds, comme un animal qui s'ébroue. Et puis, ses yeux se voilèrent à nouveau et elle regarda les moufles à ses mains comme si elles agissaient de leur propre chef.

– Par contre, j'ai encore soif, dit doucement Jamma, poursuivant une conversation imaginaire.

Elle laissa tomber les bois par terre, se tourna et entra dans la cuisine.

– Tellement soif.

- 10 -
AVEC UNE VIGUEUR EXTRAORDINAIRE
(ou : Ces molécules tenaces du hasard)

SALLE D'INTERROGATOIRE N° 2
MADELINE FALCO ET INSPECTEUR H. BUNDLE
19 DÉCEMBRE // 20 H 11

Quand la poussière du nuage atomique se dissipe enfin, un silence inquiétant règne sur la pièce.

– Je ne te crois pas, dit Bundle.

– Croyez ce que vous voulez.

– Mad, je t'en prie. Tu es en train de me raconter que… tu me dis que c'était ta grand-mère. Ta grand-mère de quatre-vingts ans et des brouettes.

– Elle est forte comme un bœuf, mec.

La porte s'ouvre à la volée et une femme se dirige droit sur moi en ignorant totalement Bundle.

– Madeline, je suis le sergent Mendes. J'ai besoin que tu me dises le nom de ta grand-mère.

Vic est derrière elle. Je lui souris et il sourit de l'intérieur en retour. Pour la première fois depuis des heures, je respire enfin normalement. Il m'a tellement manqué.

– Son nom, s'il te plaît, me presse le sergent Mendes.

– Vous l'avez emmenée à l'hôpital sans savoir comment elle s'appelait ?

– Je ne l'ai pas emmenée moi-même. Son nom ?

– Olivia.

– Olivia comment ?

– Chambers.

Les deux mains croisées derrière la tête, Bundle pousse un soupir.

– Sarah, s'il te plaît. C'est totalement ridicule.

Mendes se penche vers l'enregistreur et dit :

– Fin de l'audition de Madeline Falco par l'inspecteur Bundle à – elle regarde sa montre – 20 heures et 13 minutes.

Puis elle appuie sur stop et lève les yeux vers Bundle.

– Je ne crois pas, Herman.

Vic et moi restons assis en silence dans la salle pendant que le sergent Mendes et l'inspecteur Bundle discutent dans le couloir. Bundle n'a pas refermé la porte derrière lui, donc nous entendons tout. D'abord, Mendes demande à Ron de joindre le lieutenant Bell, puis l'hôpital régional de Bergen pour les informer que la police va venir chercher Olivia Chambers. Ensuite, elle mobilise les meilleurs agents d'Hackensack pour fouiller l'arrière-boutique de Babushka et le *Napoleon's Pub* – tous les endroits où pourrait se cacher Nzuzi Kabongo. Elle envoie d'autres officiers au verger, dernière serre sur la droite, avec pour ordre de relever toutes les traces d'ADN et empreintes possibles sur tous les disques vinyles, en s'attardant sur ceux du groupe Journey.

– Je savais qu'on était allés trop vite dans cette affaire, dit-elle. Je l'ai dit à Bell, mais… *merde*. J'aurais dû insister plus.

– Sarah, l'ADN ne ment pas. Et cette histoire qu'ils nous racontent, ce n'est pas…

Mendes revient dans la pièce sans se préoccuper de l'avis de Bundle. Il entre sur ses talons et le contraste qui se lit sur leurs visages – elle, une expression d'urgence et lui, une expression de… d'heure du dîner – illustre parfaitement leurs deux personnalités. Mendes tient les rênes, et tout le monde dans cette pièce le sait.

– J'ai besoin de parler à Nzuzi immédiatement, dit-elle. Est-ce que vous savez où il est ?

Le Madifeste dit : *En analyse grammaticale, évitez l'esprit de la question et ne répondez qu'à ce qui est demandé.*

– Non, dis-je.

Vic me regarde sans rien dire.

– Sarah, examinons les faits, intervient Bundle en levant un pouce. La casquette de baseball. L'ADN de Kabongo était dans la casquette, la casquette a été trouvée sur la scène du crime.

– Oh, dit Vic.

Ça lui a échappé, mais j'entends la révélation derrière. Je ressens la même chose, m'étant moi-même demandé pourquoi la police avait jeté son dévolu sur Baz dès le départ. Ça ne peut pas venir que de cette casquette.

– Quoi, « oh » ? demande Bundle.

– C'est moi qui portais sa casquette ce soir-là, dit Vic.

Bundle croise les bras.

– Admettons que ce soit vrai. L'ADN sur les bois de cerf est ultra fiable. Kabongo les a eus entre les mains. On le sait. C'est un fait scientifique.

Complètement perdue, je dis la première chose qui me passe par la tête.

– Zuz les a touchés.

Tout le monde se tourne vers moi et je raconte la fin de la soirée : comment Zuz a touché les bois quand il s'est précipité vers oncle Les, en pensant qu'il n'était peut-être pas trop tard. Comment nous avons nettoyé le sang sur le visage de Jamma, comment nous l'avons changée, mise au lit et comment nous nous sommes précipités par la porte de derrière au moment où la police arrivait. Comment nous avons brûlé sa chemise de nuit ensanglantée dans une poubelle derrière le verger. Comment nous avons tout raconté à Baz et passé la nuit à essayer de savoir quoi faire.

Bundle secoue la tête.

– Mais c'est l'ADN de *Baz* qu'on a trouvé sur l'arme du crime, pas celui de son frère.

– C'était une correspondance parfaite ? demande Vic.

D'abord, personne ne dit rien, je crois que nous sommes tous surpris par la question.

– Les frères ont des profils ADN très proches, non ?

Mendes se masse les tempes. Sentant l'affaire lui échapper, Bundle paraît perturbé.

– Très bien, dit-il, alors parlons de l'affaire Blythe.

– Il est dans le coma, rétorque Mendes.

– On a des preuves.

– Des preuves indirectes au mieux, dit Mendes. Pas d'arme, pas d'empreintes, pas de témoins oculaires. Pas qui ne soient pas dans le coma, en tout cas.

Bundle fixe le sergent Mendes une seconde, le visage rouge et gonflé. Puis il incline légèrement la tête et sort de la pièce à grands pas.

– Pourquoi vous voulez l'ADN de Zuz ? je demande.

– Quoi ?

– Dans le couloir, vous avez envoyé des agents récupérer l'ADN de Nzuzi Kabongo.

– On va le comparer à celui qu'on a trouvé sur la scène du crime. Si ce que vous dites est vrai, on aura une meilleure correspondance, ce qui annulerait plus ou moins notre preuve contre Baz.

Avec un soupir, Mendes s'empare de l'enregistreur.

– Rendez-moi un service, tous les deux. Ne quittez pas la ville pendant quelque temps, d'accord ? Je suis sûre que nous aurons d'autres questions à vous poser.

Je regarde Vic et je sais qu'il pense à la même chose que moi.

– On ne partira pas sans Baz.

Immobile, elle observe l'enregistreur dans sa main, ouvre la bouche comme si elle s'apprêtait à dire quelque chose, mais s'interrompt.

– Vous saviez qu'il était innocent, n'est-ce pas ? dit Vic. Tout à l'heure, vous avez parlé de la sœur jumelle de Nzuzi, Nsimba. Ça veut dire que vous avez fait de sacrées recherches. Je n'arrêtais pas de me demander pourquoi un sergent avec une affaire aussi limpide prendrait la peine de creuser autant. C'est parce que vous saviez qu'il n'avait rien fait.

– J'avais des soupçons, répond-elle. Notre service est sous pression ces derniers temps... il fallait qu'on boucle l'affaire le plus vite possible. L'ADN récupéré sur les ramures correspondait à celui de la base de données, ça semblait solide. Ajoutez la casquette, et tout menait à Baz Kabongo.

– Mais vous l'avez dit vous-même, renchérit Vic en désignant le couloir. À l'instant. Vous avez dit que vous auriez dû insister *plus*. Ce qui signifie que vous avez insisté quand même.

Mendes a un petit sourire et je me demande si elle ne voit pas en Vic ce que je vois : une effrayante réalité.

– J'avais raison à ton sujet, Vic, dit-elle. Tu es malin. Et un peu intello sur les bords.

Au moment où elle s'apprête à sortir, Vic dit :

– Mademoiselle Mendes, vous pouvez continuer d'insister ?

Avec un nouveau soupir, elle se retourne. Depuis quand n'a-t-elle pas dormi ?

– Il y a encore un tas de gens qui doivent parler à Baz, et une montagne de papiers à remplir. Ce genre de chose prend du temps, il faut vous y préparer. Mais oui, je vais insister. Bon, vous voulez qu'on appelle quelqu'un pour venir vous chercher ? Vic, on n'a pas réussi à joindre ta mère mais...

– Sarah.

L'inspecteur Ron est à la porte, quasiment la queue entre les jambes.

– Ron. Je t'ai déjà dit de ne pas débarquer sans bruit comme ça.

– Désolé, mais... j'ai appelé l'hôpital.

Son visage n'affiche que frustration perpétuelle et, au milieu de cette frustration, je découvre exactement ce que j'espère : notre plan a fonctionné.

– Olivia Chambers a disparu cet après-midi. Personne ne sait où elle est.

(La nuit dernière)

VIC

L'hiver ne pouvait pas nous débusquer.

Rien ne le pouvait. Mais c'était bien le but.

Il s'avéra que l'ancien collecteur de graisses sous la cuisine du Napoleon était juste assez grand pour accueillir cinq personnes. Nous étions tous assis les uns en face des autres, de chaque côté du compartiment, adossés aux murs, les jambes tendues devant nous, imbriquées les unes dans les autres comme des dents de requin ou une planche de backgammon. Tout le monde se dévisageait à la lueur vacillante d'une bougie, nos sacs sur les genoux, le cœur lourd, à se demander si c'était la dernière fois que nous serions tous ensemble. Comme c'était curieux : je n'étais avec le groupe que depuis une semaine. Mais c'était tout ce qu'il avait fallu. Je n'étais plus le traînard à l'aile cassée.

Je faisais partie de la bande miraculeuse.

Le collecteur de graisses possédait deux grilles d'aération. L'une des deux menait au tuyau d'évacuation de la cuisine, avait dit Margo avant de nous enfermer à l'intérieur. Elle nous avait expliqué qu'on avait condamné cette bouche d'aération pour rediriger l'évacuation vers le nouveau collecteur dehors. L'autre aération menait à un vieux lave-vaisselle hors d'usage dont ils ne s'étaient pas encore débarrassés. C'était cette seconde bouche qui nous fournissait juste assez d'air pour respirer. Nous avions depuis longtemps retiré manteaux, gants et bonnets, et faisions un roulement pour nous asseoir tour à tour devant l'aération.

L'oxygène : le plus super de tous les chevaux de course.

– Je déteste cet endroit, dit Mad.

Je lui pris la main, mais pas trop fort. Ses bleus étaient encore frais, un arc-en-ciel de rose bleuté.

– Je ne sais pas, dis-je. On est dans un endroit exigu et sombre, à l'oxygène limité et un espoir de survie minimal. Rajoute Tom Hanks et on est dans une navette spatiale.

Mad sourit et, comme d'habitude, je mourus un peu.

Mais son sourire disparut aussitôt.

– Je n'arrive toujours pas à le croire, reprit-elle. Je n'arrive pas à croire qu'on l'a laissée là-bas.

…

– On n'avait pas le choix.

Elle me regarda comme si elle me voyait pour la première fois.

– Et s'ils l'arrêtent ?

– Ils ne vont pas l'arrêter, c'est une vieille dame. Ils vont se dire ce que tout le monde se dirait : elle n'aurait jamais pu faire ça. Moi qui l'ai vue faire, j'ai encore du mal à le croire.

Mad secoua la tête.

– L'âge, la démence, ça ne la met pas hors de cause. Jamma ne peut pas aller en prison, Vic. Elle n'y survivrait pas.

– On l'a nettoyée. Et en plus elle portait ses moufles, ils ne trouveront rien sur les bois. Ils ne vont pas l'arrêter, Mad. Baz a raison. Le plan va marcher.

Troublée, Mad acquiesça puis sortit quelque chose de sa poche, qu'elle me tendit.

– Tiens. J'ai failli oublier.

C'était une photo d'elle assise au bord d'un trottoir, la tête tournée comme si elle ne savait pas qu'on la prenait en photo. Ce devait être un jour venteux. Ses cheveux volaient dans tous les sens.

– Une photo de toi sans personne d'autre dessus, dis-je.
– Ça paraît dérisoire maintenant.
– Non. C'est encore plus important. Merci.
Elle me sourit puis posa la tête contre l'aération et je ne suis pas certain mais je crois qu'elle s'endormit.
Songez à ceci : un milliard de minuscules évènements, les molécules tenaces du hasard – une bourrasque de vent par ici, une chute sur un trottoir par là – qui poussent notre intrigue, construisent notre décor, notre personnage, jusqu'à ce que nous devenions qui nous sommes, où nous sommes et comment nous sommes.
Qui et *où* étaient faciles :

1. Kids of Appetite.
2. Collecteur de graisses.

Comment était bien plus compliqué :

1. Ce matin, le *Record* – et probablement la radio, Internet et la télé – avait rapporté le meurtre, annonçant que la police avait lancé un mandat d'arrêt contre Baz Kabongo à la suite de la découverte de son ADN sur les lieux.
2. Nous étions dans tous nos états, surtout Mad. « ADN sur les lieux ? n'arrêtait-elle pas de répéter. Baz n'était même pas sur les lieux. » Baz répondit par un petit sourire triste. Le même sourire que le jour où il avait raconté l'épisode de la ventilation cassée au Cinema 5 et de son ignare de collègue qui croyait qu'il venait de la jungle. L'histoire m'avait exaspéré, mais ça… ça me fit tourner la tête, lentement au début, puis avec de plus en plus d'élan comme un rotor d'hélicoptère, jusqu'à ce que ma tête se détache de mes épaules pour s'envoler dans le ciel de l'injustice.
3. En quelques heures, la police avait envahi les rues de New Milford comme une nuée de sauterelles armées de photos de

Baz en frappant aux portes – « Avez-vous vu cet homme ? » Nous n'avions pas attendu la réponse certainement triomphale de Gunther Maywood.

4. D'abord, nous étions allés chez Babushka. Norm avait proposé de nous cacher à l'arrière quelque temps, mais il hésitait à nous laisser y rester trop longtemps. D'après lui, la police rôdait dans le Vide-Ordures à la recherche de Baz et offrait l'immunité aux responsables de délits mineurs en échange de leur aide dans cette chasse à l'homme. Vu la dangereuse proximité du magasin avec le Vide-Ordures, nous ne pouvions pas lui reprocher de ne pas vouloir de nous dans le coin. Alors, dans l'ombre ballante des carcasses de porcs, nous avions passé la journée à débattre de nos options. « On pourrait mettre les voiles, avait suggéré Coco. On quitte la ville sans se retourner. » Mad invalida l'idée, disant qu'elle ne pourrait jamais laisser Jamma. Je ne dis rien, je n'en avais pas besoin. Je crois que Baz le vit dans mes yeux. Même si j'avais du mal à la reconnaître ces derniers temps, Maman était toujours Maman. Jamais je n'aurais pu l'abandonner, pas pour toujours. Après des heures à tourner en rond, Baz eut soudain l'air ravi et nous regarda avec un grand sourire. « Il y a eu des fois, tant de fois, où j'ai perdu espoir. Mais à présent j'en suis sûr, mes amis. Nous sommes bénis par le Seigneur. » Sans un mot de plus, il décrocha le téléphone sur le bureau de Norm et composa un numéro de mémoire.

Baz : « Christopher. »

…

Baz : « Oui, on va bien. Désolé, je ne peux pas parler longtemps. On a besoin de ton aide. Tu peux quitter le Petit Salon quelque temps ? »

…

Baz : « Je ne sais pas. Des jours, des semaines, peut-être plus. »

…

Baz : « Merci. Prends des affaires. Sois demain à l'église St. Bart's sur Bridge Street à 16 heures. »

…

Baz : « De rien. »

Et il raccrocha.

Ce fut le « de rien » qui me laissa perplexe. Une requête aussi excentrique de la part de Baz aurait dû susciter des remerciements inverses. Mais non. Lors de notre brève rencontre au Petit Salon, j'avais compris à quel point ce groupe comptait aux yeux de Topher – mais là, on était à un tout autre niveau de loyauté. Baz avait demandé à Topher de mettre sa vie entre parenthèses sans indication de durée, ce que Topher avait accepté et avec reconnaissance en plus.

Baz garda la main sur le combiné. Après une fraction de seconde, il le décrocha de nouveau et composa un autre numéro.

Baz : « Rachel Grimes, s'il vous plaît. Oui, j'attends. »

…

…

…

…

Baz : « Salut, Rachel. Oui, je vais bien. Écoute, je n'ai pas le temps de t'expliquer, mais… on a besoin de ton aide. Tu dois avoir une nouvelle patiente du nom d'Olivia Chambers, elle a dû arriver très tard cette nuit, peut-être très tôt ce matin… »

Il continua à lui donner des instructions complexes sur un ton calme et ferme. Ce qu'il demandait à Rachel lui coûterait son poste si elle se faisait prendre. Mais comme lors de la conversation précédente, l'appel fut concis et réussi.

Rachel accepta le plan.

Baz passa un dernier appel, cette fois à Margo Bonaparte, dont le numéro vivait pour l'éternité dans sa poche. La conversation fut également brève, et quand il raccrocha, Mad demanda comment il savait que Jamma se trouvait à Bergen.

– Je n'en étais pas sûr. Mais après un tel traumatisme, j'ai pensé que la police l'emmènerait à l'hôpital, expliqua Baz. Bergen est le plus proche de chez toi.

Je songeai à cet instant que la croyance de Baz en la providence divine n'était pas très éloignée de ma croyance aux heurts – on pouvait attribuer aussi facilement une coïncidence au Tout-Puissant qu'aux mathématiques. La grand-mère de Mad avait été admise à l'hôpital où l'ex-copine de Baz venait de décrocher un poste. Que nous soyons tous de minuscules lumières rouges qui se cognaient les unes dans les autres, ou que nous jouions simplement le projet du Dieu de Baz, il fallait bien avouer que j'étais impressionné.

Nous attendîmes la tombée de la nuit pour nous glisser à l'extérieur et parcourir les six ou sept pâtés de maisons jusqu'à l'arrière du Napoleon où nous attendait Margo. Comme d'habitude, c'était elle qui s'occupait de la salle avant la fermeture. Elle nous fit entrer en nous conseillant d'aller « faire pipi une bonne fois pour toutes », avant de nous conduire à la cuisine. Là, elle sortit d'un garde-manger six bougies, des allumettes, plusieurs sortes de pains, de fromages et des bouteilles d'eau (en nous avertissant de ne pas trop boire, puisque nous allions devoir nous retenir pendant pas mal de temps), et avec un dernier « *bon appétit!*[1] », elle nous enferma dans le collecteur de graisses.

Je soupçonnais qu'une grande part de la sollicitude de Margo Bonaparte à notre égard était motivée par son désir de coucher avec Baz Kabongo.

Mais bon, hein.

Je n'allais pas me plaindre. Chaque Chapitre que nous avions appelé à l'aide était venu à notre secours avec une vigueur extraordinaire.

Nous passâmes une grande partie de la nuit à somnoler et parler vaguement. Le temps s'écoula jusqu'à ce que nous en perdions la

1. En français dans le texte.

notion. Comme promis, Margo revint avant l'ouverture du pub le lendemain matin pour nous laisser le temps d'aller aux toilettes. Après cinq minutes d'étirements de jambes et de dos, nous redescendîmes dans le collecteur. Un sentiment de dévastation s'abattit sur nous. C'était comme atteindre enfin la ligne d'arrivée d'un marathon et entendre à cet instant seulement le signal de départ. Margo revérifia nos stocks de vivre, nous assura qu'elle serait de retour à l'heure du prochain rendez-vous, et nous enferma.

– Ça sent le secret anal de castor là-dedans, dit Coco.

Nzuzi claqua des doigts une fois.

Je ne relevai pas le fait que techniquement, le castoréum sentait la vanille musquée et que c'était pour cela qu'on l'utilisait dans les parfums et la nourriture. Quoi qu'il en soit, je ne pouvais qu'approuver l'esprit du commentaire de Coco. Le collecteur n'était plus en activité depuis un bail, mais il avait encore l'odeur d'une tache de transpiration sous l'aisselle d'un câlin latéral.

Nous allions puer un bon bout de temps.

Mad s'endormit rapidement sur mon épaule. Assis près de l'aération, la tête contre le mur, Nzuzi somnolait aussi. En face, Coco s'allongea et s'endormit à son tour sur les genoux de Baz.

Baz dormait également. Mais pas d'un sommeil paisible. La sueur perlait sur son visage et il marmonnait dans cette langue qu'il parlait toujours dans son sommeil. Ça dura plusieurs minutes et soudain, brusquement… il se réveilla. Pas de cri ni de sursaut, il se contenta d'ouvrir les yeux et de parler.

La lueur de la bougie brillait faiblement et tandis qu'il parlait, j'allai dans mon pays de Rien. Là, j'y vis un autre genre de flammes : l'enfer qu'avaient traversé Baz et Nzuzi.

✕

« Un soir, un voisin est venu chez nous en disant que des civils armés, des rebelles, allaient de maison en maison avec une liste d'ennemis politiques. Il y avait beaucoup de monde sur cette liste, dont ma famille. Très vite, on s'est mis à entendre des bombes et des coups de feu, les explosions étaient de plus en plus fréquentes et proches. Qu'est-ce qu'on pouvait faire ? On a fui. On a quitté notre maison en emportant le strict minimum. On a fini par être rejoints par des milliers de gens, on était un océan de personnes qui craignaient pour leur vie.

» Quand j'ai demandé où on allait à ma mère qui nous guidait, elle a cité l'Exode 13:21 : "L'Éternel allait devant eux, le jour dans une colonne de nuée pour les guider dans leur chemin, et la nuit dans une colonne de feu pour les éclairer." Elle l'a répété tant de fois que ça sonnait comme un poème.

» Nous sommes descendus vers le Sud, on s'est arrêtés dans de nombreux villages, on dormait dans des maisons abandonnées quand on le pouvait, ou sur la route. À un moment, il a été décidé que nous irions vers Kinshasa, en république démocratique du Congo. Il y avait des conflits dans notre groupe – j'étais trop petit pour comprendre, mais assez grand pour avoir peur. Ça a continué comme ça pendant trois mois. Trois mois à ne manger pratiquement que des feuilles de manioc, à voir les malades transportés en brouette, à enjamber des corps – des *gens* qui étaient tombés d'épuisement, de malnutrition ou de déshydratation. Ma mère nous expliquait sans cesse que notre situation ne devait pas avoir d'incidence sur la façon dont nous traitions les autres. Elle récitait Luc 21:3-4 : "Je vous le dis en vérité, cette pauvre veuve a mis plus que tous les autres ; car c'est de leur superflu que tous ceux-là ont mis des offrandes dans le tronc, mais elle a mis de son nécessaire, tout ce qu'elle avait pour vivre."

» Maman adorait la Bible, mais d'autres livres également. Elle aimait présenter de nouveaux personnages et de nouvelles idées à ses élèves. Elle disait toujours : "Nous faisons tous partie de la même histoire, Baz, chacun est un chapitre différent. Nous n'avons peut-être pas le pouvoir de choisir le décor et l'intrigue, mais nous pouvons choisir quel genre de personnage nous voulons être." Une fois par jour, quand nous marchions, elle désignait quelqu'un au hasard dans la foule et elle disait : "Baz, tu vois ? Là. Cette enfant au visage sale. Dans ce chapitre, tu seras son frère." Ou alors : "Tiens, cette femme aux yeux tristes. On n'est pas dans un chapitre aux yeux tristes. Allons la faire sourire." Nous avons fait sourire beaucoup de monde et j'ai eu de nombreux frères et sœurs, et les Chapitres se sont multipliés. »

...

Baz se tut un moment. Quand je crus qu'il avait terminé, il reprit :

« Nous avons traversé le fleuve Congo un matin, très tôt. Nos canoës se cognaient à des cadavres gonflés d'eau pendant la traversée. Nous savions que ça pouvait nous arriver bientôt. Après, nous avons atteint un camp de réfugiés à Mbanza-Ngungu. La mort rôdait partout. Elle aime se faire connaître, et elle s'est vite fait connaître de mon père. Il est mort dans une clinique de Mbanza-Ngungu. Plus tard, nous avons appris qu'il nous distribuait en secret sa nourriture et ne mangeait presque rien. Et toujours, même après la mort de Papa, ma mère répétait : "Ne t'appuie pas sur ta sagesse..."

» Une semaine après, nous sommes montés dans un camion pour Kinshasa. J'avais onze ans, Nzuzi et Nsimba quatre. Nous vivions dans une petite résidence chez une vieille amie de ma mère – je n'ai jamais su le nom de cette femme, on l'appelait seulement *Mama*. Là, nous avons rêvé que nos vies n'étaient pas terminées. Nous nous sommes enregistrés à l'Agence des Nations unies pour les réfugiés. C'était un début, mais Maman avait à cœur de payer le loyer, ce qui impliquait de trouver un revenu. Elle pensa vendre des feuilles de manioc aux pêcheurs du coin. Kinshasa est une grande ville, mais il y a des villages de pêcheurs en banlieue. Durant nos mois de marche, elle avait développé des façons uniques de préparer les feuilles de manioc, alors elle m'a demandé ce que je pensais de son idée, si je croyais que les pêcheurs paieraient pour ça. Je trouvais que ce n'était pas une bonne idée. "Peut-être que c'est notre tour d'être le Chapitre de quelqu'un d'autre", ai-je dit. Maman était d'accord, elle a dit : "Peut-être, Baz. Peut-être. Nos Chapitres ne pouvaient plus s'aider eux-mêmes. Dans leurs têtes, la fin de leur histoire était si proche, ils ne voyaient plus aucune issue. Dis-moi, Mbemba Bahizire... avons-nous atteint la fin de notre histoire ?" J'y ai réfléchi un moment, et puis j'ai couru vers la porte. "Je vais chercher les feuilles, Maman !" Et c'est la dernière fois que nous avons ri ensemble. »

...

...

« Ma mère et Nzuzi ressemblaient à des Tutsis. Tout le monde le disait, même avant tout ça. Ce n'était pas un problème, ils avaient simplement des traits de Tutsis. Mais à Kinshasa, c'était un problème. Le conflit du Rwanda avait dépassé les frontières et beaucoup de Congolais chassaient les Tutsis et les brûlaient vivants. Je parle de la population civile, pas des armées rebelles. Dans la rue, des gosses jetaient des pierres à ma mère quand elle passait, uniquement parce qu'elle avait l'air d'être tutsie. Nzuzi n'avait que quatre ans, mais ils étaient sans pitié avec lui quand même.

» La Croix-Rouge avait installé un camp pour les Tutsis à Kinshasa, pour leur sécurité. On a décidé d'y habiter jusqu'à ce que les choses se règlent. La veille au soir de notre départ pour le camp, ma mère a fait cuire une miche de pain. La farine n'était pas donnée, mais elle mettait un point d'honneur à faire quelque chose pour ses amis qui nous avaient permis d'habiter leur résidence. Elle chantait en cuisinant... "Dieu, Ta fidélité, Ton immense bonté, se renouvellent envers moi chaque jour..." Quand le pain a été prêt, elle nous a envoyés, Nzuzi et moi, chez la voisine pour le livrer. Je me rappelle comme il était chaud dans mes mains, et comme j'avais envie de mordre dedans. C'est la dernière fois que j'ai eu envie de manger du pain.

» Avec Nzuzi, nous avons livré le pain. La femme qu'on appelait Mama l'a accepté avec un sourire et nous a offert une bouteille de coca. Je n'avais plus bu de coca depuis Brazzaville. Nzuzi n'y avait jamais goûté. Je me souviens qu'il a levé les yeux vers moi pour voir ce que j'allais dire. Soudain, j'étais le chef, alors j'ai mis mon visage de chef, très sérieux, et j'allais dire non merci, quand je me suis surpris à acquiescer comme un fou. On a partagé la bouteille avec Nzuzi. Ça a été mon dernier soda.

» Quand les coups de feu ont retenti, je n'ai pas sursauté. Nzuzi me tenait la main, et je me rappelle ses petits doigts qui ont tressailli, mais à peine. On s'était habitués. Quand on est retournés à notre appartement… »

…

…

Baz regardait la petite flamme de la bougie, mais quelque chose avait changé. Ses yeux étaient vides de toute expression quand les larmes montèrent et coulèrent.

– Elles étaient mortes.

…

D'abord, je me demandai comment il avait fait, comment j'avais pu entendre sa voix comme ça. Ses lèvres n'avaient même pas remué.

– Nsimba et Maman, dit-il – sauf qu'une fois encore, ce n'était pas lui.

Je me retournai. Nzuzi Kabongo me regardait. Sa voix se fissurait.

– Elles étaient mortes. Elles avaient été tuées.

Il y avait des chances que ces mots, les premiers que j'entendais dans la bouche de Nzuzi, décrivent l'évènement à partir duquel il avait arrêté de parler. Et j'aurais voulu avoir plus de temps avec lui, plus de temps pour apprendre à l'écouter dire autre chose, des choses qui ne soient pas aussi dures et graves.

Il y avait plus que ça, j'en étais sûr – l'histoire des Kabongo était un réservoir sans fond, qui ne serait jamais rempli. Mais Baz avait terminé. Et Nzuzi aussi. Alors je n'insistai pas.

– Elles étaient mortes, répéta l'un des frères Kabongo.

Je ne pouvais honnêtement pas distinguer leurs voix.

×

À un moment, je tombai dans un sommeil agité. En me réveillant, j'avais envie de faire pipi comme un Super Cheval de course. Mad et Nzuzi dévoraient du pain et du fromage avec un enthousiasme débridé, Coco dormait toujours sur les genoux de Baz. Ce dernier fredonnait une belle mélodie apaisante. Je ne la connaissais pas, mais j'aurais parié ma chemise que c'était un cantique.

Baz se tut et me tendit un morceau de fromage.

– Réveille-toi, petit homme. Il faut qu'on répète notre plan.

À trois heures de l'après-midi, Margo Bonaparte ferait diversion pour vider la cuisine de ses employés et nous libérer pour de bon des griffes du collecteur de graisses. Elle nous déposerait, Baz, Mad et moi-même au commissariat avant d'aller à l'hôpital de Bergen chercher la grand-mère de Mad qui, si Rachel avait réussi sa mission, serait enregistrée sous un faux nom et attendrait dans le hall. Ensuite, Margo emmènerait Nzuzi, Coco et Jamma à l'église St. Bart's, où Topher les récupérerait.

– Le père Raines a dit que le bus des Oies de Dieu partait à 16 heures précises, dit Baz.

La précision est un art qui se perd. Un détail difficile à oublier. Il n'y avait aucun doute sur l'heure du départ du bus pour Tampa.

Coco remua dans son sommeil.

Baz baissa la voix et s'adressa à Nzuzi.

– Jusqu'à nouvel ordre, Christopher devient moi. Tu comprends ? C'est lui le chef jusqu'à ce qu'on ait réglé cette histoire.

De sa poche arrière, Baz tira une épaisse enveloppe avec les mots *TAXIS RENAISSANCE* inscrits dessus. Je distinguai plusieurs billets de 100 qui dépassaient. Il tendit l'enveloppe à son frère.

– Ne dépense pas tout d'un coup, Nzuzi. Dedans, il y a aussi une lettre pour Christopher qui lui explique tout ce qui s'est passé et ce qu'il doit faire de la grand-mère de Mad une fois que vous serez à Tampa.

Il se tourna vers Mad et posa la main sur les siennes.

– Tu te rappelles ce que le père Raines a dit à propos de ces programmes pour les aînés. Jusqu'à ce qu'on puisse la rejoindre, elle sera entre de bonnes mains. D'accord ?

– D'accord, dit Mad en essuyant ses larmes.

Puis Baz se tourna vers moi.

– Je te dois des excuses.

– Tu quoi ?

– Nous n'avons pas achevé la liste de ton père.

– Baz, bon sang. Ce n'est pas votre faute. Vous avez fait tellement pour moi, j'ai juste…

Une idée me vint à l'esprit, alors je la suivis sans réfléchir.

– Mbemba Bahizire Kabongo, dis-je.

Je me sentis entièrement petit garçon, sachant que j'avais probablement écorché la prononciation, mais je vis passer dans les yeux de Baz une étincelle de reconnaissance pour ma tentative.

– As-tu besoin d'aide ?

Le sourire de Baz s'élargit dans la lueur dansante de la bougie.

– Oui, j'ai besoin d'aide.

Je songeai à ces molécules de hasard, ces milliards de minuscules évènements qui poussaient mon intrigue, construisaient mon décor et mon personnage.

– As-tu fait du mal à quelqu'un ?

Le sourire de Baz devint une grappe d'étoiles. Il répondit d'un seul mot.

– Non.

– D'accord.

On discuta tactique un long moment. Des « si ». Nous savions que dès que nous aurions franchi les portes du commissariat, ils arrêteraient Baz, mais après ça, c'était le mystère. Une fois de plus, nous tentâmes de persuader Baz de ne pas se rendre, mais il maintenait que c'était nécessaire. Innocent ou non, il était recherché, et il n'était pas prêt à mettre en jeu l'avenir de tout le monde en quittant la ville.

Et puis cela offrait un avantage. Une fois que les policiers auraient leur homme, ils cesseraient les recherches, ce qui permettrait aux autres de partir facilement sans se faire remarquer.

– De toute façon, dit Baz, ce n'est que temporaire. J'ai foi en toi et Mad.

J'aurais souhaité posséder une once de cette foi en moi-même.

Mais bon, hein.

Il fut décidé que nos témoignages ne devaient pas se terminer avant 20 heures. Cela donnait quatre heures d'avance, peut-être plus, au bus des Oies de Dieu. La police pouvait toujours contacter les États voisins, passer un appel à toutes les patrouilles, ou ce qu'ils voulaient. Notre espoir, c'était que la fuite en bus ne leur vienne pas à l'idée, et que dans le cas contraire, le bus ait une longueur d'avance qui le rendrait introuvable. Mad et moi pensâmes ne pas parler du bus du tout dans notre histoire, mais Baz insista fortement. Nous ne devions rien taire qui puisse être considéré comme de la complicité.

– Vous devez dire toute la vérité, dit-il. Ce qui signifie gagner du temps sans mentir.

– Et comment on fait ça ? demandai-je.

Tactiques de diversion, Vic. Ils vont avoir besoin de temps. Et vous allez leur en donner.

Il sourit en baissant les yeux sur mes genoux où se trouvaient la main de Mad et la mienne, l'une dans l'autre.

– Comme tes parents, tu as à présent une boussole. Mad est l'est et tu es l'ouest. Tu vas devoir parler, alors parle. Parle-leur des filles dont tu as cru être amoureux, celles d'avant.

Ça sonnait comme une phrase complète, mais moi je connaissais la véritable fin.

Celles d'avant... Mad.

Le silence retomba et pendant ce moment je souriais intérieurement de tout mon cœur. Baz caressait les cheveux de Coco. C'est alors que je vis le père qu'il était. Protecteur, mais pas exagérément. Plutôt d'une douceur profonde, ancrée.

– Les policiers vont émettre des hypothèses, reprit-il plus pour lui que pour nous. Très bien. Laissez-les croire ce qu'ils veulent. Mais ne mentez pas.

Coco remua et se redressa en se frottant les yeux.

– De quoi vous parlez ?

Baz lui sourit.

– On se disait qu'une Noix-de-Coco comme toi devait vivre en Floride.

…

– Ça ressemble à quoi, là-bas ? demanda-t-elle en bâillant. Pas d'entourloupe.

– Je n'y suis jamais allé, dit-il en haussant les épaules. Mais j'ai entendu dire qu'ils étaient au bord d'une Renaissance.

Il y eut des sourires (et des sourires intérieurs), mais personne ne rit. Je ne suis pas certain que c'était possible.

– Je t'aime, Baz, dit Coco.

Les yeux mouillés, Baz chuchota :

– Je t'aime, Coco.

Quelque part dans la cuisine ou la salle du restaurant, une sonnerie suraiguë retentit, comme si l'amour de Baz et Coco avait littéralement déclenché toutes les sirènes.

– Margo est là, dit Baz.

Apparemment, son idée d'une diversion consistait à tirer l'alarme incendie, ce qui nous laissait quelques précieuses minutes pour sortir avant que les pompiers n'envahissent les lieux.

– Tu prendras soin d'elle ? demanda Baz.

C'était à moi qu'il parlait, et je n'eus pas à demander ce qu'il voulait dire.

Je serrai la main de Mad dans la mienne avec un signe de tête. Soudain, nous n'avions plus de temps. Toutes ces minutes que nous avions entassées allaient s'écrouler, et nous le savions.

Mad se pencha pour serrer Coco dans ses bras.

– Amuse-toi bien en Floride, dit-elle entre ses larmes. Je vous rejoins dès que je peux, d'accord ?

Coco sanglotait aussi, sans bruit, mais si fort que son petit corps tremblait.

Une main se tendit devant moi – celle de Nzuzi. Je la serrai et ce fut la meilleure poignée de main de toute ma jeune vie.

– Au revoir, Nzuzi, dis-je.

Il claqua deux fois des doigts en secouant la tête. Je regardai Baz, qui m'expliqua :

– Il veut que tu l'appelles Zuz.

Je suis un Super Cheval de course.

– Au revoir, Zuz, dis-je en retenant mes larmes.

Il lâcha ma main, se pencha au-dessus de moi et prit Mad dans ses bras. Ça ne dura pas longtemps, mais ce fut intense. Elle pleura et lui chuchota quelque chose à l'oreille, des choses que je ne saurais jamais, et que je n'aurais jamais besoin de savoir.

Des bruits de pas résonnèrent au-dessus de nos têtes. Je n'avais plus de temps pour dire ce que je voulais dire. Alors je me contentai de les regarder. Et je crois qu'ils pensaient comme moi, parce que personne ne dit rien. Chacun se contentait de regarder les autres.

C'était un moment plutôt capital.

...

Bruit de glissement : le paillasson de la cuisine venait d'être retiré.

– Et ils se nommèrent les Kids of Appetite, dit Coco. Et ils vécurent, ils rirent et ils virent que cela était bon.

Zuz claqua des doigts une fois.

...

– Et ils virent que cela était bon, murmura Baz.

...

– Et ils virent que cela était bon, dit Mad sans lâcher ma main.

...

Tout le monde se tourna vers moi.

– Vous êtes la plus belle phrase mal construite que j'aie entendue de toute ma vie, dis-je.

– Nous sommes, dit Mad.

– Hein ?

– *Nous* sommes la plus belle phrase mal construite que tu aies entendue de toute ta vie.

Nous.

Quel mot.

Au-dessus, le loquet cliqueta. Tout le monde leva la tête en chuchotant les mots qui frémissaient sous la surface, les mots pleins de cœur, logés quelque part entre le Quelque chose et le Rien.

– Et ils virent que cela était bon.

Nous nous protégeâmes les yeux quand la trappe s'ouvrit et que, dans la lumière crue, apparut le visage radieux de Margo Bonaparte.

– *Bonjour, mes petits gourmands !*

- 11 -
TOUT EST DIFFÉRENT, TOUT EST PAREIL
(ou : Le plus important, c'est de lâcher prise)

DEVANT LE COMMISSARIAT D'HACKENSACK
MADELINE FALCO & BRUNO VICTOR BENUCCI III
19 DÉCEMBRE // 20 H 35

VIC

Coming Up Roses s'achève.

Coming Up Roses recommence.

La magie de Mad.

Le vent ébouriffe mes cheveux d'une manière toute nouvelle : vive, courte, staccato. Je mets le bonnet bleu sur ma tête. Nous sommes assis sur le trottoir du parking, en face du commissariat, les voitures passent à allure régulière et Mad chante dans la nuit. Cet après-midi, Margo Bonaparte nous a déposés à cet endroit précis, et Mad, Baz et moi sommes restés là un long moment à rassembler notre courage pour entrer.

J'ai l'impression que ça fait des semaines.

Et Baz est toujours à l'intérieur.

Soudain, je comprends pourquoi tous les autres Chapitres ont donné plus que leur histoire. Baz m'a donné quelque chose. Je ne pourrais pas le définir mais c'est quelque chose qui n'était pas là avant. C'est quelque chose de chaleureux et de réel, comme ce qu'il y avait entre Papa et moi. En fait, ils sont très semblables, tous les deux. Ce n'est pas simplement leurs projets pour l'avenir, ou leur amour du baseball. Tous deux ont compris le frémissement sous la surface ; leurs frémissements bouillonnent jusqu'à la surface et éclatent avec les plus vives des lumières rouges.

– D'accord, à moi de faire une déclaration, dis-je.

Mad me sourit.

– Vas-y.

– Moi, Bruno Victor Benucci III, sain de corps et d'esprit, j'annonce ici et par les quatre coins du comté de Bergen…

– Est-ce qu'on a vraiment quatre coins ?

– Quel que ce soit le nombre de coins, que je m'engage à me rendre au commissariat de la ville d'Hackensack quotidiennement, où je m'attacherai à casser consciencieusement les pieds de tout un chacun, jusqu'à ce qu'on libère Baz Kabongo.

…

…

Nous ne détachons pas les yeux du commissariat. Cette déclaration ne suffit pas, et de loin. La vérité, c'est qu'à la minute où il est devenu évident qu'ils n'allaient pas le relâcher immédiatement, une idée m'est venue à l'esprit. Une idée qui allait me coûter, c'était certain, mais pas grand-chose, comparé à ce que Baz m'avait donné.

Il me restait tellement peu de lumières rouges dans mon monde. J'avais déjà perdu celle de Papa, je ne pouvais pas me permettre d'en perdre une autre.

– Je suis très sérieux, dis-je. J'ai un plan.

– Bien.

Même dans cette nuit à se geler littéralement les miches, la proximité de Mad est indéniablement chaude. Ça me rend triste de ne pas savoir quand ni à quelle fréquence je vais la voir à l'avenir. Mais pour le moment, je suis heureux parce qu'elle est là. Juste là. Près de moi. En chair et en os.

…

…

– Tu es sûr qu'il va venir ? demande-t-elle.

Personne n'a réussi à joindre Maman de toute la journée, alors avant de quitter le commissariat, j'ai demandé à un agent d'appeler Frank pour qu'il vienne nous chercher. Je revois Klint et Kory perchés sur les meubles du salon de ma mère en train de beugler et Frank qui s'agenouille, et je me pose la même question – est-ce qu'il va venir ?

– Il va venir, dis-je en espérant avoir l'air plus confiant que je ne le suis.

– Tu crois qu'il pourrait me déposer à la gare routière ? demande Mad.

– Oui. Dès qu'on sera passés à l'hôpital.

– À l'hôpital ?

Je lui adresse mon meilleur regard « *T'es sérieuse ?* ».

– Mad. Tu es blessée. Ils vont sûrement te clouer au lit pour des semaines.

– Vic…

– Tu ne veux pas aller à l'hôpital ? OK, très bien. Ne viens pas chialer quand tes os repousseront n'importe comment.

– Tu sais que je dois m'en aller, n'est-ce pas ?

Je déglutis avec difficulté, évitant son regard.

– Le sergent Mendes nous a demandé de ne pas quitter la ville. Tu pourrais avoir de gros ennuis.

– Je ne peux pas abandonner ma grand-mère là-bas. Il faut que j'y aille.

Je baisse les yeux sur mes boots. Soudain, je hais mes boots. Sales boots débiles.

– D'accord. Alors je viens avec toi.

– Vic.

– Non mais si. Je viens.

– Et ta mère ? Et Baz ? Et ton plan ? Si tu quittes la ville, qui va répandre la nouvelle aux quatre coins du comté de Bergen... ?

– Ou quel que soit le nombre de coins.

– Oui, quel que soit le nombre de coins. Tu ne peux pas partir, Vic. Pas encore.

J'ai envie de l'embrasser très, très fort pour ce « pas encore ». Genre très, très fort. Mais c'est mon problème, parce que c'est ce que je ressens à peu près chaque fois que je suis avec elle. Et je ne peux pas passer ma vie à l'embrasser très, très fort tout le temps.

J'en suis presque sûr, du moins.

– Alors qu'est-ce qui va se passer ? je demande.

– Je ne sais pas.

– On ne va plus jamais se voir ?

– Bien sûr que si. Et en attendant, on peut regarder le même coucher de soleil.

J'ai envie de lui dire où elle peut se mettre son coucher de soleil, moi je veux le soleil tout court.

Mais je ne dis rien.

– ... *and you're coming up roses everywhere you go.*

Pendant que Mad chante, je frotte la petite cicatrice sur ma gorge, généreusement offerte par l'Homme Autoportrait. Je sens encore la force de ses bras autour de mes épaules, son haleine chaude derrière mon oreille. Il était fort. Zuz était plus fort. Je songe à la photo du père de Coco, Thomas Blythe, sur son lit d'hôpital. Je ne saurai peut-être jamais ce qui lui était réellement arrivé, mais vu la facilité avec laquelle Zuz a détruit l'Homme Autoportrait, je peux me faire une représentation plausible. J'entends la voix de Zuz au fond du collecteur de graisses : *Nsimba et Maman*, avait-il dit. *Elles étaient mortes. Elles avaient été tuées.* Il était tout petit à l'époque... je ne peux même pas imaginer ce que ça a dû être.

Mais je parie que Zuz voit les yeux vides de sa mère et de sa sœur où qu'il aille.

– Il allait me tuer, dis-je.

Mad se tait.

– Ton oncle allait me tuer. Ce que Zuz et ta grand-mère ont fait… c'était de la légitime défense.

Mad acquiesce.

– Légitime défense.

Je me demande combien de fois, dans ma vie, je vais me souvenir de ça. Un tas, probablement. Parce que même vraie, une justification peut toujours sonner faux.

Mad s'allume une cigarette et inspire la fumée.

– Au fait, bien joué avec le coup des ADN proches des frères et tout ça. Ça leur a démonté leur plan.

Les paroles de Frank au dîner, la semaine dernière, s'abattent sur moi comme une grosse couverture. *Génétiquement, les frères ont un ADN extrêmement proche.*

– Merci. J'imagine que toutes ces séries criminelles auront enfin servi à quelque chose.

Crissements de pneus. Une berline entre dans le parking derrière nous.

Quand on parle de caniche.

La portière s'ouvre et de la voiture jaillit un costume gris. Je m'attends presque à une fontaine de haricots verts derrière lui. Frank s'approche de nous d'un pas vif et me prend maladroitement dans ses bras. Je peux me tromper, mais je suis quasiment sûr qu'il pleure. Quelques tapes viriles dans le dos plus tard, il finit par se reculer pour m'observer.

– Nouveau bonnet ?

– Ouais.

– Cool, dit-il en remuant le nez.

Je ne savais même pas qu'on pouvait remuer le nez, mais c'est Frank. Il repousse constamment les frontières du genre humain.

– Victor, où étais-tu passé ?
– C'est une longue histoire.
Il n'insiste pas. Au lieu de ça, il dit :
– Tu sens mauvais.
– Je sais.
– Je veux dire : *vraiment* très mauvais.
– Frank, où est Maman ?
Avec un faible sourire, il se tourne vers Mad et lui tend la main.
– Je suis Frank, le... Disons que je suis un ami de la famille.
Mad lui serre la main et moi je me demande pourquoi il a esquivé ma question. Il nous ouvre la portière arrière, mais je ne bouge pas.
– Où est-elle ?
...
...
Ses épaules s'affaissent.
– Elle a appelé il y a quelques jours pour me dire qu'elle allait bien, et hier soir aussi. Mais elle refuse de me dire où elle est. Elle dit seulement qu'elle te cherche. Et bien sûr, elle ne répond pas au téléphone.
La rue disparaît, remplacée par du sable, remplacé par des vagues, remplacées par des tatouages jumeaux.
Le panneau du Petit Salon qui se balance, récemment tatoué à l'encre.
L'horizon des Palisades, immortalisé.
Les briques fumantes des premiers baisers et ceux éperdus près du puits aux souhaits.
Maman m'a vu emporter l'urne de la maison, huit jours plus tôt... forcément. Et elle savait ce qu'elle contenait.
Lâche-moi depuis le sommet de notre roc.
– Je crois que je sais où elle est.

D'après le GPS du Super Cheval de course qui sert de voiture de luxe à Frank, nous sommes à vingt-cinq kilomètres du Rockefeller Center. Mad s'endort à la seconde où sa tête touche la vitre. À la faible lueur des réverbères sur le pont que nous traversons, je feuillette les premières pages d'*Outsiders* et immédiatement, je comprends le personnage principal. C'est un solitaire qui voudrait ressembler un peu plus à Paul Newman.

Je ne voudrais pas ressembler un peu plus à Paul Newman. Mais je comprends le sentiment.

Je lis quelques pages de plus et me retrouve happé par le courant. Puis je lis la fin qui est, mot pour mot, exactement la même que le début. *Le vortex de Hinton* : extrême contraire simultané s'il en est.

Tandis que nous approchons de la ville, je contemple Mad en me demandant comment se termine notre histoire. De bien des manières, nous ne sommes pas de deux mondes différents. Nous connaissons tous deux la douleur de perdre un parent (dans son cas, ses deux parents). Nous savons tous deux ce que c'est de vouloir plus que ce que l'on veut bien nous proposer, de voir une cloche de fer et de ressentir l'envie irrépressible de la faire sonner, de chercher le frémissement sous la surface, de comprendre qu'aucun de nous, pour le meilleur ou pour le pire, n'est enchaîné à son passé.

Parce que le passé, c'est du passé.

Alors je vais terminer le lycée. Et si Frank et Maman doivent se passer la bague au doigt, je serai là aussi. Mais après ça, ce sera Super Cheval de course 24 h sur 24. Mon avenir m'appartient. Et vu qu'il fait beau toute l'année en Floride, mon avenir me semble capitalement radieux.

Mais faisons les choses dans l'ordre.

Je prends une grande inspiration et me tourne pour faire face à ma seule véritable idée, mon plan génial, mon dernier recours.

– Frank, dis-je. Tu es avocat. Disons que les flics arrêtent quelqu'un pour un meurtre qu'il n'a pas commis.

Une pause, puis…

– D'accooooord.

Je plonge. En n'utilisant que des termes généraux et aucun nom, je présente le cas de Baz de manière cohérente, sans oublier sa première arrestation et les soupçons qui pèsent sur lui. Frank confirme ce qu'a dit Mendes : si la police trouve une meilleure correspondance ADN, alors ça plus les dépositions enregistrées de deux témoins oculaires devraient suffire à le laver de tout soupçon. Il confirme également qu'il va falloir être patient.

– Malheureusement, dit-il, ces choses-là prennent du temps, Vic. Mais si ça peut te rassurer, je pourrai jeter un œil au dossier, m'assurer que ce garçon ne reste pas en garde à vue plus longtemps qu'il ne devrait. Mais il me faudra son nom, évidemment.

– Ce serait super. Merci, Frank.

– Je t'en prie.

Je sonde les yeux de Frank sans trop savoir ce que j'y cherche. Il y a une ressemblance nette entre Frank et ses enfants, Klint et Kory, et je ne sais pas pourquoi, tout à coup je me demande à quoi ressemblait leur mère.

Une image : Papa, Maman et moi sommes assis à table. Papa pose sa fourchette et passe la main sous la table en direction de Maman. (Ces mains ne se sont jamais perdues.) Ensuite viennent les mots. Les « j'ai un cancer » et les « on va le battre » et les larmes et les sourires tristes et les, et les, et les… Et même si je sais que ça va devenir grave, au début je n'ai pas *l'impression* que c'est grave. Parce que je ne le vois pas encore. Papa est le même que d'habitude, il n'a pas changé, il part au travail tôt le matin, il rentre tard, il mâche bruyamment ses pâtes, il regarde les infos en lisant le journal, il vient vérifier que je n'ai besoin de rien tous les soirs…

Coucou, Vic. Tu n'as besoin de rien ?

Non, Papa.

Ça va ?

Oui, Papa.

D'accord. Bonne nuit.

Bonne nuit, Papa.

C'est toujours Papa. Au début. Mais c'est la fin du cancer qui fait que le cancer est le cancer. À la fin, Papa ressemble à un fantôme. Comme un dessin de mon père fait par un gosse de maternelle. Et puis, il n'est même plus ça du tout.

C'est ça, le cancer.

C'est ça, la fin.

Après sa mort, Maman s'est inscrite à un groupe de soutien. Elle voulait que j'y aille aussi, mais je ne sais pas... je n'y arrivais pas. Rejoindre un groupe, ça voulait dire accepter la possibilité que je n'étais pas tout seul dans ce bateau. Et je n'étais pas encore prêt. Mais Maman si. Elle a accueilli des gens dans son bateau, à bras ouverts. Durant quelques heures, tous les jeudis, elle redevenait mon ancienne maman; c'étaient les meilleures soirées. Et elle répétait toujours la même chose : « Les beignets sont infects, Vic, mais les gens sont adorables. »

Je me penche entre les deux sièges avant et je regarde les yeux marron dans le rétroviseur.

– Est-ce que les beignets étaient si infects que ça, Frank ?

Ses yeux sourient sans quitter la route.

– Ils étaient carrément immangeables, Vic.

Je regarde par la vitre alors que nous arrivons dans la ville et, pas pour la dernière fois, je me demande ce que regarde Baz en ce moment.

✕

La dernière fois que j'avais vu Baz, nous étions, Mad et moi, avec lui en face du commissariat, à chercher le courage d'y entrer.

– Pourquoi Hackensack ? demandai-je.

– Que veux-tu dire ?

J'avais besoin de trouver une explication à ces désastreuses et chaotiques lumières rouges. Elles n'avaient cessé de vaciller, de se disperser et de s'affaiblir et j'avais désespérément besoin que quelqu'un, une fois, m'apporte une explication.

– L'histoire de Coco, dis-je. La pub à la télé qui disait que Hackensack était au bord d'une Renaissance, et que c'est pour ça que vous êtes venus ici. C'est des conneries, non ?

– C'était une pub. Et Coco était ravie à l'idée de venir ici.

– Mais ce n'était pas vraiment *son* idée.

Les yeux sur le commissariat, Baz expliqua :

– Notre première famille d'accueil à Syracuse avait un fils. La plupart des gens nous traitaient comme si nous étions un genre de marchandise, ou une pièce d'exposition dans un musée. Mais pas lui. Je l'ai tout de suite apprécié, on est devenus proches. Il s'est passé des choses, des choses dont je ne suis pas fier, et avec Nzuzi, nous avons dû déménager. Un jour, j'ai entendu dire que notre frère de la famille d'accueil avait emménagé à Hackensack, donc quand nous avons dû trouver un endroit où aller, nous sommes venus ici.

– Tu l'as retrouvé ?

– Oui, répondit Baz. Tu l'as rencontré.

– C'est qui ?

– Christopher.

...

– Topher, soufflai-je.

Je me rappelai la puissance de leur étreinte, l'éclat dans les yeux de Topher quand il parlait d'eux, et la vitesse à laquelle il avait accepté de mettre sa vie entre parenthèses jusqu'à nouvel ordre pour aider les frères Kabongo.

Les lumières rouges n'étaient pas si chaotiques que ça, en fin de compte.

...

– Ça, ça figurera forcément dans le livre, dit Baz, les yeux toujours dans la même direction.

Mad tira les bords de son bonnet sur sa tête.

– Tu crois qu'il va y avoir une fin heureuse ?

– Heureuse en un certain sens, dit Baz.

Le silence qui s'ensuivit nous donna l'occasion, à Mad et à moi, de réfléchir dans quel sens le livre de Baz pouvait avoir une fin tragique. Il existait, malheureusement, de nombreuses possibilités.

– « Ne les crains point, car je suis avec toi pour te délivrer », cita Baz avant de se tourner vers nous. Je sais comment l'appeler maintenant.

– Tu sais comment appeler quoi ? demanda Mad.

– Le livre. J'ai un titre. Il est assez long, ce qui est déconseillé par le Dr James L. Conroy dans son livre. Mais je commence à croire que le Dr James L. Conroy raconte pas mal de conneries.

– Alors, c'est quoi ? demandai-je à mon tour. Le titre ?

Baz sourit, ses yeux se voilèrent et, pour une fois, je sus exactement où il était allé : un endroit dans lequel son père et lui regardaient tranquillement des films, où il berçait sa petite sœur au son des vieux cantiques de fidélité et d'immense bonté, où avec Zuz, ils parlaient à bâtons rompus jusque tard dans la nuit, où lui et sa mère n'avaient jamais eu à écrire de Chapitres. Dans ce pays, les seuls éclats qui existaient étaient des éclats de rire, les seules choses rompues étaient les pains, et les seules flammes provenaient des étoiles qui brillaient au-dessus du ciel de Brazzaville.

– « Ils vécurent, ils rirent, et ils virent que cela était bon », dit Baz.

Il se retourna, et traversa la rue.

MAD

Manhattan est l'endroit idéal pour se sentir tout petit. Et je ne parle pas nécessairement par métaphore, même si quand on voit le nombre de Ralph Lauren et de Louboutin, j'imagine que ça marche aussi dans ce sens. Mais ce que je veux dire, c'est qu'il y a *tant* de gens, *tant* de voitures, *tant* de structures, et des structures *sur* des structures, une telle immensité, qu'il n'y a pas de mots pour la définir, à part en disant que Manhattan est un océan vertical, dont les trottoirs sont la plage ; quand on est là, à regarder en l'air au lieu d'en face, on se dit : « Bon sang mais où est-ce que ça se termine ? »

C'est l'horizon infini.

Je suis avec Vic au pied du Rockefeller Center. Frank nous a déposés, mais apparemment il ne peut pas se garer ici. Il baisse la vitre passager, tend à Vic un téléphone et quelques billets.

– Ton portable t'a manqué ?

– Pas vraiment, répond Vic en glissant le téléphone dans sa poche avant de compter les billets. C'est pour quoi ?

– Vous vous apprêtez à monter sur une terrasse panoramique en haut d'un célèbre gratte-ciel new-yorkais en pleine période des fêtes. C'est ce qu'on appelle bien choisir son moment. Ce genre de moment a tendance à coûter de l'argent.

Vic enfile les bretelles de son sac et se penche par la vitre.

– Tu ne viens pas avec nous ?

– C'est un cauchemar pour trouver une place ici. Écoute, dès que vous êtes en haut, tu m'appelles, OK ? Si vous la trouvez, je veux le savoir *immédiatement*. Je vais tourner dans le quartier en attendant ton appel.

Même avec mon bonnet, le froid commence à gagner toute ma tête. Je m'allume une cigarette pendant que Frank et Vic se regardent sans savoir quoi ajouter. Ce serait presque adorable si ce n'était pas aussi douloureusement embarrassant.

Tire.

Souffle.

Relâche.

Vic toussote.

– Hum, bon, euh m…

Une voiture nous klaxonne. Frank klaxonne en retour et sourit à Vic.

– De rien. Maintenant, va la chercher.

Il remonte la vitre, disparaît dans la circulation.

Tire.

Souffle.

Relâche.

– Il est sympa, dis-je.

Vic se retourne vers moi.

– C'est *toi* qui es sympa.

Je rigole en soufflant un petit plumet de fumée.

– J'aimerais bien que tu arrêtes de fumer, dit-il en se rapprochant.

– Tu n'as pas à me dire ce que je dois faire.

Et Vic m'embrasse au milieu des vagues de gens qui se déversent autour de nous. Je lâche ma cigarette et il glisse une main sous mon bonnet, sa paume est froide contre le côté rasé de mon crâne. Il a son autre main dans mon dos, je sens qu'il est nerveux. Il calcule soigneusement chaque geste, mais ça ne me dérange pas : j'adore ses maths. Il a les lèvres froides et fermes. Je garde les yeux ouverts tout le temps, car lui ne peut pas fermer les siens. Nous trouvons de la douceur dans nos mécanismes mutuels. C'est un débordement asymétrique d'yeux grands ouverts, de cheveux rasés, de bouches entrouvertes, de dents froides, de langues empressées.

Le baiser se termine comme se terminent les baisers : il en a fini avec nous, même si nous n'en avons pas fini avec lui.

– Tu l'as senti ? demande Vic.

Une discrète odeur de fumée flotte toujours entre nous.

– Quoi ?

– Mon sourire. Je voulais que tu le sentes.

Sur la pointe des pieds, j'embrasse son front, puis son nez, puis ses lèvres, puis son menton.

– Je l'ai senti.

Bon sang que j'aime l'iode doux et poisseux de Manhattan.

Ce n'est pas difficile de réfléchir en termes de nécessité. Si les KOA avaient besoin de pain, nous faisions l'impasse sur la crème glacée. Nous économisions nos rations de chez Babushka, sachant que ça ne durerait pas éternellement. Avec le temps, nous avons pris l'habitude de réfléchir en termes d'utilité et ce faisant, nous avions découvert que la frugalité s'apparentait beaucoup à un muscle : plus on s'en servait, plus elle se renforçait.

Donc au moment où Vic débourse plus de soixante dollars pour que nous prenions l'ascenseur jusqu'en haut d'un immeuble à la con, je renâcle assez fort. Le type au guichet me jette un regard bizarre, comme si c'était moi qui avais perdu le sens des réalités.

– Désolée, dis-je. Je suis sûre que cette montée en ascenseur en vaut chaque centime.

Nous suivons une file de gens – touristes effrénés, à en croire les casse-croûte, les tee-shirts et tous les bibelots de boutiques souvenirs assortis – aux ascenseurs. Nous jouons des coudes jusqu'au fond de la cabine alors que d'autres gens débarquent encore de nulle part. Un gamin n'arrête pas de fixer Vic, et au moment où je vais ouvrir la bouche, les portes se referment, et un certain nombre de choses se produisent : d'abord, la lumière se tamise, ce qui provoque un chœur de cris; la musique se met en route quand l'ascenseur commence à monter, et je remarque que le plafond est en verre, nous permettant ainsi de voir l'intérieur de la cage. Le tunnel est parcouru de vives lumières bleues qui donnent l'impression d'être dans un manège. Un film est projeté sur le plafond de verre, le genre de vidéo qui retrace les grands exploits des hommes dans l'Histoire, avec des apparitions de Martin Luther King Jr, Neil Armstrong, et Richard Nixon (oui, donc peut-être plus des « étapes importantes » que des « exploits »). Tout est très brillant, pétillant et techno jusqu'à notre arrivée au sommet avec un dernier plan sur le visage radieux de Barack Obama et une voix de femme robotique qui dit (attention, c'est surprenant) : « Bienvenue au Top of the Rock », comme si arriver en haut d'un immeuble était l'un des Évènements historiques importants dont j'allais être témoin aujourd'hui, classé juste après le visage de Barack Obama.

Vic et moi sommes les derniers à sortir de l'ascenseur.

– Bienvenue, dit Vic sur un ton rêveur, au Top of the Rock.

J'ouvre un bras d'un geste grandiose.

– Où *tous* vos rêves deviennent réalité.

Morts de rire, nous cherchons vers où nous diriger. Il s'avère que l'ascenseur ne nous amène pas directement à la terrasse, mais seulement à l'étage le plus haut. Il y a une autre boutique souvenirs et au bout de la pièce, des gens en manteaux et bonnets empruntent un escalator.

– Là, dis-je en attrapant la main de Vic.

– Qu'est-ce qu'il a, ton visage ?

La voix est toute proche mais semble venir de nulle part, comme si une tierce personne avec nous depuis le début ne se décidait à parler que maintenant.

À quelques mètres, le gosse tient la main de sa mère devant la vitrine. C'est celui de l'ascenseur, celui avec un problème de fixation. Il doit avoir dix ou onze ans, assez grand pour se tenir, normalement. La mère ne dit rien, mais je vois bien qu'elle a entendu. Elle est rouge comme une pivoine et fait semblant de regarder la vitrine. Je m'apprête à leur crier dessus, mais Vic se dirige droit sur le gosse et se baisse à son niveau.

– Rien, dit-il.

La mère se retourne enfin, sûrement parce qu'un inconnu s'est agenouillé devant son fils pour lui parler. Mais elle ne dit toujours rien. Je crois que même elle, elle sent l'effrayante réalité de ce qui est en train de se passer.

Pas du tout impressionné, le gosse examine le visage de Vic sous différents angles.

– C'est vrai ? demande-t-il.

Vic désigne la tête du gamin.

– De quelle couleur sont tes cheveux ?

– Marron.

– Et tes yeux ?

Le gosse a un sourire de gosse.

– Marron aussi.

Pour une raison qui m'échappe, je me mets à pleurer. Je ne sais vraiment pas pourquoi.

Vic demande :

– Tu aimes la musique ?

Le gosse acquiesce.

– Quel genre ?

– Les Ramones.

Vic regarde la mère qui hausse les épaules et moi je ris à travers mes larmes parce que la réponse de ce gosse me rappelle tellement Coco.

– Moi, j'aime le jazz, continue Vic. Et un peu l'opéra.

La mère sourit à son fils, et peut-être à Vic aussi.

– Donc toi, tu es né avec les cheveux marron et les yeux marron, dit-il. Certaines personnes ont les yeux bleus et les cheveux roux, certains ont les yeux verts et pas de cheveux du tout.

Une petite foule de clients qui ont entendu la conversation se rassemblent à présent autour de Vic et du gamin.

– Il y a des couleurs de peau et d'yeux différentes, reprend Vic, des familles, des histoires et des façons d'aimer différentes. C'est mieux comme ça. Parce que comme ça, on peut avoir Joey Ramone *et* Miles Davis.

La foule glousse doucement.

– Donc toi, tu es né comme ça, dit-il en désignant le visage de l'enfant, et moi je suis né comme ça, conclut-il en désignant son propre visage.

Le gamin hoche la tête et sourit à sa mère. Je repense aux premières paroles que Vic a prononcées, sous la neige, une nuit, près de l'USS *Ling*.

J'espère que tu avais raison, avait-il murmuré dans l'urne. *J'espère qu'il y a de la beauté dans mon asymétrie.*

Je n'ai jamais rencontré le père de Vic, mais je commence à croire que c'était un type plutôt malin.

Au pied de l'escalator, les gens ferment leurs manteaux et enfilent gants et bonnets. Vic sort de son sac à dos ses photos et l'urne.

– Prête ? demande-t-il.

Mais dans son intonation, dans sa façon de se tenir bien droit, pieds joints, l'urne entre les mains comme s'il s'apprêtait à la mener à l'autel pour lui jurer fidélité dans la santé comme dans la maladie, plane un sous-entendu.

– Vas-y, dis-je en ramassant son sac pour le mettre sur mon épaule. Je t'attends ici.

– Tu es sûre ?

Je désigne la boutique cadeaux.

– Oui, j'ai précommandé une de ces grosses têtes d'Obama… Faut que j'aille voir s'ils l'ont reçue.

Il me regarde et je sais qu'il sourit. Alors je lui souris aussi en levant l'index.

– Je vais peut-être prendre un doigt en mousse patriotique aussi, pendant que j'y suis.

Soudain, nous sommes dans les bras l'un de l'autre et Vic parle contre mon épaule :

– Je comprends pourquoi tu dois aller en Floride. Vraiment. Mais promets-moi qu'on va trouver une solution, d'accord ?

– C'est promis.

– Je suis sérieux, Mad. Je veux plus que ce coucher de soleil… de mer*credi*. Je veux une plaque commémorative sur le banc d'un parc.

Dans des circonstances normales, la durée de ce câlin serait gênante. Mais on n'est pas dans des circonstances normales, et au lieu de m'écarter, je me rapproche. Une énorme partie de moi est triste de devoir quitter Vic, mais c'est cette même partie qui est tellement heureuse de l'avoir trouvé. Sa théorie des extrêmes contraires simultanés commence à me rappeler un certain poisson rouge de ma connaissance : un poisson rouge qui ne lâche jamais l'affaire.

– Moi aussi, je veux une plaque, dis-je. Et puis... ce n'est pas comme si je partais à la seconde.

– Je sais, dit-il en soufflant ses mots chauds dans mon cou. Je crois que je suis coincé.

Nous restons là, l'un contre l'autre, et c'est totalement glorieux. Les gens nous jettent des regards en coin, mais merde. Ça ne les concerne pas, ça ne me concerne presque pas, même, pas vraiment : ça concerne Vic qui ne veut pas monter cet escalier. Et je comprends. Si j'avais une liste des lieux où Maman ou Papa voulaient que l'on disperse leurs cendres, des lieux qui me rappelaient comment c'était avant, l'amour dans lequel j'étais née et que j'avais perdu en chemin, moi aussi je ferais tout pour faire durer. Dans un sens, la liste a ressuscité le père de Vic. Tant qu'il l'avait, il avait un morceau de son père. Mais l'achever, ça signifie accepter la fin.

– Allez, vas-y, dis-je en m'écartant pour le regarder droit dans les yeux. Je vais te dire ce que tu as besoin d'entendre, pas ce que tu veux entendre. D'accord ?

– D'accord.

Je ne sais toujours pas ce que je vais bien pouvoir faire de ma vie, mais je sais que ça va bien se passer. Parce que Jamma, Baz, Zuz et Coco seront toujours ma famille, mais ils sont mon Alt. Mon Neu est glorieusement asymétrique.

– Vic.

– Oui ?

– Le plus important, c'est de lâcher prise.

VIC

La perspective de monter sur une terrasse panoramique est plutôt excitante, un genre de Mecque pour l'observateur silencieux que je suis.

... plus haut, plus haut, plus haut...

L'escalator monte et la température descend. Près du sommet, l'urne sous le bras, je remonte le col de mon manteau, même si ça ne sert pas à grand-chose. Le vent glacial me pique les yeux et je ne peux pas les protéger.

Parce que : cette vue.

La terrasse entière est entourée de hautes vitres de séparation, espacées d'une dizaine de centimètres. Je me dirige tout au bord. De l'autre côté s'étale New York City dans toute sa gloire nocturne et fourmillante. Des immeubles sur des immeubles sur des immeubles, des lumières partout. Des parcs et des arbres, des rues et des voitures, des gens partout, partout, partout.

Des milliers de minuscules lumières rouges, certaines se consumant, d'autres toutes neuves : le cercle de la vie lumineuse.

– Victor ?

Entendre la voix de Maman, c'est comme reconnaître un grain de sable unique sur la plage. Je me retourne, elle se tient près d'un banc à côté de l'escalator. La voilà juste devant moi, la voilà qui me prend dans ses bras, la voilà qui pleure. L'urne semble plus lourde entre mes mains. Comme si Papa avait pris du poids.

Maman s'écarte un peu.

– Où étais-tu, Vic ?

– Toi d'abord.

Aucun de nous ne parle pendant une minute. Les réponses ne sont pas loin, mais les choses telles que l'écoulement du temps n'ont plus vraiment d'importance quand on est ici, tout en haut, avec le monde à nos pieds.

– C'est ici qu'il m'a amenée, dit-elle en se tournant vers l'horizon. C'est juste là que ton père m'a demandée en mariage. Il a dit qu'il n'avait pas trop d'argent et pas de bague, mais des tas de projets. Il avait toujours des projets.

Je songe aux projets de Papa, aux gens qui ont peut-être vu ce qu'il avait accompli – ou pas accompli – et cru qu'il avait échoué à mener ses projets à bien. Mais moi je savais la vérité. Parce que j'étais l'un de ses projets. Et Maman aussi. Et maintenant, nous sommes là, tous les deux, au sommet du monde.

Ensemble.

Quel mot.

– On aurait bien voulu t'amener ici une fois, dit Maman. Pour te montrer l'endroit où tout a commencé. Mais c'est devenu tellement cher. Bruno voulait garder ça pour une occasion spéciale.

L'urne entre mes mains, la nature capitale de ma présence ici, la personne avec qui je me trouve… moi je dirais que Papa a exécuté son projet à la perfection.

Je dépose l'urne à mes pieds, sors les photos de ma poche pour regarder la première – Maman et Papa, mes jeunes parents amoureux, exactement au même endroit, New York derrière eux – et je pense à tout ce qui s'est passé entre cet instant et maintenant.

Tout est différent : les Twin Towers ont disparu.

Tout est pareil : la ville est vivante.

Tout est différent : je suis là.

Tout est pareil : Maman et Papa sont là.

Tout est différent : Papa est dans un bocal.

Tout est pareil : nous sommes, chacun d'entre nous, d'incorrigibles optimistes.

La deuxième photo montre l'origine de l'histoire : Maman et Papa avec leurs tatouages tout neufs : un est, un ouest. Je lève la tête vers Maman, puis la baisse vers Papa. Apparemment, les tatouages ont fonctionné. Même maintenant, Papa nous indique la bonne direction.

– Où as-tu trouvé ça ?

Maman me prend la photo, une main sur sa bouche.

Je ne réponds pas. Elle sait d'où elle vient. La troisième photo, je la garde contre moi. Elle n'appartient qu'à moi. Peut-être qu'un jour, elle sera l'origine de mon histoire. Peut-être que j'aurai des enfants avec Mad, qu'ils trouveront cette photo de leur mère sans personne d'autre dessus, et qu'ils verront le même genre d'amour d'est en ouest que je vois en mes jeunes parents.

Maman s'essuie les yeux et me rend la photo. Puis elle observe la vue.

– Quand tu es parti, j'étais dévastée. J'ai prévenu la police, bien sûr. Ça m'a pris du temps, mais j'ai fini par comprendre quelque chose.

– Quoi ?

– Je te connais. Je savais que tu allais ouvrir l'urne et trouver la liste. Je le savais. Alors je suis allée au Petit Salon, mais tu y étais déjà passé. J'ai attendu sur notre banc, à côté de la route des Palisades, un long moment, mais je n'avais aucun moyen de savoir si tu étais déjà venu ou non. C'est là que j'ai pris conscience que le seul moyen de te rattraper à coup sûr, c'était de passer directement à la fin. Je suis là depuis quatre jours. J'ai pris un hôtel bon marché pas loin. Enfin. Bon marché selon les critères de la ville.

– Tu es montée ici tous les jours ?

Elle acquiesce.

– J'apporte mon déjeuner et mon dîner. Je m'assois juste là, sur ce banc, et j'attends jusqu'à ce qu'ils me mettent dehors à minuit.

J'essaie de ne pas penser à la somme d'argent qu'elle a dépensée pour rien.

Beaucoup. C'est beaucoup.

– Tu représentes tout pour moi, Vic. Si tu ne veux pas que j'épouse Frank, je ne le ferai pas.

Ses mots prennent forme et flottent dans les airs tandis que moi, j'essaie de penser avec mon cœur.

– Je veux que tu sois heureuse.

Ce n'est que la moitié.

– Je ne veux pas oublier Papa.

…

– On ne l'oubliera pas, dit-elle. Je te le promets.

Je range les photos dans ma poche pour sortir mon téléphone.

– Tu attends un appel ? demande Maman.

– J'étais censé appeler Frank et lui dire que tu allais bien. Mais je n'ai pas son numéro.

– Ah. De toute façon, il n'y a pas de réseau ici.

C'est vrai. Aucune barre de signal. Quelque part dans mon pays de Rien, j'attrape des bribes de conversation entendues un peu plus tôt dans la journée.

Vous avez laissé un message ?

On a essayé. Sa boîte vocale est pleine.

À ce moment-là, cet échange entre le sergent Mendes et l'inspecteur Ron m'avait plombé. Pas que sa boîte vocale soit pleine, mais que l'appel y atterrisse directement.

– La première journée que j'ai passée ici, dit Maman, je me suis rendu compte à quel point j'étais isolée. S'ils te trouvaient, je n'avais aucun moyen de le savoir. Alors chaque nuit, dès que je sortais de l'ascenseur et que j'avais du réseau, j'appelais le sergent Mendes pour savoir s'il y avait du nouveau.

Elle a appelé chaque soir ces quatre derniers jours pour faire le point. Toujours juste après minuit.

Je range mon téléphone.

– Et Frank ?

– Quoi, Frank ? demande-t-elle d'un ton qui suggère qu'elle est aussi surprise que moi par ma question.

…

– Il est mort d'inquiétude, Maman.

– Je l'ai appelé. Deux fois. Je lui ai dit que j'allais bien. Mais je savais que c'était à cause de lui que tu étais parti.

Je repousse le bord de mon bracelet KOA pour regarder mes minuscules sentiers qui ne mènent nulle part. Les plus tristes des talismans, un genre de tatouage différent. Quand le tissu doux retombe par-dessus, je sais – j'en ai terminé avec ça. Les minuscules sentiers vont s'estomper et il n'y en aura plus jamais d'autres. Mad a fait plus que recoudre un bandage métaphorique. Elle ne m'a pas réparé, elle m'a aidé à me réparer moi-même.

Elle m'a conduit jusqu'à Singapour.

– Maman, je crois que tu devrais donner une deuxième chance à Frank.

Elle sourit en coin ; j'adore quand elle sourit en coin.

– Tu crois ?

– À une seule condition.

– Qui est ?

– Il est obligé de lire l'œuvre complète de Dostoïevski avant d'ouvrir une nouvelle biographie de Churchill.

Elle rit comme un petit oiseau et je me demande si je ne faisais pas partie de la bande miraculeuse depuis le début.

– Il a une vraie passion pour Winston Churchill, hein ? dit-elle.

– Oui, d'où ça vient, ça ?

Maman glisse une main dans la mienne et tapote l'urne du bout du pied.

– On y va ?

Je me baisse pour ouvrir le couvercle et introduire ma main à l'intérieur. L'urne n'est plus aussi remplie qu'une semaine plus tôt, mais je crois que c'est le but. Je me relève avec une poignée de cendres, l'espace entre les panneaux de verre est juste assez large pour que je puisse y passer le bras.

Maman pose une main sur mon épaule.

Papa est au creux de ma main.

C'est très compliqué. Mais pas si mal. C'est notre famille, l'endroit où nos lumières rouges se sont regroupées et s'attardent.

– Ça va ? demande Maman.

J'acquiesce, les cendres bien à l'abri dans mon poing fermé.

– D'habitude, je dis quelque chose. Avant de les disperser.

Nous contemplons le ciel hivernal de New York.

…

…

Maman dit :

– Les souvenirs sont aussi infinis que l'horizon.

C'est aussi étrange que merveilleux de savoir que nous sommes allés dans les mêmes lieux, que nous avons appris les mêmes phrases, regardé les mêmes paysages. Tout ça grâce au plan de Papa. Mes parents avaient rassemblé leur amour comme du petit bois, pour le faire brûler ensemble. Et maintenant, cet amour est éparpillé partout.

Je me concentre sur mon poing, le bracelet KOA flou devant moi, la ligne d'horizon de la ville floue derrière lui.

– Aux vieux-nouveaux, dis-je.

Maman pleure à travers son sourire.

– Aux vieux-nouveaux.

La ville redevient nette, une vue plus belle que tous les Matisse, plus belle même que le *Duo des fleurs*. Cette vue n'est absolument pas de l'art. Ce n'est pas un produit du rythme, ni de l'asymétrie. C'est le contraire du *Ling*. Je ne sais pas d'où cette vue est venue, ni comment. Elle est là, c'est tout. Et je suis dedans. Et je ne veux être nulle part ailleurs. Et je ne veux être personne d'autre que Victor Benucci, fils de Bruno et de Doris Benucci, géniteurs du siècle, les plus super de tous les Chevaux de course. Et peut-être que pour la première fois de toute ma vie, j'arrête de voir les couleurs qui sont là et je me concentre sur celles qui n'y sont pas.

Dans le ciel nocturne, les sopranos volantes flottent au-dessus de la ville, elles la protègent avec leur chanson, elles attrapent les âmes de ces rares et adorables penseurs de cœur.

Elles attrapent leurs cendres.

…

…

Je laisse partir Papa.

ILS VÉCURENT, ILS RIRENT ET ILS VIRENT QUE CELA ÉTAIT BON

(ou : Kids of Appetite)

Par Baz Kabongo

À ma mère, mon père, ma sœur

PROLOGUE

Le Dr James L. Conroy n'approuve pas les prologues (Conroy, v-vii.). Si ses yeux devaient un jour se poser sur ces pages, j'imagine qu'il trouverait un grand nombre de mes procédés sans éclat, et fort possiblement médiocres. Ça ne me dérange pas. Ses pages à lui ne contiennent presque aucun éclat. (Je m'étendrai sur le sujet plus loin.) Nonobstant, le Dr James L. Conroy considère que les bonnes histoires nécessitent du temps (Conroy, 18-154). Je trouve cela très encourageant. Si la valeur d'une histoire se mesure au temps passé à y travailler, alors celle-ci va être excellente.

Car elle a pris énormément de temps.

À la vérité, ce fut une véritable épreuve. Beaucoup de choses se produisent en ce moment, beaucoup de raisons de ne pas écrire ce livre. Mon travail à l'église ainsi qu'au refuge local me prennent presque tout mon temps. Mon frère et moi sommes suivis par un thérapeute, une aide vitale dans le processus d'acceptation de notre passé, présent et avenir. Dès qu'il s'agit d'écrire, je me prends à répéter ces cinq mots périlleux : *Je le ferai plus tard*. Et puis, la nuit dernière, j'ai eu une conversation avec mon frère. C'est devenu une de nos habitudes : nous passons des heures sous un minuscule arbre, derrière notre appartement dans la résidence de Windy Palms, à parler jusque tard dans la nuit. Tout récemment encore, nous étions quatre à prendre part à ces discussions nocturnes, mais l'un de nous a déménagé, l'autre a été adopté par un ami proche. (Les au revoir sont souvent doux-amers, je sais, mais ceux-ci furent plus doux qu'amers.) Donc mon frère et moi consacrons généralement quelques minutes de nos conversations au passé, avant de parler de l'avenir. Je leur trouve énormément d'éclat. Elles sont, en vérité, bien au-dessus de la moyenne.

La nuit dernière, mon frère a dit : « Tu as assez parlé, Baz. Il est temps d'écrire. » (Depuis qu'il est inscrit à la fac, il a les chevilles qui enflent, si vous voulez mon avis. Mais d'accord, il n'avait pas tort.)

Donc me voilà. J'écris.

Ma mère disait toujours que nous faisions tous partie de la même histoire, et si nous n'avions pas le loisir d'en choisir l'intrigue, nous pouvions en revanche choisir quel genre de personnage nous voulions être. (Le Dr James L. Conroy ne dit rien de la sorte, mais je dois admettre que je n'ai pas encore terminé de lire son livre, *Les écrivains qui écrivent bien écrivent tout de suite.* Si le Dr James L. Conroy avait suivi son propre conseil et choisi un titre plus court [Conroy, p.178-186], alors peut-être le livre lui-même aurait-il été moins barbant. Mais j'en doute. C'est réellement un gros tas d'excréments.) Tout cela, bien évidemment, est une immense métaphore, la vie comme une histoire, mais c'est ainsi que nous vivions, Maman et moi. Aujourd'hui encore, j'y trouve énormément de réconfort.

Donc… mon histoire comporte de nombreux Chapitres. J'avais prévu de les écrire dans l'ordre, afin de livrer un compte-rendu de ma vie, et de la vie de ma famille, de ma naissance jusqu'au jour où je me suis assis sur cette chaise modérément confortable dans cet appartement modérément confortable de la résidence de Windy Palms. Mais j'ai récemment entendu quelque chose qui m'a convaincu que mon histoire devait être racontée à travers une « narration non linéaire » (Conroy, p. 402-403, puis p. 411-414, et aussi p. 1, je suppose). Je pourrais – et je le ferai – raconter les histoires de ma mère, les films de mon père, les pleurs de ma sœur, les mots de mon frère. J'écrirai la guerre et la ruine, la très longue marche sur les terres arides, un voyage sur l'océan, la découverte et la perte d'une famille, un verger, une boucherie, un restaurant, un salon de tatouage. J'écrirai des choses qui paraîtront impossibles ; j'écrirai des lieux qui paraîtront improbables. J'écrirai la mort, qui se rappelle à tous ; la vie, qui était là la première ; les déceptions ; les promesses brisées ; les mauvais choix, certains faits par moi, d'autres faits pour moi ; j'écrirai mes nombreuses familles, et comment chacune d'elles, pour le meilleur ou pour le pire, m'a façonné.

Mais tout d'abord, je commencerai (c'est-à-dire, le Chapitre Un commencera) par deux entretiens, qui furent enregistrés il y a un an ce mois-ci. J'ai récupéré ces entretiens durant mes recherches, et en les écoutant, j'ai su exactement comment débuter ma narration non linéaire. Elle ne débutera pas par une intrigue, ni un décor, mais par l'aspect le plus important de l'histoire : un personnage (Conroy, p. 209-222). Et même si ce n'est peut-être pas la *meilleure* histoire, j'ai l'espoir qu'elle soit bonne. Je suis un optimiste. Car cela a pris énormément de temps.

Ça commence par mes amis.

Baz Kabongo
Tampa, Floride
2 décembre

NOTE DE L'AUTEUR

Si Vic est un personnage de fiction, le syndrome de Moebius, lui, est bien réel. C'est un trouble congénital neurologique rare, qui se manifeste en premier lieu par une paralysie faciale. La plupart des personnes touchées par le syndrome de Moebius ne peuvent pas sourire ni froncer les sourcils, souffrent de problèmes respiratoires, troubles du sommeil, difficultés à déglutir, strabisme, troubles du langage, problèmes dentaires, pieds bots et déficiences visuelles ou auditives. Ces symptômes provoquent souvent d'autres problèmes divers, dont l'ostracisme. De nombreux adolescents atteints du syndrome de Moebius se retrouvent exclus, harcelés par leurs pairs, ce qui peut les conduire à la dépression et une baisse de l'estime de soi. Il n'est pas rare que les gens atteints de Moebius soient traités comme s'ils étaient attardés mentaux.

« Je crois que les gens touchés par des différences faciales doivent montrer aux autres qu'ils sont comme tout le monde… J'ai appris que quand on me dévisage, au lieu de rentrer sous terre, comme je le désirais à chaque fois, ouvrir simplement la bouche et parler brise les tensions. »

La citation ci-dessus a été tirée (avec sa permission) de l'un des nombreux courriels échangés avec Leslie Dhaseleer. J'ai eu le plaisir d'entendre l'histoire de Leslie, ainsi que celle de Roland Bienvenu,

Daphne Honma et Sheyenne Owens, atteints du syndrome de Moebius, qui ont tous profondément marqué le développement du personnage de Vic. Je leur suis infiniment reconnaissant d'avoir partagé leurs histoires, avoir répondu patiemment à mes nombreuses questions poussées, et avoir lu les différents brouillons de ce manuscrit au fur et à mesure. Merci aussi à Vicki McCarrell de la Moebius Syndrome Foundation et à la page Facebook Many Faces of Moebius Syndrome qui, quand j'ai demandé de l'aide, me l'ont fourni avec enthousiasme. Chacun de vous m'a montré comment sourire avec le cœur et je vous en suis éternellement reconnaissant.

(Pour plus d'informations sur le syndrome de Moebius, rendez-vous sur moebiussyndrome.org, ou la génialissime page Facebook Many Faces of Moebius Syndrome[1].)

De même, si les frères Kabongo sont des personnages fictifs, de nombreuses parts de leur existence sont fondées sur des évènements historiques. Entre 1997 et 1999, la Deuxième Guerre civile du Congo-Brazzaville a vu la mort ou le déplacement forcé de milliers de citoyens congolais – dont fit partie la famille Kinzounza.

J'ai eu le privilège de travailler plusieurs années avec Gigi Kinzounza, et si je savais qu'elle et sa famille, fervents chrétiens et professeurs dévoués, étaient originaires de la république du Congo, je ne connaissais en revanche que très peu de détails sur leur passé. Jusqu'au jour où j'ai posé la question. À travers des conversations, des courriels et des entretiens privés (que je n'oublierai jamais), j'ai écouté leur remarquable histoire. L'exil de Baz et de Nzuzi hors de la république du Congo, le temps passé dans les camps de réfugiés en république démocratique du Congo, ainsi que quelques-uns des préjugés les concernant ici aux États-Unis sont largement inspirés de mes entretiens avec les Kinzounza. Je ne pourrai jamais assez les

1. Pour plus d'informations sur le syndrome de Moebius en France, consulter le site de l'Association Moebius France, www.moebius-france.org et la page Facebook *Syndrome de Moebius*.

remercier pour ce temps qu'ils ont consacré à me répondre et à lire des brouillons de ce manuscrit, et plus encore pour leur témoignage courageux sur ce que je ne pourrai jamais réellement me figurer. À Raymond, Gigi, Natey, Siama et Kutia (Abigail) – mes remerciements du fond du cœur.

Je souhaiterais aussi remercier Patrick Litanga, pour ses connaissances précieuses, et pour m'avoir fait partager ses expériences personnelles ; et merci à Darko Mihaylovich et Colin Triplett de Catholic Charities d'avoir pris sur leur temps pour m'aider à mieux comprendre le système de réinstallation des réfugiés.

À chacun d'entre vous, j'offre du sommet d'une montagne un retentissant *merci*.

– David Arnold

REMERCIEMENTS

À ma famille, les Arnold comme les Wingate, vous êtes sincèrement fantastiques. Alors merci pour ça. Et pour tout, vraiment.

Merci à Ken Wright et Alex Ulyett chez Viking, qui, en plus de faire de moi un meilleur écrivain et une meilleure personne, sont en réalité deux licornes magiques de la sagesse et de la bienveillance. Merci à ma famille chez Penguin : Elyse Marshall, qui gère tout simplement ; Theresa Evangelista (design de la couverture originale) et Yuschav Arly (illustration) pour avoir parfaitement réussi cette couverture ; Kate Renner (maquette intérieure) ; Dana Leydig ; Jen Loja ; Tara Shanahan pour sa connaissance d'Hackensack ; les fabuleuses relectrices Janet Pascal, Abigail Powers, Krista Ahlberg et Kaitlin Severini ; ainsi que John Dennany, qui est un excellent compagnon de route et ami.

Merci à mon incroyable agent Dan Lazar (licorne magique lui aussi), et à tous ceux chez Writers House qui ont mis la main à la pâte dans cette histoire : Torie Doherty-Munro, James Munro, Soumeya Bendimerad Roberts, Cecilia de la Campa et Angharad Kowal. Merci à mon agent artistique, Josie Freeman, et tout le monde chez ICM.

Merci à tous les gamins suivants d'avoir un très sérieux appétit : Courtney Stevens, Ashley Schwartau, Erica Rodgers, Josh Bledsoe, Kristin O'Donnell Tubb, Sarah Brown, Lauren Thoman, Victoria Schwab, Ashley Blake, Nicki Yoon, Emery Lord, Kerry Kletter,

Rae Ann Parker, Dhonielle Clayton, Jeff Zentner, Daniel Lee, Kurt Hampe, Kate Hattemer, Ruta Sepetys, Sabaa Tahir, Renée Ahdieh, Brooks Benjamin, Gwenda Bond, Sarah Combs, Megan Whitmer et Dave Connis ; Stephanie Appell et tout le monde chez Parnassus Books à Nashville ; Amanda Connor et Trish Murphy chez Joseph-Beth Booksellers ; Wyn Morris et tous chez Morris Book Shop ; tout le monde au Carnegie Center for Literacy and Learning ; ma belle-sœur, Michelle, et Jennifer Heidgerd, pour leur savoir sur les chevaux de course ; tout le monde au North Lime Coffee and Donuts ; Carl Meier et les gens adorables de Black Abbey ; Dan Garcia, pour ses immenses connaissances de tout ce qui touche à l'art ; la fabrique à rêves autrement connue sous le nom de Society of Children's Book Writers and Illustrators (scbwi. org) ; Marge et les autres, le génial *Harley's Iris Pub* d'Hackensack ; Meg, Perry et Chris chez Fresh & Fancy Farms à New Milford (freshandfancyfarms. com) ; ainsi qu'un certain sous-marin dormant qui a fait jaillir l'étincelle d'une idée – tu te reconnaîtras, toi, petit coquin.

Merci à mes petits beckminavidera : Jazzy Wargs, Becky « Repose cet Oreo double crème et personne ne sera blessé » Albertalli et Adam Silvera-Arnold. Vous me sauvez chaque jour. Et je vous aime. (De manière romantique, je veux dire.)

Merci au sergent Eric Hobson, du service vols et homicides, et à l'inspecteur Billy Salyer, du service médico-légal du commissariat de police de Lexington pour leur temps et leurs compétences.

Merci à Gary Mac Smith et Bunny Welch, qui (en plus des éditeurs) m'ont permis d'utiliser gracieusement l'œuvre de leur fils. Elliott Smith est l'un de mes héros, si ce n'était pas déjà clair, et je suis plus que ravi d'avoir pu inclure ses paroles dans mon livre.

Merci à S. E. Hinton de m'avoir piégé dans le Vortex. J'y suis toujours, pour tout dire.

Durant ces derniers dix-huit mois, j'ai rencontré un nombre incalculables de bibliothécaires et de libraires qui m'ont absolument ébahi par leur connaissance des livres, et plus important encore, par leur talent à mettre les bons livres entre les bonnes mains au bon moment. Sans vous je serais en train d'errer dans les champs à l'heure qu'il est, et je crois pouvoir parler au nom de la plupart des auteurs en vous disant MERCI. Un million de fois.

Je les ai cités dans la note de l'auteur, mais ça ne fait jamais de mal de remercier deux fois : Roland Bienvenu, Leslie Dhaseleer, Daphne Honma, Sheyenne Owens, Vicki McCarrell, tout le monde à la Moebius Syndrome Foundation et la page Facebook Many Faces of Moebius Syndrome ; toute la famille Kinzounza – Gigi, Raymond, Natey, Siama et Kutia (Abigail) ; Patrick Litanga ; et Darko Mihaylovich et Colin Triplett de Catholic Charities – MERCI.

Pour finir, merci à Stephanie et Wingate. Je crois pleinement au pouvoir des mots, mais parfois, il n'en existe aucun pour exprimer ce qu'on ressent. Ceux qui s'en approchent le plus ici sont : je vous aime.

– DU MÊME AUTEUR –

Je m'appelle Mary Iris Malone, et je ne vais pas bien.

1. Ma mère est partie.
2. Elle est malade.
3. Mon père a une copine.
4. Il me croit folle.
5. Et je ne vous parle même pas du gros scoop…

Alors j'ai décidé de prendre la route.
Distance à parcourir : 1524 km.

Achevé d'imprimer en Espagne par Rodesa
Dépot légal : 1er trimestre 2018